JN236390

現代ジャーナリズム
を学ぶ人のために

田村紀雄／林利隆／大井眞二［編］

世界思想社

まえがき

旧版『ジャーナリズムを学ぶ人のために』は、一九九三年に初版を発行して以来一〇年余り、幸い、毎年各地の多くの大学でテキストとして採用される実績を得たばかりでなく、官庁、企業の広報関係者、市民のあいだに幅広い支持を獲得してきた。途中、版を改めはしたものの、基本的には、和田洋一先生の『新聞学を学ぶ人のために』(一九八〇年)の精神を継承しつつ、高度情報化社会におけるジャーナリズムの課題と役割を多面的に考えようとの問題意識を多数の読者と共有できたことは、編者にとって格別の喜びといわなければならない。

しかし、ジャーナリズムをめぐる外的環境の変化は、インターネットに象徴される情報通信技術の進展があらわに示しているように、この一〇年余においてことのほか著しく、ジャーナリズム自らが直面する課題は、九・一一後の世界が開示するようにいよいよ複雑化し、グローバル化してきた。その時代とジャーナリズムの変容に無関心を装うことは、ほかならぬジャーナリズムのテキストの編集を目指すものにとっては、知的怠慢とのそしりを免れないだろう。それが、今回、あらたな発想から本書を編む理由のひとつである。

いまひとつ、旧版は、新聞メディアおよび新聞ジャーナリズムの諸相に焦点を当てることを意識的に試みていた。新聞学の伝統を踏まえつつ、ジャーナリズムの問題を議論することがまずもって求められている、と考えたからである。けれども、二一世紀のジャーナリズムを学問的な探究の対象として措定するとき、新聞学的な思考様式と方法のみだけでは必ずしも十分ではない、ということはますます明確になってきたといわなければならない。また、新聞メディアのジャーナリズム活動を中心に問題を析出することも、ジャーナリズムの現代的布置、あるいは再編・融合状況を観察した場合、適切さを欠くことが誰の目にも明らかになった。そのありようを新しい視座から捉えようというのが第二の理由である。

さて、これらの理由が、とりもなおさず、今回の全面的な改訂の特徴を示唆しているといってよいだろう。本書が分析対象にしているのは各メディアに通底するジャーナリズム活動であり、ジャーナリズムの問題を議論するに当たっては、可能な限り社会科学的な視点と手法をもって接近しようとの態度で一貫しているはずである。いわば、本書のなかのいくつかの論文が引用しているB・マクネアのタイトルを借りれば「ジャーナリズムの社会学」とでもいうべき性格を付与しようと努めている。

本書の構成についても一言しよう。全体は、三部構成となっている。第Ⅰ部では、ジャーナリズムの概念、理論、そして法・倫理などの領域についてある種の方法学的な思考と態度を考える。第Ⅱ部は、ジャーナリズムの生産過程の諸問題について理解を深める。当然中心的なテーマは、ニュース論である。第Ⅲ部では、ジャーナリズムと政治、経済、社会、文化といった外的環境（コンテクスト）との関係性を探求する。

一見して、旧版との相違は明白だろう。良し悪しではなく、旧版には旧版としての思想があり、特徴がある。本書にはまたあらたな考えが注入されて、独自の特性を帯びているとの評価を願うばかりである。同様のことが、今回私たちの要請に応じて、執筆陣に加わってくれた研究者についてもいえるに違いない。当該テーマを論じるにふさわしい執筆者を、関連諸学会のできるだけ気鋭の若手・中堅研究者のなかに求めたつもりである。

本書が、旧版にもまして、大学のみならず、広くジャーナリズムに関心を抱く社会各層の人々に読まれることを祈ってやまない。

なお、本書刊行に当たっては、これまで同様、世界思想社編集部の秋山洋一氏に言葉に尽くせぬほどのお世話をかけた。また、同編集部の田中奈保生さんには終始ご迷惑をおかけした。記して、お礼とお詫びをもうしあげる。

本文中、全体の整合性とバランスを保つために、編者の責任で一部加筆・削除をおこなったところがある。不明な点があるとすれば、あげて編者の責任である。

二〇〇四年三月二五日

田村紀雄
林　利隆
大井眞二

現代ジャーナリズムを学ぶ人のために●目次

★ コラム

I

概念（理論）・歴史

第Ⅰ章　大学とジャーナリズム教育

田村紀雄

1　ジャーナリズム、その学問の小史

ジャーナリズムをなぜ学ぶか

ジャーナリズム教育が、日本でこれほど注目されるようになったのは、かつてないことである。この教育は、たんなる「記者養成」教育だけでないことに特徴がある。世論や社会に大きな影響を及ぼし、民主主義社会の不可分の一部であるジャーナリズムを国民がどう理解し、対応するか、という課題をもっているからである。ジャーナリズムが健全に機能していることが、民主的社会を守り、国民の生活、生業、権利や自由、安心、安全保障のうしろだてであるからである。

しかし、一方では、ジャーナリズムの主流は、私的企業であり、そこに働くジャーナリストやスタッフも、普通の人間である。特権的人種であってはならない。

また、ジャーナリズムが扱う情報、イベント、事業も多角化し、企業が肥大化し、私企業ゆえに競争も激しさを増している。ジャーナリストの多くは、一面、知識流通にたずさわる「専門職業人」である

が、他の面では給与で生計をたてている企業の従業員でもある。このための取材・報道における矛盾、ジャーナリストの品質確保、ジャーナリズム企業における社会的責任と企業論理の葛藤など数多くの課題が、読者の前になげかけられてきている。

これら一連の課題は複雑で、簡単に解答をひき出すことはできない。

それはまた、ジャーナリズムにかかわるすべての機関や個人に、課題を提起しているといえる。ジャーナリズム企業、ジャーナリストはじめ企業で働く人びと、ジャーナリズム教育にたずさわっている教育機関や教育者、ジャーナリズムを活用している行政、社会団体、ビジネス、そのジャーナリズムを生活のなかにとりこんでいる読者や視聴者たち、すべてにだ。

ジャーナリズムの守備範囲も、メディアの発達と多様化、社会的要請でふくらんでいる。新聞、雑誌に加えて、放送ジャーナリズム、フォトジャーナリズム、サイバージャーナリズムとして使われる。仕事・職種も多様で、芸能ジャーナリスト、スポーツジャーナリストもある。フリージャーナリスト（フリーランス）、という仕事も古い。

メディアが活字媒体中心であった大正時代以前は、新聞・雑誌とジャーナリズム、新聞・雑誌記者とジャーナリストは、ほとんど同義であった。さらに初期には、新聞と雑誌は未分化で、「定期的に有料で発行・頒布される活字媒体によって、報道され、論議され、批評されるといった情報・ニュース活動をジャーナリズムと呼んだ」のである。伝達だけを目的とした官報類をジャーナリズムと呼ばないのは、現在も当時も変わりない。

これらを研究する学問として、日本では「新聞学」の名で生まれたが、もとの用語は、いうまでもなく「ジャーナリズムの学」である。

ジャーナリズムの学問

情報を伝える過程や社会現象、人間活動を学問の一分野として確立する科学では、「新聞学」の方が、コミュニケーション学より先に、ドイツ等で成立した。主としてコミュニケーション学が発達したアメリカよりも、ヨーロッパの方が、新聞の歴史が古かったから当然であった。

学問としてのコミュニケーション学の歴史は、まだ一世紀にもならないが、コミュニケーションそのものは、人間の誕生や財貨の生産と同様に有史以前からあった。というよりも、人類が生まれたその瞬間から、人間活動そのものに情報を伝えあうコミュニケーションはあった、と考えるべきだろう。

人間の小さな集団のなか、その集団間で、意思を示し、身振り、記号、言語を伝えあうことは、社会的コミュニケーションそのものである。しかし、このコミュニケーションを大きな課題とする学問が成立するには、二〇世紀にならねばならない。

これに対し、新聞学の歴史は、もうすこし古い。アメリカでも一九世紀には多くのジャーナリズム研究の本は、その体系性の未熟さを別にすれば、すでにあった。一九世紀のドイツでは、小さいながら新聞研究の機関はすでに存在した。

おもしろいことに、アメリカにジャーナリズム研究を興した一人、エコロジー学者ロバート・パークも、日本に「新聞学」を成立させた小野秀雄も、ドイツ新聞学から強い影響を受けている。これは新聞学に限らないが、ドイツの社会科学の影響を、哲学、政治学、経済学、社会学などから、受けた流れのひとつである。

なかでも、新聞学の学としての源流をカール・ビュッヒュアーに求めることに、大方の異存はないだろう。彼の著書を『国民経済の成立』として日本語に訳したのは、小野といまの東京大学で一年ちがいで独文科にいた権田保之助である。この著書のなかで、ビュッヒュアーは文明史として「新聞学」を体系化しようとしたのである。

その権田も、当初美術批評という形で、「メディア評論」をスタートさせ、活動写真（映画）を中心に、さまざまなメディアの研究にとり組んだ。

日本における大学教育のなかでの新聞学講座は、期せずして一九三三年、上智大学と明治大学で、ともに小野の指導のもとに生まれた。研究そのものは、やはり小野により、それ以前に東京大学に小さなコアがつくられていたが、学生への教育として本格的に成立するのは、戦後である。

戦後の早い時期に、早稲田大学、同志社大学、東北学院大学等に、ジャーナリズム教育が、カリキュラムのなかに組みこまれることになる。ＧＨＱ（アメリカ占領軍）による言論・表現の自由の解放、新聞の戦争責任、とりわけその筆の力が日本を戦争の悲惨さにひきずり込むことを阻止できなかった反省、国民のなかの民主主義思想の成育などが、大学にジャーナリズム教育の種子を蒔いたと考えられる。

また戦後のジャーナリズム教育と研究は、たんに戦前のドイツ流の「新聞学」の復活ではなかった。それは日本を敗北せしめたアメリカの強固な影響であった。それは多方面に及んだ。

日本は、一九四五年の敗戦までの十五年戦争の間、欧米、とくにアメリカで展開した科学、思想、技術のほとんどをシャットアウトしてきた。したがって、社会学、心理学とならんでコミュニケーション学の大いなる発展に事実上、無智で通した。

コミュニケーション学の日本への移植で大きな役割を果すことになる「思想の科学研究会」の業績が、今日なお必ずしも正当に評価されていないのは不思議である。

思想の科学研究会は、敗戦の年、一九四五年一二月に鶴見和子・俊輔の、姉弟の間に生まれた発案がシーズだとされている。翌年二月、この二人に、友人であった渡辺慧、武谷三男、都留重人、丸山眞男、武田清子が加わり、会の発足と雑誌創刊の事業がスタートする。この七人、どちらかというとアメリカのアカデミズムの影響を受け、いずれも生涯、齟齬をきたすことなく、友情で結ばれ結束し、生きつづけた。また生きつづけている。鶴見俊輔の人柄に負うところが大きい。

「思想の科学」の語源は、Art of thinking. 二一世紀流に訳せば「知の技法」となろう。その「知」とは、出発点に、論理実証主義とプラグマティズムを重視することで、戦前日本の神がかりな考えや、直輸入のドグマ的な社会科学の論理を払拭することにあった。その創刊号から言語、表現、批評、流行といった「知の技法」を重視するキーワードの論文がならんだ。そのひとつが、「コミュニケーション」である。

第六号(一九四七年一一月)に井口一郎は「コミュニケイション序説」を発表し、日本に初めて独立した学問としての紹介をおこなった。さらに、井口は、翌年「新聞学えの新しい構想」を発表し、従来の文明史的観点やハウツー的な学にかかわる「ジャーナリズム論」の骨格を示した。井口は一連の著作で、すでに敗戦以前から、日本のファッシズム体制下で閉ざされている間に成長をとげたラスウェルらアメリカの新しい学問に接していたものと思われる。勿論、モリス、デューイ、ジェームズにすでに通じ、または薫陶を受けていた鶴見俊輔らの思想が、コミュニケーション学やジャーナリズム論の発芽の土壌となった。

雑誌『思想の科学』は、終刊するまでの五〇年間に、ジャーナリズム論を枠組みとした数十本の論文を掲載したが、そのなかには、のち大学でジャーナリズム教育にたずさわる多数の研究者が名を連ねている。

大学におけるジャーナリズム教育

大学の新聞学科が、各国とも、その当初から新聞記者の養成、のちには再教育も含めた実際的な専門教育を目的としていたことは疑いない。

小野秀雄も一九三三年当時の発足時、上智大学新聞学科のカリキュラムについて「政治学、経済学、社会学、文学、歴史など新聞記者として必要と思われる専門知識の涵養に重点を置き、それに新聞のあり方の理解と、人格の陶冶を目的とする新聞学関係の講義を加味した」と述べている。

講師も新聞学を担当する小野のほか、千葉亀雄、楚人冠杉村広太郎、坂口二郎ら各社の編集幹部のほか、三越の広告部長、内務省警保局の新聞法制担当官らを迎えた。カナダから一時帰国していた田村俊子の夫、鈴木悦も講師陣の一人だった。戦後、東京大学、早稲田大学、日本大学、同志社大学をはじめ、その他の大学でも新聞記者養成の学科や教育コースが多数生まれたが、これは民主化による新聞・雑誌の自由によって、記者への社会的需要が一層高まったことの反映であった。

戦後の日本のジャーナリズム教育では、敗戦国ドイツの流れを汲む新聞学にかわって、民主化の力となったアメリカ占領軍の存在や、それに引き続くアメリカの政治・経済力の影響から、アメリカ流の考え方が主流になった。理論、方法論、教授技法、カリキュラムにも、実証的で経験科学を重んじるアメリカの思潮が大いに取り入れられるようになったのである。

そのひとつが、ジャーナリズム論にかわるマス・コミュニケーション論、新聞学にかわるマスメディア論である。新聞の活動も、メディアの一部と考えるコミュニケーション論の普及は、日本の新聞学に、これまでにない滋養と内容を与えたといってよい。新聞活動をコミュニケーション過程としてとらえ、受け手大衆、世論、効果、機能といった新しい理論的用具が輸入されたのもその一端である。コミュニケーション調査法は、その数量化理論とともに、新聞学研究に新しい血液を注ぎ込んだ。
おりしも、市場経済の未曾有の活況、新聞の技術革新、ラジオの成長、テレビの登場、テレコミュニケーションの発展などが、新聞学に新しい研究領域を提供するに至った。ことに、アメリカでは、この新しい学問のうねりのなかで伝統的な大学新聞学科（School of Journalism）のカリキュラムに、充実著しいコミュニケーション論の諸成果を導入するリストラクチュアリング（再構築）が進んだ。

日本では、一九九〇年代、大学の教育・研究組織が「新聞学」から「社会情報学」や「マスコミ学」に塗りかえられた。東京大学の新聞研究所が社会情報研究所に改組され（二〇〇四年三月をもって閉鎖）、日本新聞学会が日本マス・コミュニケーション学会に改名したのは一例である。アメリカでも学会誌『ジャーナリズム・クオータリー（ＪＱ）』から『ジャーナリズム・アンド・マス・コミュニケーション・クオータリー（Ｊ＆ＭＣＱ）』に改題された。

そのアメリカの学会誌のひとつ『Ｊ＆ＭＣエデュケーター』誌で、Ｆ・フェドラーら三人の学者が一九九八年に、六四七以上の大学のジャーナリズム関連学部に調査票を送って分析している。それによると、アメリカ大陸の教育カリキュラム改革は非常に急テンポで、家政学、ユダヤ研究などとならんで、ジャーナリズム学部の授業科目整理が進んでいる。これも、日本と軌を一にしているのである。

他方、同じ頃、『コミュニケーション教育』誌に発表したＲ・クレイグらの論文では、改革の拡大が指摘されている。これは、コミュニケーション関連の教育改革の一層の深化のために実施した重要な調査である。そのなかで一九六七―九三年までの二七年間に学部学生が選択した専攻分野の分布が調べられている。表１-１は、その多様な分布を本書の目的にそって再構成したものである。調査で入手しえたデータの範囲でも広義の「コミュニケーション学」の学士号取得者は、一九六八年以降六・三四倍になり、あらゆる学問分野のなかの六・三七％に達している。また広義のコミュニケーション学のなかで、大雑把にいって、コミュニケーション一般を学修する学生が増え、スピーチ等の分野を専攻する学生数は横ばい（全学生のなかでは低下傾向）だということができる。ジャーナリズム論も増加傾向にある。ともあれ、ジャーナリズムで学士号をとる学生が、調査年度一九九三年には一万一四四三人に達している。

表1-1　1967-93年学部学生の専攻分野の選択（コミュニケーション学士号取得者数）

	1967-68年	1972-73年	1977-78年	1982-83年	1987-88年	1992-93年	増加率	
							1968-93年	1973-93年
A．コミュニケーション学（分類不能を含む）	4,363	14,317	25,400	36,954	45,382	53,874		276%
コミュニケーション一般		2,791	9,759	16,151	21,337	25,308		807
広告論		1,047	1,410	2,081	2,757	3,109		197
コミュニケーション調査				126	111			
ジャーナリズム（マスコミ）	4,363	6,360	8,299	10,074	11,060	11,443	162%	80
放送ジャーナリズム						495		
PRと組織メディア				1,069	1,434	2,255		
ラジオとTV			4,125	897	945	6,469		
メディア		358	1,527					
その他コミュニケーション		1,194	280	1,339	2,368	4,795		302
B．修辞学				37				
C．スピーチ・ディベート等	7,329	7,450	5,508	5,596	7,131	9,605	31	29
D．分類不能		7,319	8,594	8,249	7,085	10,705		46
E．総計（A＋B＋C＋D）＋その他	11,692	29,086	39,502	50,836	59,598	74,184	534	155
調査対象学士数のなかのEの割合	1.85%	3.15	4.29	5.28	6.00	6.37	244	102

これを上回るスピードで急上昇している「コミュニケーション学（全体）」の学士号取得者は、同年度、全体で五万四〇〇〇人弱、調査によれば五年ごとに一万人増という爆発的な人気である。その数字に符合する「コミュニケーション学部」の増設・開設を示しているとみてよい。

この背景は、アメリカにおける戦後のコミュニケーションの驚異的な発展、エレクトロニクス、マルチメディア等の新顔の続出、多様な文化、グローバリゼーション、新しい理論、各種方法論、モデル等の開発にあったことはいうまでもない。政治、経済、軍事の優位性も後押しした。

このアメリカにおけるコミュニケーション学の発展に尽くした中心的人物は、W・シュラムで、彼はイリノイ大学に初のコミュニケーション学部の博士コースを開設し、新しいテキストを編纂した。これらのテキストは、日本を含む諸外国に広く翻訳され、コミュニケーション学の考え方を広めるうえで大いなる貢献をした。

コミュニケーション学部は、アメリカにとどまらずロンドン大学はじめ英語圏の諸大学から、しだいに全世界に広がっていった。ドイツにも、G・マレツケのようなコミュニケーション学者が生まれる。日本でも、一九八〇年代に入って、多くの大学にコミュニケーション学科、九〇年代に入るとコミュニケーション学部が開設されるに至った。これと前後して、欧米、日本ともに、旧来の新聞学部、新聞学科の統廃合が進んだ。

その大学教育全体の改革、再編成の奔流のなかで、コミュニケーション学の学部、学科だけでなく、あらゆる大学院、大学、短大の在来・新設学部のなかに、ジャーナリズム論や各種のコミュニケーション学の講義科目・講座・実習等の授業が導入されていった。

2　広がるジャーナリズム系授業

コミュニケーション学のなかのジャーナリズム論

国際的にみても新聞学部（学科）のコミュニケーション学部（学科）への編成がえや新設は、一九七〇年頃からはじまっている。その背景のひとつは技術革新である。アメリカでも活字媒体でいえば、日刊新聞の合併、廃刊がある一方、ビジネス・パブリケーション、郊外紙、地方小都市の週刊新聞が全盛を迎える。加えて、CATV（ケーブルテレビ）やエレクトロニクス・パッケージのメディアやサイバー・ジャーナリズムが新たな労働市場を形成する。それにともなって従来の大学のカリキュラムの大規模なリニューアルもおこなわれてきた。

日本は、カリキュラムの再編は、少なくともアメリカに二〇年は後れをとった。それが日本の大学の国際競争力を弱めた。一九九〇年代になって、「大綱化」と呼ばれる大学設置基準の規制緩和は、一挙にコミュニケーション、情報関連の学部ラッシュの幕を開いた。

また既存の学部も高度情報化の影響や他大学・他学部の改革に押されて、コミュニケーション関連の授業科目の新・増設がおこなわれてきた。このなかで新聞学（ジャーナリズム論）はどのような教科になっているのであろうか。

ここに日本の大学の関連講座・授業科目の集計（表1‐2）がある。これは雑誌『総合ジャーナリズム研究』が年一回、全国の大学・短大を対象に調査をおこなっている「全国大学マスコミ講座一覧」から得た統計である。関連科目（コミュニケーション論、ジャーナリズム論、情報論ほか）を開設してコミュニ

表1－2　日本の大学の新聞学，ジャーナリズム論開講大学数一覧

大学種別＼年度	1972年	1986年	1991年	1998年
国公立大学	13大学	24大学	26大学	28大学
新聞学講座	4学部	5学部	6学部	3学部
ジャーナリズム論講座	1学部	3学部	4学部	2学部
（小計）	（ 5学部）	（ 8学部）	（10学部）	（ 5学部）
私立大学	34大学	97大学	116大学	145大学
新聞学講座	25学部	33学部	37学部	35学部
ジャーナリズム論講座	9学部	21学部	24学部	49学部
（小計）	（34学部）	（54学部）	（61学部）	（84学部）
短期大学		31大学	56大学	65大学
新聞学講座		2学部	3学部	8学部
ジャーナリズム論講座		1学部	2学部	10学部
（小計）		（ 3学部）	（ 5学部）	（18学部）
合　計	39学部	65学部	76学部	107学部

ケーション学部、学科、コース、コア（講義群）等を編成している国公私立大学は、この四半世紀の間に実に四七大学から一七三大学へと、三・七倍に増えた。短大は、一二年間に二倍以上になった。

同誌の二〇〇三年度の調査では、国公立大学での「ジャーナリズム」講座は、一九九八年度の二学部から六学部、私立大学では、四九学部から七〇学部以上に急進した。このすべての学部で、ジャーナリスト教育を主目的にしているわけでないのに、である。

これは雑誌のデータによる集計だから、回答漏れや、記述の独自性などを考えると、文系大学の大半に関連科目が設置されていると考えてよい。また一部の大学から「新聞学」等の名のつく科目がこの数年消えたが、科目そのものが廃止されたのではなく、ジャーナリズム論、メディア論、コミュニケーション論、マスコミ論などに改組されたり、分割されたりして発展的に名を変えたのである。短大では新設その他で変化は今後とも激しいものとなろう。

表1－3　アメリカのジャーナリズム関連学部のカリキュラム

メリーランド大学　ジャーナリズム学部

〈ニュース編集コース〉

マスメディア文章表現，編集法，記事作成法，マスコミ法，公共関係記事法，グラフィック論，新聞編集，ニュースのコメントと批評，特殊な記事作成，雑誌論説と特信記事，インターンシップ

〈PR コース〉

マスメディア文章表現，編集法，PR 理論，PR 技法，インターンシップ，マスコミ法，マスコミ調査，PR セミナー

〈広告コース〉

マスメディア文章表現，編集法，広告コミュニケーション，広告技法，広告メディアプランニング，インターンシップ，マスコミ法，マスコミ調査，広告キャンペーン

〈放送ニュース〉

マスメディア文章表現，編集法，放送ニュースⅠ・Ⅱ，放送ジャーナリズム理論，マスコミ法，インターンシップ

ハワイ大学　ジャーナリズム学部

プレスと社会，ニュース文章表現法，編集法，写真ジャーナリズム，公共関係レポート，編集法上級，PR，雑誌記事，翻訳ジャーナリズム，ジャーナリズム史，メディアと法，放送記事と編集，高度写真ジャーナリズム，PR 記事手法，現代広報論，高度レポート法，PR 論上級，出版レイアウトと編集，放送記事，レポート特殊研究，ジャーナリズム倫理，放送記事上級，国際ニュースのカバー法，インターンシップ，調査プロジェクト，学校出版アドバイザー法

アメリカのジャーナリズム・カリキュラム

国土が広く、多様な文化とメディアをもつアメリカはジャーナリズムの王国であり、ジャーナリズムの分野も多岐に分かれ、したがってその養成コース、大学のカリキュラムも多彩である。

その多彩さは、表1－1の学生のコミュニケーション専攻分野の広さにも現れている。主な大学のジャーナリズム（ときに「ジャーナリズム・アンド・マスコミ」）学部に限って、そのカリキュラムをみてみたい（表1－3）。

大陸の東と西の代表的な大学のカリキュラム例を示した。それぞれ特色を出そうとしている努力がわかる。このほか、デューク大学

ジャーナリズム・アンド・マスコミ学部の九コースなど、大きな規模のところを含めて、前半二年間のリベラル・アーツの学修を課しているほか、法や倫理といった技術教育以外の科目を配し、またインターンシップがすべての大学に共通しておかれていることがわかる。

学部・学科が、「ジャーナリズム学部」から、「マスコミ学部」「コミュニケーション学部」に再編されつつあることは、日米共通しているが、ジャーナリズムの各分野が講義・講座名としてカリキュラムに配置されていることも共通している。大学のコミュニケーション教育が全体としてコミュニケーション専門家の養成に変わってきたことによるといえる。卒業生がかりにメディア産業に入らなくても、その受けた教育と知識によって、企業や行政のコミュニケーション・スペシャリストとして重要な役割を演ずるように設計されているといえよう。

さらにまたいえることは、学問の方法が「新聞学」から「コミュニケーション論」に発展したが、新聞学・ジャーナリズム論、報道論といった研究・教育分野はいぜんとして「コミュニケーション学」の不可欠で重要な骨組みのひとつになっている、ということである。それは、新聞学・ジャーナリズム論が長い研究の実績をもち、学問的な情報体系のうえでも厚いデータベースになっていることからくる。

3　ジャーナリストをどう教育するか

なぜジャーナリズムを学ぶのか

コミュニケーション学は、情報の流通過程研究を中心にして、広く諸科学の成果を吸収し、また独自の方法論、道具づくりによって独立した学問分野に位置づけられるようになったことは疑いない。この成果は、また隣接の社会科学、人文系学問、ときには自然科学にさえ、その方法論で寄与している。

だが同時にコミュニケーション学の礎になった新聞学・ジャーナリズム論は、いぜんとして独自の領域には違いないし、コミュニケーション学から逆に多くの糧を得て領域やツールを大きくしてさえいる。それは次のように整理することができる。

(1)　新聞ジャーナリズムの存在と、その社会的主導性である。新聞以外のメディアの情報流通量はたしかに飛躍的に伸び、とくにテレコミュニケーションによる搬送等により「ペーパーレス社会」を予想する向きもある。コスト増による新聞経営の困難も疑いない。新聞社自身、高度情報化社会の到来で、新聞専業からマルチメディア事業化、総合情報企業化志向が強まっていることも事実である。

しかし、新聞というメディアが、社会的に存在しなくなるとは、その技術的特性や普及性からみて考えられない。とくに、人びとにとっての「読み書き能力」と「思考力」のツールとしての特性は抜群である。

よしまた、高度情報化社会のなかで、新聞社が総合情報企業の道を進み、情報流通を紙面のうえから、他に求めたにせよ、新聞社の記者による取材・報道という仕事は、情報流通の流れの川上《かわかみ》にあるという決定的な強さをもっている。技術革新によるペーパーレス化ということで、情報のビデオテックス化、テレテキスト化、フロッピー化、CD化などが進んだにしても、それらはいずれも情報流通の川下《かわしも》にある点を留意すべきである。

(2)　「言論・表現の自由」の歴史の重みがある。この自由や、その他の基本的人権は一夜にして生まれたわけではない。それは長い長い、その国、その社会の歴史の所産である。文化的資産の一部と考えてよい。情報はデジタル化してしまえばデータだが、社会的責任の立場にたてば、報道（ニュースや論説）にもなる。そこでは、メディアの社会的責任、国民の「知る権利」と「知らせる権利」等の民主主義思想のツールが横たわっている。

ニューヨーク・タイムズ社のレストン記者はアメリカの民主主義制度を保障しているものは、憲法の条文ではなく、ジャーナリズムの批判力が健在か否かだ、と述べたことがある。報道はひとつの世界観・価値観に裏づけられたものだが、ただのデータとして洪水のように流通するのでは、民主主義は、心もとないといえる。

(3) ジャーナリストの存在、報道はひとつの価値観による、と述べた。それに人間（ジャーナリスト）が介在する以上、価値中立のただのデータはありえない。本多勝一が書いたように、ベトナム戦争中のベトナムの地は、情報にあふれていた。その氾濫のなかから、特定の情報を汲みとり、手を加え、送稿することは、当然一人の人間の世界観や価値観に左右されている。その送られてきたニュースをぼつにするか、紙面に出すか、出すとしたら、どんな見出しを書き、どの程度の大きさにディスプレイするか、というように整理記者にもひとつの世界観・価値観がある。これは、イラク問題でも、試されようとしている。

したがってジャーナリストは、つねに、その報道の姿勢、世界観・価値観さらには職業的倫理観をも問われる宿命をもっている。その問いかけに対しては、数日間で回答を得られぬ場合が多い。何十年間も評価が定まらなかったり、後世に評価が覆ることもある。それらはジャーナリズム論の不可避の作業のひとつである。

(4) メディアは誰のものか。メディアの多くは私企業として経営されている。コストからも自由とはいかない。しかし、大きな日刊新聞も、町の小さな週刊新聞も、読者から多くのことを請託されている。

人びとの安全、公正さ、生き甲斐、娯楽、民主的社会などなどの希求だ。

また、自ら小さな新聞や雑誌を出すことのできる自由な社会を保障していくうえでの重要な担い手としてのジャーナリズム企業への人びとの期待もある。

ジャーナリズム教育は、欧米、日本とも、新聞記者養成という狭い目的から離れてきている。広くコミュニケーション専門家を育てるという目的だけにもとどまらなくなっている。

地球市民としての通常の企業や自治体、社会団体のスタッフとして、ジャーナリズムとどう付き合うのか、という教育も求められている。さらには、一市民として、一生活人としてジャーナリズムをどのように認識し、理解し、活用していくのか、という広い教育目的も期待され始めている。各国の短大やジュニア・カレッジを含む多くの大学の法学部、文学部、経済学部、経営学部、教育学部にジャーナリズム論が開講されてきたゆえんである。

市民の側からのジャーナリズム論

大学だけでなく、高校や中学校でも、子どもたちがメディアをいかに日常生活のなかに位置づけるかを教育するツールとしての「メディア・リテラシー」の問題意識や日本新聞協会が進めている「教育の中の新聞（ＮＩＥ）」教育プログラムが導入されようとしている。その教師や父母、社会人の側にツールを教えるのもジャーナリズム論の守備範囲のひとつだ。

この点で重要なことは、「市民の側からのジャーナリズム論」の展開の歴史である。ジャーナリズムが「第四の権力」として影響力が大きくなり、企業力も高まるにつれ、それをみる市民＝読者の眼もきびしくなっている。硬直しかねない新聞社等に対して、問いかけともいえる「アクセス権」「ニュージャーナリズム運動」「オルタナティブ・メディア運動」「パブリック・ジャーナリズム」「メディア・リテラシー」といった運動や思想が次々に生みだされたのも、この市民＝読者の側のアクションとみることができる。

民主的な情報化社会は、人びとを受動的な読者や視聴者の立場にいつまでもおいておくことはない。市民が自ら発言し、メディアをつくり、社会活動に参加していく能動的で創造的な人間像を必要としている。ジャーナリズム論は、伝統的な内容を改革しながら、これに即応していこうとしている。

ジャーナリズム論の教師

大学のジャーナリズム論の教師の主な供給源は二つある。ジャーナリズム企業と大学の研究室とである。これは国際的な構造である。両者はそれぞれ持ち味があり、両者の協力は大学のジャーナリズム教育にとって不可欠である。

供給源構造は国際的に共通している。しかし、日本の大学教育全体にいえることだが、必ずしも国際競争力が高いとばかりいえない。教育（研究も）水準も国際水準を抜いているとはいえない。そのひとつが、教員とジャーナリズム企業従業員の終身雇用制、年功序列賃金体系のもつ動脈硬化である、という考えが生まれている。この制度は、日本の特徴ではある。

何年かおきに教員の仕事を再評価する任期制は、中国、韓国も含め一般化してきている。大学はいうまでもなく、学問の場として、「学問の自由」が国民の信託を受けている。その信託に応えるべく「大学の自治」が確立している。「大学の自治」には、教職員の任期制を含む、大学の効果的な自浄能力が求められている。今後、大学とジャーナリズム企業でのスタッフの流動性を高め、相互の交流による教育、研究（そしてジャーナリズム活動）の活性化を促し、国際的競争力を促すという課題が浮かびあがってくるかも知れない。

参考文献

田村紀雄『コミュニケーション——理論・教育・社会計画』柏書房、一九九九年
田村紀雄『エスニック・ジャーナリズム』柏書房、二〇〇三年

第2章　ジャーナリズム研究の射程

林　利隆

この章は、ジャーナリズムというものを学問的営為の対象とした時、それがどのような範囲にどのように射程を伸ばし、どのような議題を設定しうるかを議論する。言葉をかえると、現代ジャーナリズムについての一種の学問論を試みる。その手順としては、まず、ジャーナリズムについて考える主体の位置について確認し、ついで、これまでの研究意識における方法論上の相違についてなにがしかの明確性を与え、想定しうる主要な問題領域を例示したのち、そこにおける具体的な課題について多少の展望を試みる。

1　ジャーナリズム論とジャーナリズム研究

ジャーナリズムへの「思い」

いま、ジャーナリズムを学ぼうという私たちは、世界のなかでどういう「場」に立っているのだろう。将来、新聞、出版、放送というメディア業界に入ってジャーナリストとしての仕事をしようと考えている人、すでに、ジャーナリズムの内側にいながらジャーナリズムのありように疑念を抱いている人、市民としてジャーナリズムの役割や責任を考えている人、市民としてネットなどを通じて情報発信活動を行っている人、さまざまであるに違いない。共通するのは、それにかかわりと関心をもっていることを自覚し、おそらくは「思い」を寄せてジャーナリズムの現在の諸相を議論し探求しようという問題意識であろう。すでに、私たちは、第1章で、ジャーナリズムという学がどのような歴史的過程を経て発達してきたかについて明確な指針を得た。ここではまず、その指針に従いつつ、私たちの問題意識を培養した「思い」の根源を確認する作業から始めることにしよう。それは、端的にいえば、私たちが、いま、ここに生きている「歴史的存在」であるということを自覚することにほかならない。ジャーナリズムに対する思いは、いま私たちが立っている空間と時間に規定され、拘束されている。そして、その思いの多くは、かりに「思い」という言葉を用いたことから察しうるように、論理化しがたい私たちの心の動き、情動に属する。ジャーナリズムに対する憧れ、期待、恐れ、それについての怒り、不信、あるいは悲しみ、など。なぜ、とりわけて、ジャーナリズムという社会的コミュニケーション活動に関する私たちの知的探索がそのような情動に始原をもつと考えるのか。いうまでもなく、それは、いま、ここ、という現在性において、ジャーナリズムと私たちが同一の地平にあって切り離しがたい関係を結んでいるからである。

私たちは、世界を知るために、世界のなかで生きていくために、ジャーナリズムと関係性をもっている。その活動――ニュース生産活動――を通じて、世界を知りたいという欲求をみたし、その機能――ニュース生産機能――によって、暮らし、付き合いが成立している地平にいることを私たちは怪しんだことがない。ただ、知りたいという欲求が十分にみたされなかったり、知りたいと思った事柄が正確でなかったりした時に、さらにまた、暮らしに差し障りがでたり、自らの名誉が傷つけられたりした時に、ジャーナリズムに対するさまざまな「思い」を着床させるにすぎない。しかし、ジャーナリズムを「論じる」議論の大方は、そのような私たちの心の動きを発条としている。そして、そのことは疑いなく正当であるといってよい。

毎日の表現・記録活動

さて一方、すでになんの前提も留保もなく、私たちは、すべてが「知識への欲求」をもつ主体であるかのような議論を始めようとしている。ニュースは「知識」であり、人は皆ニュース‐知識を求め、そのニュースを生産するシステムがジャーナリズムであると、あたかも自明であるかのように語りだしている。しかし、ここはR・パーク以来のアメリカのジャーナリズム研究に伝統的なこのジャーナリズム観をこれ以上敷衍するところではない。ただ、世界を知りたいという願いが、理屈や理論ではなく、いま、ここ、に生きる人間の本質的な欲求に根ざしていること、存在論風にいえば、その根源的な意味を感得したいという欲求であることに注意を払っておけば足りる。それは、ジャーナリズムへの問題関心が、基底において、人の情動や心的欲求によって刺激され、喚起されたものであることを含意するからである。そうであるが故に、ジャーナリズムについて想いをめぐらすということ、その本質を心の奥底において理解しようと努めることが、いかなる高度な学問的な論議よりも大切な作業であることを、私たちはまず記憶にとどめておきたい。たとえば、それは、内田義彦が経済学について、「経験科学として当然のこととして、実証に裏付けられた科学的な正確さを要求されるが、それだけじゃダメで、自分自身の体験に即し身にしみこんで心の奥深いところから納得がいくといったわかり方、私のいい方ですと、文学的に的確な理解が要求される」(内田義彦『読書と社会科学』岩波新書、一九八五年)と語ったとほぼ同様の意味合いにおいてである。

ところで、私たちはもはや、ジャーナリズムという言葉の語義についてそのおよそを知っている。たとえば、ラテン語に発する「ジャーナル」が、「毎日の記録」を意味し、それが、近代ジャーナリズムの歴史のなかで日刊新聞をさすことになったこと、また、その後も、「日記」「日録」として使われてきたことに注意を促した鶴見俊輔は、であればこそ、ジャーナリズムを「同時代を記録し、その意味について批評する仕事」と規定したのだった（鶴見俊輔「ジャーナリズムの思想」『ジャーナリズムの思想』現代日本思想体系12、筑摩書房、一九六五年）。これが、ジャーナリズムとはなにか、との問いかけに対する、説得力のあるひとつの見事な回答であることに疑いはない。けれども、鶴見以降、この簡潔な性格規定が、ジャーナリズムにかかわる学問的な議論や研究を胚胎させ、促進させる契機として与って力あったとは必ずしもいいきれない。なぜだろうか。ひとつには、戦後六〇年におよぶ時の流れのなかで、議論の多くが、マスメディア・ジャーナリズムの動態と動向に注がれて、時評的な規範論に終始する傾向にあったことが指摘できる。鶴見の唱導する方向でのジャーナリズムの捉え方は、いささか不当にも、主流とはなりえなかった。また、鶴見自身にも、この本質規定に基づく十分な理論構築をすすめる意思が希薄であったかのようにみえる。けれども、以下に試みる私たちの作業では、ジャーナリズムという語義をその内側から経験的に理解し、会得しようとの姿勢が不可欠であるように思われる。そして、それは、私たち一人ひとりの心の働きとしての「毎日の表現・記録活動」がジャーナリズムの原型であるとする見方に忠実であることにほかならない。

以上は、いってみれば、ジャーナリズムを学問的に追求しようとする主体の基本的な構えと位置についてのメモランダムである。それは、私たちが、職業としてのジャーナリストであれ、ジャーナリストジャーナリズムとかかわる一人ひとりの行為こそが、学問的な議論のアルファでありオメガであるということを強調したいがための前口上であった。

や研究者を志向する学生であれ、いまの暮らしを生きる市民であれ、「表現・記録活動の主体」として

ジャーナリズム論の限界

いまひとつ、メモを用意しよう。私たちの眼前にあって私たちが学び取るべきこの国の知の系譜についてである。知られるとおり——先に鶴見の名を挙げたが、彼以外にも——私たちは、「ジャーナリズム論」という名辞のもとに集積されてきた沢山の議論をもち、必ずしも多いとはいえない優れた議論に学び、必ずしも少ないとはいえない凡庸な議論を無視してきた。なかでも、戦前の戸坂潤、長谷川如是閑のジャーナリズム理論は、その当時といまとではジャーナリズム・システムが大きく異なっているにもかかわらず、現在においてもなお私たちが汲み取るべき論点を豊富に提示している。戦後においては、マス・コミュニケーション研究のあらたなパラダイムのなかにジャーナリズムを定位しようとの試みがいくつかの成果をあげた。なかでは、藤竹暁のジャーナリズム理論が彼の師である清水幾太郎の業績とともに、引き継いでいくべき仕事であったといわねばならない。また、山本明は、鶴見のジャーナリズム観を継承する議論を私たちに残している。近年では、ジャーナリズムの本質とはなにかとの問いに対し、公共圏概念を手がかりとし、分析道具として、理論化した花田達朗の業績に注目すべきだろう。ジャーナリズムの歴史研究の分野では、荒瀬豊、香内三郎、山本武利、有山輝雄らの仕事が、いま、ここ、における私たちのジャーナリズム観に貴重な視点を提起している。数年前、私たちは、「ジャーナリズム研究」の名に真に価する林香里の仕事を目の当たりにした。それは、理論と実証の両面から「マスメ

ディア・ジャーナリズム」と彼女が規定した二〇世紀ジャーナリズムの思想と実践を分析し、その可能性を探るという射程の長い労作であった（ここであげた研究者の業績については巻末の「参考文献目録」を参照）。

しかし、こうした先行研究を別にすれば、私たちがもつ「ジャーナリズム論」は、その特性の故にある種の限界を露呈させてきたといってよいだろう。第一に、それらの多くが、ジャーナリズムの本質あるいは理念に対する理論的な問いかけ、という担保なしに、眼前のジャーナリズム現象に関し性急で規範的な要請と批判をもって構成される傾向にあったこと、第二に、それらの多くは、議論を提起する主体が論じるにあたって自らを対自化することなく、論じる対象を論理的に考察しうる場に還元する操作を怠りがちであったこと、第三に、それらの多くが、意識行為としてのジャーナリズムと社会的なニュース生産システムとしてのジャーナリズムとを峻別しないままに議論することに必ずしも自覚的ではなかったこと、などが指摘できるように思われる。自戒を込めていえば、その結果、「ジャーナリズム論」は、いわば、その時々の状況即応的な問題提起、もしくは、ジャーナリズム現場との往還回路を閉ざすかのような自己完結的な批判論になりがちであったといってよい。

断るまでもなく、「ジャーナリズム論」がジャーナリズムの内実への批判を基調とし、常に価値規範的な言説をもって構成されることは、なんら異とするに当たらない。むしろ、「ジャーナリズムとはなにか」「ジャーナリズムはどうあるべきか」という始原的な問いから直接導き出されるもっとも正当な議論設定と解すべきものだろう。重要なのは、かりにそれらが、いたずらな情動やドクサに支配されたものではなく、学問的な知の衣装を纏うものであろうとする限り、論者の主体的な心の構えのいかんにかかわらず、個別の事例から普遍的な問題構制を目指し、また、説得的な論理を組み立てるという意志である。この点に関して、これまでのジャーナリズム批判の言説は十分に意を用いていたとはいいがたい。と同時に、その事情は、ジャーナリズムを学とするうえでの特性、もしくは限界を示唆しているともいえよう。すなわち、それには、固有のディシプリン、固有のアプローチが、さしあたって、見当たらない。言葉をかえれば、既存の専門諸科学の学問方法と研究手法を幅広く取り入れつつ、なお独自の分析視点を獲得していくことが求められる、その際立った「学際性」である。ここで、私たちが議論の対象としている「ジャーナリズム研究」は、その学際的な性格を前提としてみるべき知見を積み重ね、また、これからもその条件を所与として構想されていくべきものと観念しなければならない。ただし、それ故になお一層、道具立てをもたない無媒介的な情動表白となるジャーナリズム批判と客観化され、相対化された言説をもって構成されたジャーナリズム論はとりあえず弁別されねばならず、客観化、相対化されたとはいえ、独自の方法意識と手法をもたないジャーナリズム論と一貫した論理体系を構築し、あるいは精緻な実証作業を果たしたジャーナリズム研究とは識別しておくべきだろう。

あるいは、操作的につぎのような仕分けをしておくことも許されるかもしれない。すなわち、「ジャーナリズム論」は私たちの「思い」を主軸に私たちの経験、観察、洞察を手がかりとしようとするがとしてジャーナリズムの「あるべき姿」と実際の「ある姿」、理念と現実を議論する立場であり、「ジャーナリズム研究」という時、まさにマス・コミュニケーション研究がそうであるように、その「学際性」に基づいて他の専門諸科学の方法と手法を援用しつつ、独自の理論構築と実証を志向する立場であると。そして、にもかかわらず、およそジャーナリズム研究と称するものの基層には規範論としてのジャーナリズム論が伏在していると。便宜的にすぎるとの批判はあろうが、この種の整理は、私たちの学としてのジャーナリズム研究が、いつの日にか、グローバルな知のアリーナに頻繁に登場する機会を得るためにも必要な基盤整備のひとつである。「ジャーナリズム・スタディー」との名辞を私たちがあえてここで用いるのは、これに象徴化しうるようなレベルの学問的探求を密かに期待しているからにほかならない。

それでは、「学際性」を得がたい特性として、あるいは戦略的な磁場として、ジャーナリズム研究はいかなる方向にいかなる問題領域を対象設定しうるのだろうか。それが、私たちの議論のつぎの課題である。

2　なにを、どのようにして

デモクラシーとジャーナリズム

あらためてジャーナリズムを学として考える機会が与えられた時、私たちは、いったい、どのような観念を抱くのだろう。例外はあるにしても、多くの人は、やはり、「ジャーナリズムはなんのためにあるのか」という、その存立理由もしくは存在根拠をたずねるのではあるまいか。とりわけて、情報化、さらにはグローバリゼーションといった人も知るような大きな変化が私たちの世界を見舞い、社会のシステムを揺るがし、ジャーナリズムが信頼を失いつつあるかのような今日では。加えて、この問題提起はすぐれて原理論であって、この問いを発した主体がジャーナリズムをどう措定するかによって、その学問的な探求の方向性が定まる。たとえば、いま、手元にあるテキストのひとつは、これに対して「ジャーナリズムのそもそもの目的は、市民の自由、そして自治に必要な情報を市民に提供することである」（ビル・コヴァッチ、トム・ローゼンスティール共著、加藤岳文・斎藤邦泰訳『ジャーナリズムの原則』日本経済評論社、二〇〇二年〔Kovach, Bill and Rosenstiel, Tom, *The Elements of Journalism*, Three Rivers

Press : New York, 2001）としている。しかも、この捉え方は、彼らが語るところによれば、「この定義は、時代を超えて変わることなく、また昔からニュースを制作してきた者のあいだで定着していることがわかっており、ほぼ疑いない、といえる。ふりかえってみると、ジャーナリズムの概念と、社会と民主主義を創造する概念とを切り離すことさえむずかしい。ジャーナリズムはその目的にとってきわめて基本的なもの」（前掲書、一三頁）と考える立場から定義されたものである。ここで明示化されているのは、ジャーナリズムが近代デモクラシーの思想とともに発展したこと、その政治思想を人々に植え付け、人々がその担い手――主権者――として果たすべき役割に奉仕することがジャーナリズムの存在理由である、という理解である。

デモクラシーの理論にジャーナリズムを根拠づけるということは、既存専門科学でいえば、政治学――さらにはその体系のもとにある政治思想――のディシプリンに立論の礎をおき、そのアプローチを採用してジャーナリズムの問題を分析していくことを意味する。ただしすでに確認したようにこのような方法的態度においても、ジャーナリズムの原理的な課題を追求する限り、その論理が規範性を帯びることは自明のことだろう。たとえば、コヴァッチ、ローゼンスティールは、ジャーナリズムが市民の自由と自治に必要な情報を提供するという任務を果たすためには九つの原則（Elements）を守らなければならない、として「must」という表現を多用する。そこで主張されているのは、ジャーナリズムの活動において遵守すべきルールであり、行動基準であり、機能である。けれども、先にみたような定義に共鳴し、さらにこうしたジャーナリズム論を基礎として、ジャーナリズムとデモクラシーの関係を考察しようとすれば、私たちは政治学的な環境とテーマに近接していかねばならない。「国家権力とメディア」「世論」「地方自治」「政策形成過程」などなどのテーマ領域から抽出した問題を分析しつつ、議論を発展させていくことが求められるだろう。あるいは、「市民の政治学」というべき政治的実践とジャーナリズムの役割についての実証的な検証も期待される分野かもしれない。

つぎに目を向けるのは、社会学の理論とジャーナリズム研究との相関もしくは境界である。これについてはむろんきわめて多様な提示のモードがありうるが、ジャーナリズムを社会的コミュニケーションの位相のなかにおき、「ニュースの生産システム」と措定することによってもひとつの明確なイメージを描くことはできるだろう。ジャーナリズムをかりにそのように把握し、その生産過程に内在する現象、あるいはその生産結果がもたらす社会的な影響を社会学的アプローチで解明することの重要性は今後も増大こそすれ、決して減じるものではない。また、社会学の理論パラダイムが、コミュニケーション研究やマスメディア研究に少なからぬ貢献をしてきたこともここであらためて振り返るまでもなく自明のことである。直近にそれを見れば、たとえば、林香里によってドイツにおけるN・ルーマンのシステム理論とマスメディア研究との相関に関する研究動向が紹介されている（林香里「ルーマン理論とマスメディア研究の接点」『思想』九五一号、岩波書店、二〇〇三年）。留意すべきなのは、社会的コミュニケーションであるジャーナリズム・システムの解明に社会学の理論が要請され、一方、ルーマン流のシステム理論に依拠するにせよ、それを否定するにせよ、社会の仕組みと現象を整合的に説明しようとする社会学理論にとって、ジャーナリズムが不可欠な問題構制になっているという事実である。

さて、私たちはここで、ジャーナリズムをニュース生産システムとした場合の時間と空間の規定性に関心を注いでみよう。その規定性は、近代ジャーナリズムの歴史のなかで、その時々の社会的、経済的、文化的要因をともなう情報技術の進展によって変化の一途をたどってきた。不定期な生産から周期的な生産へ、速く、速く、速くという原理に従って。結果として、時間は、日刊新聞というニュース生産様式における「定期性」という特性で表象されていっときとどまった後、インターネット・テクノロジーによって即時性・同時性として現前した。空間は、ニュースルームという機能システムとして表象され（またプリントメディアでは「紙面」という形式で形象化され）、今日、ニュースの流通・伝達にかかわる距離は極小までに縮減した。時間と空間の諸相にみるこの変化は、「ジャーナリズムの時間と空間の社会学」にとってどのような意味をもたらしたといえるのだろう。デジタル技術によって時間の表象がリニアー化した結果、ニュース生産工程は表面上、締切日、降版時間、定時ニュースという形式を通じて分節化されてきた時間の拘束から解き放たれたかのようにみえる。けれども、実際は、システムのうえでも、システムを操作する主体にとっても、時間がより内在化し、加速して、その支配力はこれまでのどの時代にも増して強くなったといってよいのではないか。およそ、以上のような仮説的な議論がかりに成立するとすれば、たとえば、オフラインとオンラインジャーナリズムにおけるジャーナリストの時間意識の変化、あるいは、ニュースの質の変化に関する実証研究が試みられてもよい。また、空間としてのニュースルームがデジタル技術の導入によってシステムとして、組織としていかに変容してきたか、あるいは、「編集局長」がニュースルーム内に位置している場とエディターシップとのあいだにいかなる相関があるか、そしてそれらはニュース生産の内容と質にかかわりがあるのかないのか、といった問題も浮上してこないとはいえない。

ジャーナリズムの倫理

つぎに想定されるのは、「ジャーナリズムのエチカ」ともいうべきパースペクティブである。生命倫理、環境倫理などとならんでジャーナリズム倫理を応用倫理学の一領域として捉える見方に大きな異存はあるまい。それは、学問的態度としては、ジャーナリズムの活動が社会にもたらすさまざまなコンフリクト、もしくはディレンマに関して、私たちがいかなる倫理的な判断や選択をすべきか、という課題と向き合うことにほかならない。これまでの「ジャーナリズムと倫理」をめぐる状況は、ともすれば、報道と人権、メディアと人権という名辞のもとに、名誉・プライバシーをはじめとする人権をジャーナリズムが傷つける恐れのあること、あるいは実際に傷つけたことに関して議論が提起されるという傾向にあった。そのような議論の延長に、メディアの配慮や自主規制の是非、あるいは、人権回復のための救済制度が検討されている。けれども、ジャーナリズム倫理はそのレベルにとどまると考えるべきではなかろう。

社会がジャーナリズムの行動に対して、倫理上の問題として受け止め、それを許容するか、拒否するか態度をきめかねるような事例、その反応が世論を二分するような事例の発生することは、一枚の写真の掲載からすべてのメディアを拘束する申し合わせ――報道協定まで、決してまれではない。「公共の利益」を主張しうる立場は一様ではなく、ジャーナリズムの選択が社会に深刻な葛藤、さらにはディレンマを呼び起こす可能性は常に潜在すると理解しておくべきだろう。公と公、公と私、私と私、少数と多数の「利益」は必ずしも一致するわけではなく、もとより、正義と善が両立するケースは希少であるといってよい。かりに法の判断を求める事態になったとしても、その結果が倫理的には正当性があるとする観点が支持されるとは限らないだろう。ジャーナリズムのエチカとは、ジャーナリズムが直面したディレンマを検証しつつ、あわせて、想定しうる限りのさまざまな具体的な命題を提示して、にわかには見定めがたいコンフリクトとディレンマから脱却する方途、もしくは最善の選択肢を議論する倫理学的アプローチといってよいだろう。そして、その態度を支えるジャーナリズム観、いいかえれば、ジャーナリズムの本質に関する把握は、それが社会と人々の「善なるもの」に奉仕するところにあるということである。

さて、ジャーナリズム論を基層としたジャーナリズム研究が射程とする対象は、無論、ここで恣意的に取り上げた問題群につきるものではない。また、これまで見てきたことから了解されるとおり、無数ともいうべき問題が絶え間なく現前し私たちを誘っているとしても、そこで対象化されるジャーナリズムの問題性が一様でないことは明らかだ。であればこそ、これまで何度となく示唆してきたとおり、操作的であれ、本質的であれ、ジャーナリズムとはなにか、との審問、およびジャーナリズムはいかにあるべきか、との審問抜きには問題それ自体が成り立ちようもなく、探求の方法も確定しがたいのである。私たちはそのことを予兆的に知りつつ、また、徒労と知りつつ、多くのジャーナリズム研究の起点となりうるようなジャーナリズムの定義づけに挑戦してきたといってよい。たとえば、筆者もその試みに参加して、それを「社会の構成員である表現主体もしくは社会の代理人であると自己認識する表現主体が、社会の成員に代わって日々に生起する時事的な事実や問題を報道し、論評する活動を通して状況を定義づける行為」といってみたり、さらには、「社会の代理人としてではなく、よりよい社会を志向する表現主体として、日々に生起する時事的な事実や問題を報道し、論評する活動を通してその解決のてだてを積極的に社会に提示する行為」といってみたりしたこともある。しかし、こうした物言いには決定的なモメント（契機）が欠落していることに気づかされる。すなわち、いま、ここにおけるアクチュアリティーというモメントである。

どうやらこのようにして、私たちは、議論のスタート地点に戻ってきてしまったかのようだ。では、再び私たちの射程を伸ばすとすれば、なにを導きの糸とすればよいのだろう。それは、畢竟するところ、

「同時代を記録し、その意味について批評する仕事」という鶴見の規定を超えるジャーナリズムの定義づけ、いま、ここのジャーナリズムをトータルに開示する作業に、学としてのジャーナリズムの今日的な意義を確認するというところにあると思われる。

参考文献

内田義彦『読書と社会科学』岩波新書、一九八五年
ビル・コヴァッチ、トム・ローゼンスティール共著、加藤岳文・斎藤邦泰訳『ジャーナリズムの原則』日本経済評論社、二〇〇二年（Kovach, Bill and Rosenstiel, Tom, *The Elements of Journalism*, Three Rivers Press : New York, 2001）
鶴見俊輔「ジャーナリズムの思想」鶴見俊輔編『ジャーナリズムの思想』現代日本思想体系12、筑摩書房、一九六五年
林香里「ルーマン理論とマスメディア研究の接点」『思想』九五一号、岩波書店、二〇〇三年
林利隆「電子情報時代のジャーナリズム」伊藤守・西垣通・正村俊之編『パラダイムとしての社会情報学』早稲田大学出版部、二〇〇三年

第3章　マス・コミュニケーションとジャーナリズム
――研究のレリバンス

大井眞二

1　マス・コミュニケーション研究のパラダイム

ラスウェルのパラダイム

米国を原産国として多様な要因を取り込んで発展した「マス・コミュニケーション研究」は、いうまでもなく日本におけるマス・コミュニケーション研究に多大な影響を及ぼしてきた。二〇世紀末にコミュニケーション研究を回顧したE・ロジャース（Rogers, Everrett, *A History of Communication Study: A Biographical Approach*, Free Press, 1997）は、ヨーロッパにおける研究から説きおこし、それを継承する米国の研究について、H・ラスウェルとプロパガンダ分析、P・ラザースフェルドとマス・コミュニケーション効果、K・レヴィンとグループダイナミクス、C・ホブランドと説得研究、N・ウィナーとサイバネティクス、C・シャノンと情報理論、そしてW・シュラムによるコミュニケーション研究の確立、といった道筋を描いた。

ロジャースによれば、こうしてさまざまな研究の流れがコミュニケーション研究へと収斂していったことになる。中でもラスウェルのマス・コミュニケーション研究のパラダイム（ハロルド・D・ラスウェル、本間康平訳「社会におけるコミュニケーションの構造と機能」W・シュラム編、学習院大学社会学研究室訳『新版マス・コミュニケーション――マス・メディアの総合的研究』東京創元新社、一九六八年）は、良くも悪くも研究の大きな枠組みを形成したといっても過言ではないだろう。「誰が、何について、いかなる通路によって、誰に対して、いかなる効果を狙って」という図式である。「誰が」は送り手研究、「何について」はメッセージや内容分析研究、「いかなる通路によって」はメディアの研究、「誰に対して」はオーディエンス研究、「いかなる効果を狙って」は効果研究を含意する。このパラダイムに従い非常に多くの業績が産出されてきたが、もちろんそれぞれの研究分野は均等な発展を遂げたわけではなく、研究成果を総括すればずいぶんと濃淡が存在する。

研究の再考と新しいパラダイムの出現

「過程と効果の研究」は米国特有の実利主義やメディア企業からの要請もあって長足の進歩を遂げたといっていいであろう。これは決して皮肉ではない。われわれは、過程と効果研究の成果から実に多くの事柄を学んできたのである。これに対して、メディアやオーディエンス研究はどうであったか。たとえば、ラスウェルは「通路」をチャンネルの用語で表現している。実はチャンネルはメディアと称すべきであって、単なるチャンネル以上のものなのである。単なるチャンネル観は、メッセージがメディアにおいてさまざまな要因の影響を受けて形成される側面が見えなくなってしまうのである。オーディエンス研究も似た側面があり、日本では「受け手」研究と称されてきた。受け手は不特定多数の存在として措定され、個人の多様な特性は捨象されて、ひとまとめにして「受け手」として括られ、メディアが送り出すメッセージを無批判に受け入れる受動的な存在として仮定された。確かに、オーディエンス間の個人的相違を表す変数を確認し、測定し、統計的に統制するといった研究が数多くなされてきたが、利用と満足の研究や最近のアクティブ・オーディエンス論が指摘するように、オーディエンスは単なる受け手ではない。メディアのテクストを自在に操る、送り手の意図をもてあそぶ存在「でも」ある。

そう考えてみると、「送り手」研究にも考えてみるべき問題があろう。たとえば、ゲートキーピングの研究である。D・M・ホワイトの古典的な研究では、ゲートキーパーの個人的な特性やニュース選択の基準が問題とされた。しかしニュース選択に限定しても、実はゲートキーパーという個人に還元される選択の要因は、今日の巨大なメディア組織を射程に入れてみれば、微少でしかない。ゲートキーピングの過程は、ニュースだけでなく、娯楽的な内容を含めてメディアの生産過程を貫いているといっていいだろう。

こうしたマス・コミュニケーション研究の捉え直しがなぜ可能になったのか。回答は端的にいえば、対立する研究のパラダイムの並列的状況に求めることができるだろう。今やわれわれは、米国のマス・コミュニケーション研究のパラダイムだけでなく、カルチュラル・スタディーズ、ネオ・マルクス主義、批判的研究などのパラダイムの恩恵を受けており、お気に召すままいずれかを選び取ることが可能になっている。

ジャーナリズム研究のために

さて本章の表題の対抗軸においた「ジャーナリズム」研究はどうであろうか。かつて早川善治郎は「イデオロギー論的」と「環境論的」ジャーナリズムの二つの位相で日本のジャーナリズムを類型化した（早川善治郎「マス・コミュニケーション論とジャーナリズム論」『新聞学評論』一八号、一九六九年）。日本のジャーナリズム論では、イデオロギーないし「イズム」の部分に大きな力点が置かれ、個人によって異なる、時には対立する規範理論が声高に主張されることも決して少なくない。前者に、より大きな力点が置かれる一方、後者（環境形成能力に着目した社会科学的研究領域）は徐々にマス・コミュニケーション研究とのレリバンスを見失い、結果的に総体としてのジャーナリズム研究は、停滞ないし足踏み状態に放置されてきたのではないだろうか。

たとえば「客観性の原理」は、数少ない普遍的な規範理論のように思われるが、内実はそれほど単純ではない。なるほど政治家をはじめとしていわゆる「一般庶民」に至るまで、メディアは客観的でなければならないというテーゼを是認しているように思われる。大半のジャーナリズム批判はこぞって客観性からの逸脱として指弾されるからである。しかし、それがニュースの客観性を意図したものか、評論にまで及ぶものかと問うてみれば、とたんにも四分五裂の論争になるであろう。また客観性に関連して、とりわけ日本的概念と思われるものに、「不偏不党」論がある。なぜ日本的というかは、極めて外国語に翻訳しにくい概念であるからである。詳細は省くが「不偏不党」論は明治の初年から実は数奇な運命をたどった概念であって、これについては山本武利の『新聞記者の誕生』（新曜社、一九九〇年）を参照していただくのが一番手っ取り早い。

こうして誤解を恐れずにいえば、日本のジャーナリズム研究は、「ジャーナリズム批判」の学、あるいは一種の運動論のようにも思えるのである。もちろん、われわれは戸坂潤であれ、長谷川如是閑であれ、先達のジャーナリズム論から、言論の自由を中心にした法学的アプローチから、多くのものを学んできたことは確かである。しかし振り返ってジャーナリズム研究を俯瞰してみたとき、結局ジャーナリズムとは何かを巡るある程度の合意すらないままに、われわれはジャーナリズムを語り、現実には議論は交差して豊かな実りを生み出すことなく、結局、部分的断片的な議論に終始し、大局を見失ってしまったのではないだろうか。私見によれば、こうした問題はいくつかの要素に起因するが、第一に、戦後のジャーナリズム研究は、米国を中心に発展してきたマス・コミュニケーション研究に圧倒され、固有の問題領域と研究の方法を見失ったことにあるように思われる。戦後に輸入されたマス・コミュニケーション理論は、新たな社会理論の息吹を感じさせ、ジャーナリズム論を色あせたものにしたのは確かであった。第二に、ジャーナリズム研究は、ジャーナリズムは何をなすべきかなどを中心とした規範理論を巡る議論に精力を傾けるだけで、理論構築やモデル設定の努力を怠り、またそうした理論に基づく現実の分析をなおざりにしてきたのではないだろうか。第三に社会的現実の構成に圧倒的な影響をもつ「TVジャーナリズム」を射程に入れてこなかったのではないだろうか。いわばTVの娯楽的なジャーナリズムの概念化を、われわれは怠ってきたのではないだろうか。最後に、国際的なジャーナリズムのパースペクティブの中で、日本のジャーナリズムを相対化する視点を欠いてきたことが挙げられるだろう。国際化の時代にあって、今なお日本のジャーナリズムは「国内限定の商品」であって、国際的な流通性に欠けるのはいうまでもないが、海外のジャーナリズムに学ぶ姿勢にも欠けていたのではないだろうか。もしこれらの指摘が妥当性をもつなら、指摘した問題点を今改めて問い直す作業は重要な意味をもつことになろう。

2　ジャーナリズムの再定義と類型

ジャーナリズムと非ジャーナリズム

英国の研究者B・マクネアは、『ジャーナリズムの社会学』（McNair, Brian, *The Sociology of Journalism*, Arnold: New York, 1998）で、極めて興味深い問題提起をしている。彼によれば、ポストモダンのこの世界において、さまざまな境界が曖昧化している現実をふまえて、改めて「ジャーナリズムとは何か」だけでなく、「ジャーナリズムは何ではないか」を問うべきことを主張している（p.4）。ジャーナリズムと非ジャーナリズムをはっきりさせろ、というわけである。非ジャーナリズムとは何かは、非常におもしろい問題提起であって、考えるべきさまざまな視点を含んでいる。とりわけ「ニュース」と「娯楽」を隔てる壁が低くなっている現代のジャーナリズム状況を考えると、従来のジャーナリズム概念の枠外に置かれる、いわば疑似ジャーナリズムが、すぐれてジャーナリズム的な機能を果たしていることは十分あり得ることである。

先に引用したマクネアによれば、欧米における近代社会の誕生以来、ジャーナリズムは、他のテクストと比べて明白に異なるスタイルとナラティブを発展させ、その過程で他の文化形態にはない特権的地位を獲得してきた。言い換えればジャーナリズムは特権的な文化形態であり、オーディエンスもまた、ジャーナリズムのそうした特権的な地位を認識し、合意し、そして期待してきたのである。しかし、欧米では一九世紀後半から二〇世紀のはじめに、特権的なエリート・ジャーナリズムの対抗軸として、異なるスタイルとナラティブをもつポピュラー・ジャーナリズムが誕生し、ジャーナリズムに二極分化が生じたのである。二〇世紀の前半にラジオ、ついでTVが誕生するに及んで、ジャーナリズムは多様な形態と内容をもつようになり、さらに今日のポストモダンの世界にあって、ジャーナリズムの特権的な文化的形態は多様化し、ジャーナリズムのテクストと他のテクスト（たとえば娯楽）の間の境界が極めて曖昧なものとなり、さまざまな形態と内容をもつジャーナリズムが生まれてくることになったのである。言い換えれば、もはやジャーナリズムは、単数定冠詞つきではなく、複数として多元的な存在となったのである。われわれは、こうした混沌たるジャーナリズム状況を前にしたとき、改めてジャーナリズムとは何かを問い直し、たとえそれが不完全なものであろうと、ジャーナリズムを再定義しなければならないだろう。

ジャーナリズムの再定義

ジャーナリズムをカテゴライズする方法はかなり多くあるし、さまざまな定義を与えることができる。ラスウェルやC・W・ライトのように、果たすべきと想定される機能による分類、たとえば環境の監視、相互関係、伝達、娯楽といった分類ができるだろうし、また質による高級、低級といった区別なども可能であろう。さらに映画研究から発展してきたジャンル概念も有益な示唆を含んでいる。

しかし、ここでは第一に、後に述べるマス・コミュニケーションとのレリバンスを考慮し、そして第二に、カオスにあるジャーナリズム状況を整序しようとする意図から、十分な定義ではない、ある種の操作的定義であることを認めつつも、別の視点からジャーナリズムを定義してみたい。すなわち、ジャーナリズムは「ニュース・テクストの収集から、編集、制作、流通へと連なる生産過程」である、としておく。ここで重要なことは、第一に、ジャーナリズムはニュース・テクストの生産に関わるのであり、第二に、ジャーナリズムは、マス・コミュニケーションと同様に過程である、という視点である。ニュース・テクストは生産されると見る立場は、ニュース・テクストは現実を鏡のように反映するのではなく、ジャーナリストによって作られることを意味し、過程と捉えるのは、ジャーナリズムをマス・コミュニケーションの一部として把握しようとする意味であり、ジャーナリズムを捉え直す際にマス・コミュニケーション研究とのレリバンスを見出そうとする意図にほかならない。

さて次にニュース・テクストである。先のジャーナリズムと同様な定義のレベルで、ジャーナリズムのニュース・テクストは、ジャーナリズムの主要生産物であって、「文字、音声、映像などの形態をとる事実に基づく公共的な知識」として、定義しておこう。ここでは、ニュース・テクストは明らかに、しばしば互換的なものとされる情報とは異なるものであって、情報は意味とコンテクストを与えられたときに知識になるのである。またニュース・テクストは個人の私的な知識ではなく、公共的生活を送る個人が必要とし、またメディアによって公にされたという意味での、公共的知識である。ジャーナリズムのテクストは、ニュースを中心として、さらにニュースの論評、ニュースの読み物、ニュース・インタビュー、ニュースの論説といったテクスト群から構成される。

ところで、ジャーナリズム生産物は、主としてニュースメディアあるいはジャーナリズムのメディアによって生産される。新聞は、ニュース・テクストの生産部門がメディア組織として重要な位置を占め、組織の資源はかなり集中的にニュース・テクスト生産に注がれ、一般的にニュースメディアと見なされてきた。他方で、TVは主として娯楽産業、娯楽のメディアとでもいうべきものであって、TVにあってはメディア生産の中心はニュース・テクストの生産にはなく、むしろ娯楽的テクストの生産に置かれていると考えられてきた。かつてニュース番組が十分な視聴率をあげることができなかったときには、パブリック・サービスとして、公共的メディアの責任としてニュース・テクストの生産が行われたこともあった。

しかし、ニュース・テクストは、文字、音声、映像などの形態をとる事実に基づく公共的な知識であり、ジャーナリズムはニュース・テクストの収集、編集、制作、流通といった生産過程であるとすれば、現代ほど「TVジャーナリズム」が、公共的知識の伝達に、ジャーナリズム・テクストの生産に、大きな役割を果たしている時代はないのではなかろうか。巷間いわれるように、ジャーナリズムは決して衰退などしていない、今日むしろ隆盛を誇り多様な広がりを示しているといえないだろうか。確かにメディア生産物として、概念的にニュースと娯楽が区別されるのが一般的である。しかしオーディエンスの立場から見ればそうした区別は意味をなさないのであって、ニュース・テクストからであれ、娯楽的テクストからであれ、事実に基づく公共的知識を得ているのである。また今日現象的にも、ニュースと娯楽の境界はますます曖昧化し、ある種の相互浸透が起こっているのである。われわれは、新聞記事やTVのニュース番組からだけでなく、現実の犯罪事件を再現したドラマから、ワイドショーの芸能人のゴシップから、時の人たる人物のインタビュー番組から、そうした知識を得ているのである。もしこれらが非ジャーナリズムだとすれば、ジャーナリズムは危機にあり、衰退しているのかもしれない。しかし非ジャーナリズムたる複数形のジャーナリズムは着実に、メディア生産の現場を浸食しているのであり、それらを従来のジャーナリズム論の立場から無視することにどれほどの意味があろうか。

ジャーナリズムの類型化の試み

ジャーナリズムは、近代以降の歴史過程において、他のテクストと比べて明白に異なるスタイルとナラティブを発展させ、その過程で他の文化形態にはない特権的地位を獲得してきた。しかし二〇世紀の後半、エリート・ジャーナリズムとポピュラー・ジャーナリズムの境界は徐々に曖昧となり、これまで特権を享受してきたエリート・ジャーナリズムの内部でもさまざまなバリエーションないし対抗的なジャーナリズムが生み出されてきた。他方で、エリート・ジャーナリズムと異なるスタイルとナラティブをもつポピュラー・ジャーナリズムの領域でも同様の現象が生じている。たとえば、ある程度の共通理解に基づく定義を欠くままのものがあるにせよ、エリート・ジャーナリズムの領域では、ニュー・ジャーナリズム、調査ジャーナリズム、唱道的（advocacy）ジャーナリズムなどが、ポピュラー・ジャーナリズムの領域では、タブロイド・ジャーナリズム、ニュース・ショー（ワイドショー）、トークショー（talk show）などが生まれてきた。これらのジャーナリズムの形態と内容が異なるように見えるのは、ニュース・テクストの収集、編集、制作、流通へと連なる生産過程のそれぞれの段階で、ニュース価値などの異なるスタンダードに基づいて、異なる選択がなされるからである。

　ここで仮に、エリート・ジャーナリズムは、ハード・ニュースを中心とした客観的報道のスタイルを採るジャーナリズム、ポピュラー・ジャーナリズムは、ヒューマンインタレストを中心とした、センセーショナルなジャーナリズムと定義しておこう。また、ニュー・ジャーナリズムは、素材は事実に基づくもののスタイルとナラティブは文学的ジャーナリズム、調査ジャーナリズムは、埋もれた事実を掘り起こし主として権力の不正を暴く企画ジャーナリズム、唱道的ジャーナリズムは、特定の主義主張を担う主観的ジャーナリズム、タブロイド・ジャーナリズムは、犯罪・セックス・スキャンダルを素材とするジャーナリズム、ニュース・ショー（ワイドショー）は、雑誌のTV版とでもいうべきもの（インフォテインメント＝infotainment）、トークショーはスタジオに観客を入れての有名人のインタビュー、と定義

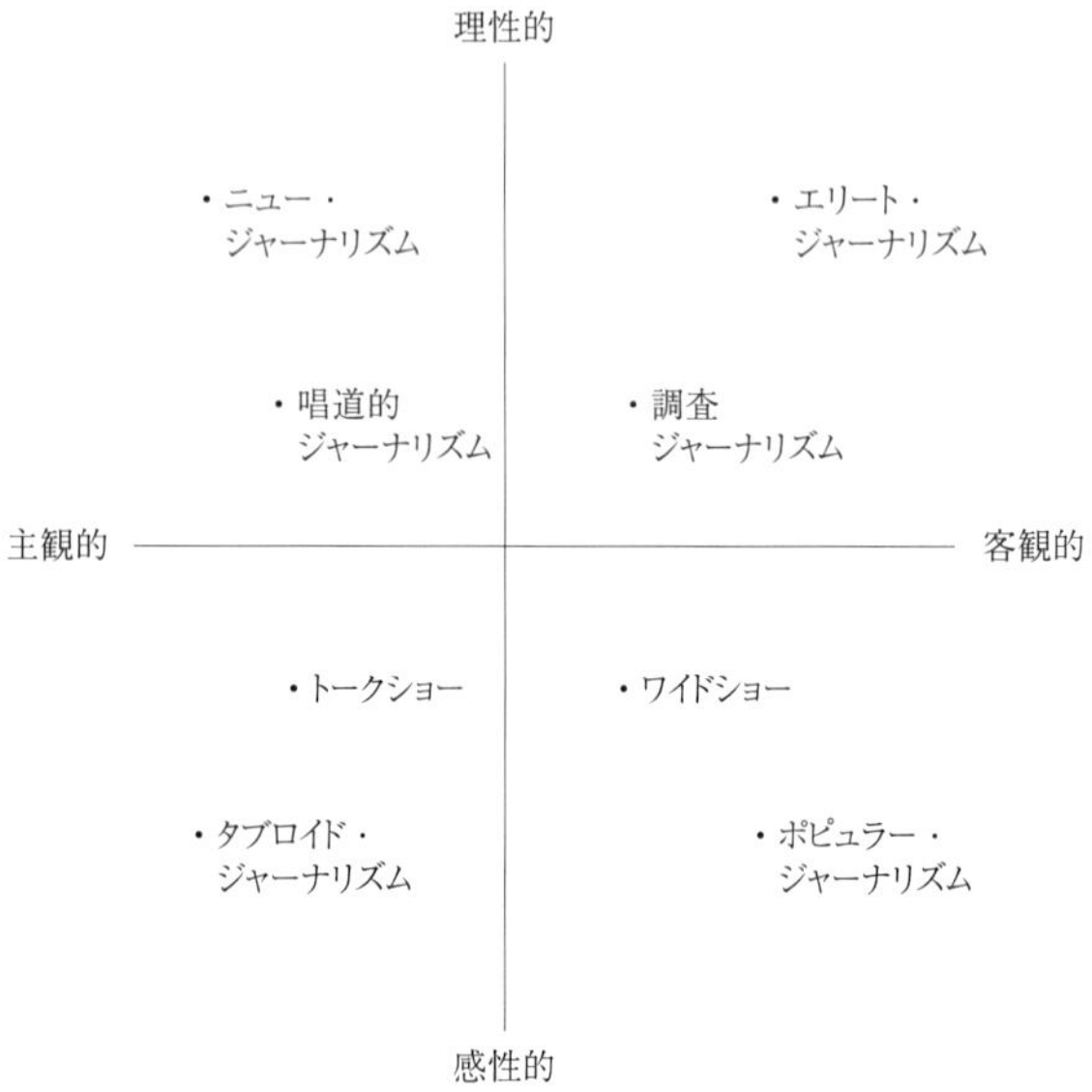

図3－1　ジャーナリズムの諸類型

しておこう。図3－1は、ニュース・テクストに対する態度として、客観的と主観的、訴求の方法としての理性的、感性的といった軸をたて、それぞれのジャーナリズムがどのような位置を占めるかを試みにプロットしたものである。単数定冠詞ではなく複数形のジャーナリズムを整序する一つの方法、あるいはモデルとして考案したものである。もちろん異論があるのは承知の上だが、ニュース・テクストの生産過程に働く選択の要因の違いによって、同じ事実を素材にしながら異なるニュース・テクストが生産されることを示そうとするものであって、複数形のジャーナリズムの類型がこれに尽きるわけではないのは、いうまでもない（もちろん類型化の軸はこれに尽きない。筆者はオファーの段階ではないが、中立―参加、受動―能動の軸、さらに、プロットすべきパブリック・ジャーナリズム、開発ジャーナリズム、オルタナティブ・ジャーナリズムといった類型の構想をもっていることを付言しておきたい）。さて、ここでニュース・テクストの生産過程に注目したのは、次に述べるマス・コミュニケーションとジャーナリズムの研究のレリバンスを模索する試みと関係する。

3　ニュース・テクストの生産——一つのレリバンス

過程と効果

伝統的なマス・コミュニケーション研究は、すでにラスウェルのパラダイムに関して指摘したように、その過程つまりいかなる「過程」を通じて、テクストはオーディエンスに受信され理解されるのか、その効果つまりテクストはオーディエンスにいかなる「効果」をもつのか、を問いかけてきた。研究の出発点はメディア・テクストであり、テクストは所与のものとされてきたのである。言い換えればマス・コミュニケーション研究は、ホブランドの修辞学的分析などを別にすれば、テクストの内容を問うことがほとんどなかったのである。ここにジャーナリズム研究のレリバンスを求めるべき糸口がある。

ジャーナリズムは、ジャーナリズムの生産物たるニュース・テクストの生産過程であることはすでに指摘した。マス・コミュニケーション研究の成果、とりわけ主流をなした「過程と効果」論を批判的に継承しつつ、それとの関係の中で、ジャーナリズム研究の進むべき一つの道は、ニュース・テクストの生産過程に焦点を当て、テクスト生産にどのような要因が影響を与えているかを検証することである。この問題を考える際に重要な手掛かりを与えてくれるのは、P・J・シューメーカーとS・D・リースである。彼女らの研究（Shoemaker, Pamela J., Reese, Stephen D., *Mediating the Message*, 2nd ed.,

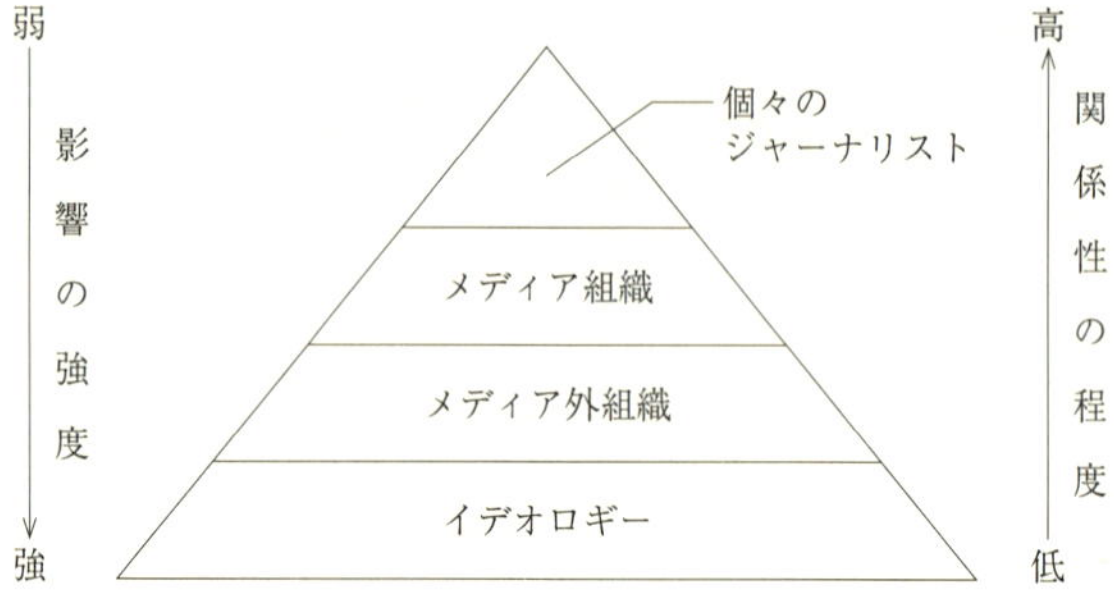

図3－2　ニュース・テクストへの影響レベルの階層モデル

Longman: New York, 1996）を参照しながら議論を進めたい。問題は、ニュース・テクストはいかなる要因の影響を受けて生産されるかであり、この要因の分析は、マス・コミュニケーション過程と効果論に、そして近年大きな成果を生み出しつつある、批判的メディア研究、カルチュラル・スタディーズのメディア研究に重要なインプリケーションをもっているのである。

伝統的なマス・コミュニケーション研究では、メディアのテクストがオーディエンスに与える効果に焦点を絞った多くの研究が試みられてきた。たとえば、新聞やTVでの犯罪や暴力の描写である。メディアに氾濫する犯罪や暴力は子どもをそうした行為に走らせる効果があるのか、それともないのか。G・ガーブナーをはじめとして多くのマス・コミュニケーション研究者が取り組んできたテーマである。他方、テクストの生産過程に影響を与える要因の研究は、問題を逆転させる。すなわち、子どもを犯罪や暴力に駆り立てるかもしれないテクストがなぜ、これほどまでにメディアで広範に描写されるのか、それに引き換えオーディエンスの笑みを誘うような善行のニュース・テクストはなぜあまりメディアにのらないのか、といった問題をたてるのである。ジャーナリズム研究は、そうしたテクスト生産にいかなる要因がそれに関わっているのか、いかなる影響を与えているのかを明らかにしようとするのである。シューメーカーらの見解を参考にすると、ニュース・テクスト内容に影響を与える要因は、以下のように図3‐2のような重層的なモデルとして示される。つまり、ニュース・テクストの生産は、ジャーナリスト個人のレベルから、メディア・ルーティンのレベルから、メディア組織のレベルから、メディア外組織のレベルから、そしてイデオロギーのレベルから影響を受けるということになる（pp.6-8）。ただし、ルーティンはメディア組織レベルに含めるのが適当と思われるので、シューメーカーらのモデルを修正した図3‐2ではそうしたものになっている。次項以下それぞれのレベルを検討するが、この種の研究の日本でのインプリケーションのため、主として米国の研究例を取り上げることにしたい。

ジャーナリストレベルの影響

ジャーナリスト研究は、日本では記者読本や入門書を別にすればそれほど多くはないが、米国ではジャーナリストの伝記、自伝のたぐいは数多く出版されており、ジャーナリストレベルの問題を検討する材料は決して少なくない。また全米のジャーナリストを対象とした大規模な調査が定期的に行われており、個々のジャーナリストのパーソナルな特徴、背景、プロフェッショナルな役割、倫理観などに関するデータも豊富であり、経年的変化を捕捉することも可能である。たとえば米国では、ジャーナリストのリベラルな志向性がニュース・テクストに大きな影響を与えるといった主張がなされる。確かに、個個のジャーナリストがニュース・テクストを生産するのであるから、彼らの個人的な要素がテクストに大きな影響を与えるであろうことが容易に想像される。しかし、ニュース・テクストに与える個々のジャーナリストの影響は、後に述べるメディア組織やそのルーティンなどをはじめとした要因の制約を受けるのである。たとえば、ある全米のジャーナリストの調査（Weaver, David H. and Wilhoit, G. Cleveland, *The American Journalist in the 1990s*, L. Erlbaum : Mahwah, N. J., 1996, pp. 137-141）では、プロフェッショナルな役割として、データ分析の結果として「情報提供的」「解釈的」「敵対的」「動員的」の四つの役割を析出している。そうした役割意識は、彼らにどのような出来事をニュース・テクストの素材として選ばせるのであろうか、内容の編集、制作にどのような影響を与えるのであろうか。

また、ジャーナリストの家庭環境、教育的背景、ジェンダー、エスニシティ、社会観なども、生産物に影響を与えると考えられる。たとえば、日本のジャーナリストの平均的な学歴を、成人人口のそれと比較したとき、詳細なデータは欠くものの明らかに、ジャーナリストの高学歴が予想されよう。こうした違いが、またジェンダー、エスニシティの違いが、ニュース・テクストの生産にどのような影響を与えるのであろうか。ジャーナリストレベルは、彼らのこうしたさまざまなパーソナルな相違が、いかなる出来事をニュース・テクストの素材として選択するかから始まり、広くニュース・テクストの生産と生産過程にどのような影響を及ぼすかを検証しようとするのである。

メディア組織レベルの影響

このレベルは、第一にメディア組織のルーティンが、第二にメディア組織それ自体が、ジャーナリズムのテクストにいかなる影響を及ぼすか、特にその影響が制約として機能する場合を議論の対象とする。今や官僚制的組織構造をもつに至ったメディア組織は、パタン化され、手続化され、反復されるジャーナリズム労働を生み出してきた。ルーティンは、W・リップマンが指摘するように（W・リップマン、掛川トミ子訳『世論　下』岩波文庫、一九八七年、二〇七―二〇八頁）、これなくしてはジャーナリズム・メディアだけでなく広くマスメディアがたちどころに機能不全に陥ってしまう，ジャーナリズム労働の大半を占める実践である。この実践，たとえばゲートキーピング，記者クラブ（ビート）システム，パック・ジャーナリズム，そして公式ソースへの依存のようなメディア・ルーティンが，ニュース・テクストの生産にどのような影響を与えているか，特にもっとも効率的な方法で，消費者に受け入れられる商品を生産する組織的な必要性に対応して，どのように発展してきたかを議論することになる。またメディア組織はルーティンワークのコンテクストであって，組織が構造化される方法はプロフェッショナルな文化に影響を与えるのである。

こうして，メディア組織レベルは，メディア組織の政治的姿勢，企業としての政策などが，ニュース・テクストの生産と生産過程に組織レベルとしてどのような影響と制約を課すかを検討するだけでなく，メディア組織の役割と構造，さらに所有のパタン，集中の程度，また全体としてのメディア組織の経済的目標が，あるいはパブリック・サービス論などが，ジャーナリズム生産の過程とどのように関係し，影響するかをも射程に入れることになる。特に今後ますます予想されるメディア産業の集中と統合の進行が，あるいは異業種産業がメディア産業をその傘下に置くような傾向が，ジャーナリズム・メディアの活動にどのような影響を与えるか，また一層複雑になる大きな組織内に働くさまざまな力学が生産にいかなる制約を課すかなどは，ニュース・テクスト生産にとって非常に重要な問題となるだろうし，組織レベルの影響要因の検証に欠かせない検討の課題となる。

メディア外組織レベルの影響

ジャーナリズムの生産過程は，メディア組織外のニュース・テクストのソースに多くを依存しており，生産過程とニュースソースの関係は、非常に重要な意味をもつ。とりわけ、日本を含めたアングロ・アメリカンジャーナリズムのプロフェッショナルな規範は、ジャーナリストが自ら語るのではなく、ソースや専門家に語らせることを要求するから、ニュース・テクスト生産に大きな影響を及ぼす。しかし今日ジャーナリズムが仰ぐ大半のソースは、利益団体を含めて官僚制的組織体制をもつ制度であり、その組織にふさわしいルーティンを発展させてきたのである。このルーティンはニュース・テクストの生産過程に、それぞれ固有の制度的ロジック（特に圧力）を課すのであって、ソースとメディアの相対的な権力関係は、ニュース・テクスト生産に重大な影響を及ぼす。たとえば「記者クラブ制度」はこのコンテクストにおいて研究される必要があろう。

またジャーナリズムのメディアが活動する経済的環境は、マクロ、ミクロの双方においてジャーナリズム・メディアの活動にさまざまな影響を及ぼす。たとえば、メディア市場の規模、収益可能性、他のメディアとの競争、そしてメディア企業と他の企業の株の持ち合いなどを通じた相互連結、広告への依存度や他の収入源などは、メディア外組織レベルの重要な影響要因と考えられる。さらにメディアへの脆弱なフィードバックしかもたないとされるオーディエンスについても、メディア論的視座からの考察が改めて必要とされるであろうし、政府を中心とした法的制約や公的規制の影響も、研究課題として欠かすことができないだろう。

イデオロギーレベルの影響

米国のマス・コミュニケーション研究では、イデオロギーレベルの問題は少なくとも一九七〇年代まで無視されてきた。それには米国特有の理由が関わっているが、紙幅の関係でここでは詳細は省く。従って、これまで述べたジャーナリストからメディア外組織レベルまでの問題設定は、米国のマス・コミュニケーション研究と多くのインプリケーションをもっているが、イデオロギーレベルの影響はむしろ広義のマルクス主義的アプローチ、批判的メディア論、政治経済的メディア論、あるいはカルチュラル・スタディーズとのレリバンスをもつ研究の領域である。

イデオロギーレベルの影響要因を検討する研究は、社会レベルのイデオロギー的パースペクティブから、ジャーナリズムの生産過程への影響を検討する。たとえば、経験的に、われわれは「ノーマルなもの」と「逸脱したもの」の間の社会的境界を設定する際の、メディアの大きな役割を見出してきた。言い換えればこのジャーナリズムの、ニュース・テクストのイデオロギー的機能は、問題設定の方法にもよるが十分実証的研究の領域に包含すべきものである。たとえばD・ホーリンは、ニュース・テクストを、合法的、コンセンサス的、逸脱的の三つの領域に分類し、それぞれの領域で「ノーマル」と「逸脱」がどのように扱われるかについて、イデオロギーの実証分析に耐え得るような研究の提案をしている（Hallin, Daniel C., *The Uncensored War*, University of California Press: Berkeley, 1986, pp. 116-117）。また、質的解釈的研究として、ニュース・テクストとその生産過程のイデオロギー的性格と、マルクス主義的アプローチの鍵概念である社会の権力センターとの関係を明らかにする研究も重要な研究のフィールドとなるだろう。さらに、図3‐2で示したようなモデルに基づく、より低いレベルとより大きなイデオロギー的機能の間の関係性を検討する必要があろう。

4　さらなる課題

さらに、マス・コミュニケーションとジャーナリズムのレリバンスを求めるためには、新しい問題設定が従来のマス・コミュニケーション研究とどのようにリンクするかを検討する必要がある。たとえば、伝統的な効果研究は、特定の結果を生み出すテクストのタイプを明らかにしてきたが、新しいパースペクティブは、ニュース・テクストに影響を与える要因の構成とテクストのタイプの関係性を明らかにすることができるだろうし、効果が及ぶ範囲に関しても多くの示唆を与えるであろう。たとえば、「市民は、ニュース・テクストに通じれば、それだけ政治参加が高まる」（Gans, Herbert J., *Democracy and the News*, Oxford University Press : Oxford, 2003, p. 56）という効果仮説は、ニュース・テクストに含まれる政治的内容のタイプと関連づけられる必要がある。ニュース・テクストは、すでに述べたようにさまざまなメディア組織内、メディア組織外の要因の影響を受けるのである。こうしてジャーナリズム生産物の内容はチャンネルを通じてオーディエンスに伝えられるという、通常マス・コミュニケーション研究の基調をなす仮定は、改めて議論されねばならないし、効果研究の文献の多くは、こうしたパースペクティブからの見直しが求められている。この作業は、ジャーナリズム研究の新たな理論的パラダイムの方向性を見定めるための第一歩となるだろう。

参考文献

J・カラン、M・グレヴィッチ共編、児島和人・相田敏彦監訳『マスメディアと社会』勁草書房、一九九五年
W・リップマン、掛川トミ子訳『世論　上・下』岩波文庫、一九八七年
林香里『マスメディアの周縁、ジャーナリズムの核心』新曜社、二〇〇二年
大井眞二「ジャーナリズム意識の研究」『マス・コミュニケーション研究』四八号、一九九六年
大石裕・岩田温・藤田真文『現代ニュース論』有斐閣アルマ、二〇〇〇年
鶴木眞編著『客観報道――もう一つのジャーナリズム論』成文堂、一九九九年
鶴木眞編『コミュニケーションの政治学』慶應義塾大学出版会、二〇〇三年
G・タックマン、鶴木眞・櫻内篤子訳『ニュース社会学』三嶺書房、一九九一年

COLUMN

パブリック・ジャーナリズム

一九八〇年代末米国に生まれたパブリック・ジャーナリズムは、シヴィック・ジャーナリズム、市民に基礎を置くジャーナリズム、コミュニタリアン・ジャーナリズムとも称される。伝統的なジャーナリズムと違って、パブリック・ジャーナリズムは単に市民に情報を提供するだけでなく、フォーラム形成を援助したりして、市民がコミュニティの問題解決に積極的に関わるよう促すべきことを主張する。パブリック・ジャーナリズムは一種のジャーナリズム改革の運動であって、運動の主唱者はウィチタ・イーグル紙の編集者メリット（Davis W. Merritt）とニューヨーク大学ジャーナリズム教授ローゼン（Jay Rosen）であった。

誰が選挙に勝つかの予想、候補者のキャンペイン戦略戦術の分析、あるいは候補者のスキャンダル探しなどを中心としたいわゆる「競馬ジャーナリズム」は、市民の投票率の低下やコミュニティ・インボルブメントの衰退といった、市民の公共的生活からの撤退現象に大きな影響を与えているのではないか。彼らはこうした疑念から、再び市民がこぞってコミュニティの問題を議論し解決するために、ジャーナリズムは何かをなすべきと考えた。そしてジャーナリズムの役割を再定義し、自らそのための運動を始めた。

確かにパットナム（Robert Putnam）のような政治学者はかなり以前から市民の「市民的・政治的生活からの離脱」を指摘していた。広範な領域において、米国人のコミュニティ志向のメンタリティが個人主義のそれに取って代わってしまったことが観察されてきた。また常に問題の解決よりも問題それ自体を重視する、制度や集団よりも個人に焦点を当てる、good news よりもスキャンダルや腐敗などの bad news を志向する、市民の問題解決の努力よりも専門家のもっともらしい託宣を重視する、などのジャーナリズムも以前から問題視されてきた。

メリットらはこうした問題を解決するために、パブリック・ジャーナリズムの運動を始めた。手始めに一九九〇年のカンザス州知事選挙キャンペインで従来の報道のやり方を変え、市民の最重要争点を見極めるための世論調査、市民の重視する政策に対する候補者の反応の報道、争点の議論を促進し市民を議論に関わらせるための集会、そして「競馬ジャーナリズム」的要素をできる限り排除する、といった報道を試みたのである。

歴史的に見ると、パブリック・ジャーナリズムは二〇世紀初頭のマックレーキング・ジャーナリズムや一九六〇、一九七〇年代のニュー・ジャーナリズムと共通する特徴をもっており、それらはいずれも当時の主流ジャーナリズムからの逸脱と評価された。すなわちパブリック・ジャーナリズムは、ジャーナリズムはコミュニティの問題から超越しているべきである、あるいは当事者になるべきではないという「客観性原理」を拒絶し、その制約から自らを解放するようジャーナリストに求めるのである。

パブリック・ジャーナリズムの独自性は、集団としての市民と民主的統治の過程を以前とは異なる方法で結びつけようとしている点に見出すことができる。哲学的にはジャーナリズムの個人主義やリバータリアニズムの伝統に対するコミュニタリアニズムの挑戦と考えることができ、その意味でハーバーマスやヤンケロヴィッチのコミュニケーションとデモクラシーの理論、エツィオーニのコミュニタリアン思想との関わりを指摘することができる。パブリック・ジャーナリズムは、市民の相互依存、協同あるいは公共の善に対し個人の自由を従属させることを主張するコミュニタリアニズムの思想に依拠して、市民が公共的判断に至るために、ジャーナリストが政府の監視や中立性といった伝統的なジャーナリズム規範を乗り越えることを求めるのである。

こうしてパブリック・ジャーナリズムは、ケアリーのパラダイムに従えば「情報のジャーナリズム」から「会話のジャーナリズム」へのシフトを求めているのであり、パブリック・ジャーナリズムは、コミュニティの問題を確認することから始まり、情報を提供し(情報のジャーナリズム)、そして市民のコミュニケーションと行動を動員する(会話のジャーナリズム)までの過程を促進することをジャーナリズムの役割と考えるのである。

パブリック・ジャーナリズム運動は、伝統的ジャーナリズム規範の核心に位置する「客観性原理」に対する問題提起であったから、米国において大きな論争を巻き起こした。しかしこの運動は欧州では今のところ大きな関心を引くに至っていないし、その事情は日本でもあまり変わらないように思われる。とりわけ「客観報道」の基盤が脆弱な日本においては、今一度「客観報道とは何か」を根元的に問い直すことなくして、単にパブリック・ジャーナリズムの手法を模倣することは、重大な問題を惹起することになるだろう。

(大井眞二)

第4章　言論・表現の自由史

佐藤正晴

言論・出版その他の表現の自由は、近代国家においては基本的人権のなかでもとりわけ重要なものと考えられ、その社会体制のいかんを問わず、ほとんどすべての国々が今や、これを憲法上のたてまえとして保障するにいたっている。もっともその態様は、各国の歴史的事情、政治権力の性格、メディアとの力関係の相違などによって一様ではない。しかし、表現の自由は最大限に尊重されるべきというのが、民主政治における大前提である。それが、近代市民革命を成功させた欧米諸国の言論史に示されるように、検閲との長い闘争ののちにかちとられたものであることを心にとどめながら、言論・表現の自由史の小論を展開したい。

1　言論の自由の展開

J・ミルトンの自由論

メディアは、封建社会から近代社会へ移行する過渡期に生まれたものであり、まさに社会の近代化過程における歴史的所産である。言論の自由の起源もほぼ歩みをともにする。

封建社会においては、印刷出版において典型的なように国王や宗教的権力による規制下におかれていた。だが、のちに新しい市民階級が台頭してきて政治的・経済的な自由を要求し始め、これに、信仰の自由を求める宗教改革の動きが重なって、いわゆる市民革命が起こった。この市民革命では、新しい出版の自由の確立と、それを阻止しようとする封建諸権力の衝突というかたちで展開した。

言論・出版の自由論の古典とされるイデオローグにジョン・ミルトンの所論がある。ミルトンの自由論たる『アレオパジティカ』は、パンフレットとして一六四四年一一月に出版された。ミルトンはこのなかで、イギリスの特許検閲制度による言論の抑圧を、愚昧なもの、カトリック的・恣意的、侮辱的なもの、さらに効果のないものと断じ、特許検閲令の廃止を議会に訴えた。ミルトンは「真理と虚偽を組打ちさせよ。自由な公開の勝負で真理が負けたためしを誰が知るか」「他のすべての自由以上に、知り、発表し、良心に従って自由に論議する自由を我にあたえよ」と述べている。ミルトンによれば、真理こそ虚偽を駆逐するもっとも確実な方法ということになる。

もっともミルトンは、熱烈なピューリタンで、この自由を不誠実な無神論者やローマ旧教徒に認めていないのである。ミルトンはいわばピューリタンの良心の自由、言論の自由を論じたのであった。

古典的自由論の意味

さて、最初のマスメディアである新聞の自由は、このような近代的な出版・言論の自由の一環として、近代民主国家成立の過程で確立することになった。

新聞を含む出版の自由が制度的に確立したのは、一六九五年にイギリスで特許検閲令が廃止されたのが最初である。一八世紀に入ると、啓蒙思想の広がりとともに、出版の自由を求める声は市民革命と結びつきながら、他の国々でも強まっていった。まず近代的言論の自由を保障した最初の成文憲法として、一七九一年にアメリカの連邦憲法修正第一条で「連邦議会は……言論または出版（プレス）の自由を制限する……法律を制定することはできない」と定めた言論自由保障条項が謳われるにいたった。

古典的自由論の変容

このようにして近代的な言論の自由は、制度的にも思想的にもしだいに整備されていくのであるが、言論の自由をきわめて論理的に構成したのは一八五九年のJ・S・ミルの『自由論』であるとされている。ミルは『自由論』の第二章「思想と討論の自由」において、議論と思想の本来の姿を維持することに関心を示している。ミルは、政府検閲からの私人の自由を重要なものと考えてはいたが、それ以上に議論および意見の交換を確保することに関心をもっていた。言論の自由は、このような近代的言論自由思想に包摂されながら、近代国家の形成・発展の過程として展開し、近代社会における市民的自由の中核をなすものとして確立され、発展をとげていった。

2　近代日本の言論の自由

日本の言論・表現の自由の歴史は、新聞が誕生する幕末・維新期に始まる日本の近代化の結果として、政府の強い規制の歴史をたどってきた。

幕末期に新聞は誕生したとはいうが、実際は幕府による出版統制のもとで、かわら版や時事を取り扱った出版物の発行は禁止されている。新聞とは名ばかりで、官板と呼ばれた幕府発行の新聞か、その系列紙、外国人による新聞があるにすぎなかった。

政論新聞の隆盛と政府の対応

一八六八年六月、明治政府は旧幕府系の新聞を一掃するために、無許可新聞の発行を禁止した。翌一八六九年二月、新聞紙印行条例を公布、発行許可制と事後検閲制を後ろ盾に新聞発行を認めた。これを契機に今日の新聞の体裁に近い最初の日刊新聞である『横浜毎日新聞』が一八七〇年一二月に創刊した。その後相次いで本格的な近代新聞が創刊されるが、明治政府も「新聞」を欧化啓蒙の具として保護奨励する政策をとった。

しかし、一八七三年五月の財政意見書問題、翌一八七四年板垣退助等による民撰議院設立建白の『日新真事誌』への掲載は、政府、新聞人ともに新聞が論争・世論形成という政治的機能をもつことを実見した。

政府は、一八七三年一〇月に新聞紙条目、一八七五年六月に新聞紙条例と讒謗律等を次々に公布し、一転して過激な政論新聞に厳しい規制政策をとった。讒謗律には皇族、官吏侮辱等の罪の規定が含まれていて、言論規制法としての役割を果たしていた。明治政府の言論弾圧によって日本の言論の自由は、早くも危機に直面するのである。

政論新聞の系列化とその変質

一八八一年一〇月、自由民権運動の発展により、国会開設の詔勅が下ると、一八八一年に自由党、一八八二年に改進党の結成をみるや、政論新聞の多くは両党およびこれに対抗する政府系の帝政党に系列化された。政府と民権派政党の対立はいっそう激化したが、ほとんどすべての新聞がいずれかの政党の系列に分属して政党新聞時代を現出し、新聞の論調もいちだんと激しさを増していった。この状況に対し、政府がとった政策は、弾圧策である。一八八三年四月改正新聞紙条例を公布し、新聞規制を格段に強化した。発行保証金の新設、行政処分の範囲拡大、刑罰の強化等によって、この法律は民権派の言論封じ込めに効力を発揮した。ことに第一四条は、内務卿（大臣）が新聞記事が治安妨害や風俗壊乱にあたると認めたときには、発行禁止や発行停止を行政処分として行いうるとしていた。

一八八七年、条約改正問題で民権派の政府批判が再燃すると、政府は、一二月保安条例を公布して危険人物の東京からの追放と立入禁止措置を講じ、同月二八日新聞紙条例を改正公布した。この改正で発行許可主義にかえて発行届出主義が新たにとられた。

新聞言論の再興

新聞界が再度活気を取り戻す契機となったのは一八八八年の帝国議会開設である。以後日本における新聞の自由をめぐる本格的な議論は、新聞そのものよりも議会で展開されるようになった。さらに一八八九年に公布された帝国憲法は、第二九条で「法律ノ範囲内ニ於テ」言論、著作、印行（印刷出版）、集会、結社の自由を認めていた。だが、ここでいう「法律」には、当時新聞紙条例を筆頭に、出版条例、集会条例および保安条例という言論四法といわれた規制法があり、言論の自由は、憲法の保障にもかかわらず形式的な自由にすぎなかった。

この頃から、日本の新聞は政府の言論規制に一定の批判姿勢をとりつつも、他方では政論新聞が営業化の道を歩み始め、政論新聞は、脱政党化、記事の平易化などの方策をとり、帝国憲法体制の枠内での安定と発展を求め始める。そして、一九〇九年五月に新たに新聞紙法が制定されたが、これがその後敗戦まで存続した戦前の基本的新聞法規であった。

「社会の木鐸」から「不偏不党」

新聞の営業主義化は、「社会の木鐸」と称した言論の指導性を拡散化させ、「不偏不党」・客観報道という態度を生み出していった。

大正期に入ると、多くの新聞はそれまでに身につけてきた言論性をふるいおとし、あるいはそれを棄てきれない新聞は衰退していった。それを集約的に示しているのが『大阪朝日新聞』の白虹事件である。大正初年、桂内閣に対する憲政擁護運動において各新聞は反閥族キャンペーンを展開、大きな指導性を発揮した。いわゆる大正デモクラシーの風潮もそれに力をかしていた。しかし、一九一八年七月のシベリア出兵と八月の米騒動に際して、寺内内閣は、厳重な新聞規制を実施した。米騒動関係報道記事中に中国の古典で兵乱の予兆を指す「白虹日を貫けり」という章句があった。これが革命前兆を意味する古語で安寧秩序を乱すものとして発売禁止となり、続いて新聞紙法第四一条（治安妨害）違反で起訴された。大正中期、『大阪朝日』は、鳥居素川以下、長谷川如是閑・大山郁夫等を擁し、西欧デモクラシー思想をとりいれた民本主義を主張、新聞言論界の指導的地位に立っていた。検事は関係者の処罰とともに、『大阪朝日』の発行禁止を求刑した。この求刑を受けるや『大阪朝日』は民本主義を放棄してしまった。社長・村山龍平が辞任、編集局長・鳥居素川が退社し、有力編集幹部もこれに殉じた。そして一一月一五日「本社の本領宣明」と題する社告を掲載して謝罪の意を表した。かわって以後「不偏不党」を編集方針とすることを宣言した。一二月四日の判決では、関係者は有罪となったが、『大阪朝日』

の発行禁止は免れた。白虹事件は、寺内内閣が『大阪朝日』に加えた政治的一撃であったが、同時に言論の自由にとっての屈服を目の当たりにさせた。

一九二五年三月に治安維持法が制定されると、新聞を含むあらゆる分野での言論に関する規制は強化されることとなって、こののち第一次世界大戦を契機に拡大傾向をみせていた社会主義的な運動や言論は息を止められていった。

戦時下の新聞統制

一九三一年九月一八日に満州事変が始まると、日本には軍国主義体制化の傾向が急速に強まり、そのなかで新聞の自由はいっそう危機的な様相を深めていった。全国の新聞、通信社はニュースの速報に全力を傾け、愛国運動を掲げ、国論の統一に邁進することになった。この過程で、一九三二年の五・一五事件を批判した『福岡日日新聞』の菊竹淳（六鼓）や、一九三三年関東防空大演習を批判した『信濃毎日新聞』の桐生政次（悠々）のような軍国主義批判の個別的な事例もいくつかみられたが、いずれも強く封殺された。

満州事変・日中戦争と戦争が拡大していく過程で、日本の新聞は全体として好戦熱を煽り、国民世論を戦争に動員していった。それとともに、新聞自体も軍国主義体制に組み込まれていく。新聞の自由はもはや主体的にも客観的にも存在の場を失っていくことになった。

一九三七年に日中戦争が始まると、新聞紙法第二七条が発動され、陸軍、海軍、外務三大臣による記事掲載禁止令が次々に出され、検閲もいちだんと厳しくなった。一九三八年四月には、国家総動員法が公布され、国家総動員のために必要な新聞記事制限や新聞事業統制の道が新たに開かれた。一九四一年一月には、それにもとづく新聞紙等掲載制限令が公布された。他方、一九四〇年一二月には、国家的なプロパガンダおよび言論統制の一元的な実施機関として情報局が設置された。こうして言論情報の組織的統制と画一化の推進を一つの大きな特徴とするファシズム体制ができあがっていった。

さらに、一九四一年一二月に太平洋戦争が始まると、同月一九日に言論出版集会結社等臨時取締法が公布され、新聞雑誌などの発行許可制度が復活するとともに、取締りが強化された。他方、一九三六年の同盟通信社設立にみられた通信社統合に続いて、一九四一年一二月一三日には国家総動員法にもとづく新聞事業令が公布され、翌年二月には全国の新聞社は政府の指導のもとに日本新聞会を設立するにいたり、強権にもとづく一県一紙原則による新聞の整理・統合が推進された。これとは別に、新聞用紙の割当統制も並行して進められた。このようにして、新聞の自由は圧殺され、完全に政府の道具と化してしまった。

3　占領期日本の言論・表現の自由

一九四五年八月一五日、第二次世界大戦が終わって、日本はフリー・プレス（自由報道主義）の旗を掲げて欧米自由主義国の仲間入りをすることになった。対日管理政策の第一段階といえるポツダム宣言の受諾にともない、敗戦国日本は連合国、事実上は一九五二年までの米軍占領下におかれることとなり、八月三〇日には占領日本の最高権力者となった最高司令官マッカーサー元帥が厚木に到着し、横浜にＧＨＱ（連合国最高司令官総司令部）が開設された。九月二日には降伏文書への調印式が行われた。ＧＨＱは、ドイツの場合と違って、新聞をはじめとするマスメディアが引き続き存続することを認めて、占領の円滑化に利用する方針をとる一方、次々に指令を出して従来の言論規制法令の撤廃を命じて言論の自由化をはかり、さらに戦時中の言論界幹部を公職から追放した。

マスメディアの政府からの解放

ポツダム宣言の第一〇項後段には「言論、宗教及ビ思想ノ自由並ビニ基本的人権ノ尊重ハ確立セラルベシ」と謳われていた。これをうけてGHQは、占領開始後まもなくマスメディアの政府からの解放を求めた一連の覚書を次々に日本政府に伝達した。

その最初は一九四五年九月二四日付「新聞ノ政府ヨリノ分離ニ関スル覚書」で、新聞・通信社、とくに通信社の政府からの自由化のための改善措置を指示したものであった。二番目が九月二七日付「新聞及ビ言論ノ自由ヘノ追加措置ニ関スル覚書」で、これは日本政府に、新聞、出版、放送、映画などのマスメディアに対する検閲その他一切の取締りの禁止または停止を要求したもので、同覚書の第七項で言論取締関連条項を廃止するよう求めて列挙されていた該当法令には、新聞紙法、国家総動員法、新聞紙等掲載制限令、新聞事業令、言論出版集会結社臨時取締法など全部で一二の法令が含まれていた。

一〇月四日には、「政治的、公民的及ビ宗教的自由ノ制限ノ撤廃ニ関スル覚書」が出た。これは政治、宗教、集会、言論の自由を制限している一切の法律、勅令、省令、命令はただちに効力を停止され、関連政府機関の廃止を求めたもので、内務省警保局や特高組織の廃止が含まれていた。情報局もこの覚書によって一二月三一日限りで廃止された。

続いてGHQは、一〇月一六日に「映画企業ニ対スル日本政府ノ統制撤廃」の覚書を出して映画統制の廃止を、さらに一九四六年二月二六日に「禁止図書ソノ他ノ出版物」に関する覚書を出して、戦前戦中の発禁出版物の解放を、それぞれ日本政府に指示した。

ＧＨＱのマスメディアの解放・自由化政策は、徹底したかたちで行われた。日本では、これを通して、政府とジャーナリズムの近代的で自由な関係がはじめてもたらされた。

ＧＨＱの検閲政策

だが、ＧＨＱはマスメディアを政府から解放する一方で、そのマスメディアに対し検閲を課した。つまり一九四五年九月一〇日に、新聞、ラジオなど日本のマスメディアが拠るべき報道等の内容基準、検閲基準の大綱をのべた「言論及ビ新聞ノ自由ニ関スル覚書」を出し、この日から、まず東京地区の新聞を対象に事後検閲のかたちで自ら検閲を開始した。

ついで一九四五年九月一九日、ＧＨＱが出した「日本新聞規則ニ関スル覚書」（プレス・コード）、同年九月二二日の「日本ノ放送準則ニ関スル覚書」（ラジオ・コード）は、九月一〇日付覚書の内容基準をより具体的に示したものであったが、「ニュースハ厳格ニ真実ニ符合スルモノタルベシ」などときわめて抽象的文言であった。ここでは「占領軍に対する破壊的批評、軍隊の不信もしくは憤激を招く事」「公式発表以外の連合国軍隊の動静」などについて報道、論議することを禁じた。これが占領下の新聞、放送に適用された検閲基準であり、雑誌、書籍、映画、レコード、演芸、演劇等にも準用された。だが抽象的文言であるだけに、解釈の幅は大きく、ＧＨＱによる政治的運用は避けられなかった。

この段階では、日本政府の情報局や内務省による検閲もまだ行われていたが、前述した九月二七日付の「新聞及ビ言論ノ自由ヘノ追加措置ニ関スル覚書」は廃止されることとなった。それと入れかわるように、ＧＨＱの新聞検閲が一〇月九日から事前検閲となり、ラジオ放送も一〇月一三日から情報局に代わってＧＨＱによる事前検閲を受けることになった。

検閲はＧＨＱの参謀部系の部局が担当しており、検閲の軍事的性格を示していたのと同時に検閲そのものが占領軍や連合国の安全と利益を守るうえで必要とされていた。

だが、検閲は他方において、日本の非軍事化および民主化をはかるというポツダム宣言に謳われていた占領目的達成の消極的手段としても行われた。超国家主義や軍国主義を肯定した記述、あるいは封建的、非民主主義的な表現が検閲で排除されたのはそのためであった。

さらに、ＧＨＱの検閲には、米ソの冷戦激化にともない一九四六年五月頃から始まったと考えられるアメリカの対日政策の右旋回の進展過程で、共産主義排除の目的が新たに加わった。

検閲制度は日本政府の情報管理システムにはなかったもので、危険ラインを報道陣みずから決めなければならなかった。日本の報道陣にとって、言論・報道の不自由は戦時中からの継続だった。新聞・放送人は軍の検閲に慣れていたから、相手が違うだけという意識もあったのかもしれない。日本側の新聞、通信社は、戦時中と同じように社内に記事査閲課をおいたり、処分事例集を作ったりして検閲の被害を最小限に食い止めることに腐心した。検閲による処分には、不許可や削除のほかに保留もあって、触れてはならないタブーや聖域の範囲は広く、また、ＧＨＱは戦時中の内務省や情報局以上に検閲の傷跡を残すことを禁じたため、そのことも日本のマスメディアに重い負担を強いた。

民主主義を掲げて再出発したかたちの戦後日本社会は、ＧＨＱの力でそれまでの弾圧諸法規を廃棄した一方で、「プレスの自由」を最初から欠いていた。その後も不完全な自由が続き、自主規制の慣行が根強いのも、戦時中から占領期へと引き継がれた、日本プレスの歴史的風土といえるのかもしれない。

法規制とマスコミ

現在も日本のジャーナリズムは、真の自由主義からほど遠く、実態としてはいまだに言論・報道にタブーの領域をもっており完全には自由を保障されていない。一九四六年一一月三日、帝国議会で可決された日本国憲法が公布され、一九四七年五月三日から施行された。その憲法二一条第一項・第二項では「集会、結社及び言論、出版その他一切の表現の自由は、これを保障する。検閲は、これをしてはならない」と言論・表現の自由の保障を規定している。これは帝国憲法の第二九条が日本臣民に対して「法律ノ範囲内ニ於テ」有することを認めていた表現の自由とは質的に違う新しい自由であった。これによって、日本のジャーナリズムは、対GHQとの関係は別として、日本政府との関係において、あらためて自由な立場に立つことになった。

一方、戦後の新聞界では、戦争協力責任の追及や社内民主化運動がいくつかの新聞社で起こった。だが、GHQは、米ソの冷戦開始という国際情勢の変化から反共政策に転じ、一九四六年には読売新聞争議への介入、新聞編集内容の決定権（編集権）への労組の影響阻止などを通じて新聞からの共産主義勢力の駆逐をはかった。一九五〇年六月、朝鮮戦争が起きると、『アカハタ』など共産党系紙の発行停止を命じ、翌七月には、新聞界に要請して各社内の共産党員および同調者の追放を指示した。これがいわゆるレッド・パージである。

一九五二年四月二八日にサンフランシスコ講和条約が発効し日本が独立すると同時に、プレス・コードやラジオ・コードなど、占領下のマスメディアを規制してきたGHQの覚書や措置は失効された。日本の言論の自由は、このGHQによる規制からの離脱によって、はじめて形式的には完全に近いかたちの近代的自由となった。

4　現代日本の言論・表現の自由

資本主義経済の発展、社会の高度化や組織化とともに、新聞、放送いずれとも大規模な資本・技術・組織を擁する大企業に変わり、競争によって集中少数化が進行した。その過程で、社会の多様な情報や意見を公正に伝え、政府の行動を監視して国民の権利や利益を誤りなく守る社会的な責任を引き受けるべきだとの要求が強まってきた。ようするに、言論の自由は、メディア所有者の純然たる個人的自由にとどまらず、メディア所有者は現代社会がメディアに要請している一定の責任を果たさなければならないということである。

知る権利の概念

現代社会においては、政府活動が直接的であれ間接的であれ国民の生活に強い影響を与えずにおかないのに、他方、政府は軍事上、外交上、技術上その他の理由をあげて、その活動そのものおよびその背景をなす政策に関する情報に「秘密」のレッテルをはり、国民の接近を拒む傾向が強くなっている。これゆえに「国家秘密」に対抗するものとして、知る権利の概念は登場している。

知る権利の概念は一九七一年六月の『ニューヨーク・タイムズ』紙による国防総省のベトナム秘密報告文書を公表した「ペンタゴン・ペーパー事件」とか、一九七二年四月の毎日新聞社政治部の西山記者が沖縄返還交渉にからんだ密約電文を入手しながら、これをその時点で、そのまま報道しなかった事実を明るみに出した「外務省機密文書漏洩事件（いわゆる西山事件）」との関連で、日本でも知られるようになった。この概念は、独立後まもない一七八七年のアメリカの憲法制定会議の席上、ペンシルバニア州の代表による「国民はその代理人たちが行いつつあること、もしくは行ったことを知る権利を有する」という指摘から、議会や政府の秘密主義に対抗する概念として主張されてきた考え方の発展とされている。第二次世界大戦前にもＡＰ通信のＫ・クーパーを中心とした「知る権利の要求運動」があった。そして戦後とりわけ一九五〇年代初期に展開されたマッカーシズムという赤狩り旋風が吹き荒れたのに対して、良心的なジャーナリストたちが連帯を起こしたのが、「知る権利のための運動」であり、言論・表現の自由の新しい解釈原理として注目され始めた。

その運動を背景に、ややもすれば法以前の単なる理念のように受け取られていた知る権利に請求権的な実体を与えた法律が一九六七年に連邦法として成立した「情報自由法」である。この法律には、防衛秘密を中心とした適用除外があるものの、同法によって政府情報の公開が原則化され、誰もが一定の条件のもとで政府情報を入手できることになり、言論の自由において大きな影響を与えた。

ところで、さきほどの、メディアに社会的責任を引き受けるよう求める考え方、あるいは今の知る権利の概念との共通点であるのは、メディアと国民との新しい関係に目が向けられてきていることである。ようするに、資本主義的なマスメディアの巨大化、独占化、受け手の大量化の状況のもとでは、言論の自由を権力とメディアの関係軸だけに限って考えることは不適当で、メディアと受け手である国民の関係軸も視野に入れるべきである。その先駆的な考え方がアクセス権の思想であるといえる。

アクセス権の思想

アクセス権の概念は、疎外されてきた個人の言論の自由を回復するために、マスメディアを所有していない一般市民が自分の意見や主張を表明する場として新聞や放送などのマスメディアへ自由に接近して、そのマスメディアの利用を請求する権利である、といわれている。アメリカにおいて一九六七年五月、ジェローム・A・バロンの論文「プレスへのアクセス——新しい修正第一条の権利」が『ハーヴァード・ロー・レビュー』に掲載されたことによってマスメディアについてのアクセス権が展開され始めた。この論文では「思想を伝達する力には、経済上における取引関係の力の差と同じように不平等が存在する。後者を承認しながら、前者を否認するのはドン・キホーテ的である」と揶揄した。したがって、新聞の読者や放送の聴視者などに関する表現の自由を守るためには、マスメディアへのアクセス権を確保するために、国家が積極的な役割を果たすことを主張している。バロンのアクセス権は、論理的にはメディア全体に対するアクセスを求めるものであったが、現実には、とりわけ放送メディアに対するアクセスの要求として広く展開されることになった。

とはいえ、マスメディアの言論の自由を、市民・国民の権利の保護に名をかりて、無原則的に制約してもよいということにはならない。日本の最高裁も認めているように、マスメディアの情報伝達は国民が国政に関与するにあたって重要な判断の資料を提供し、国民の知る権利に奉仕している。この機能も言論の自由に立脚し、きわめて貴重なものであって、みだりに侵されるべきではない。

取材の自由と捜査への証言拒絶権

ジャーナリストが「捜査への非協力原則」に固執する理由は、言論報道の自由を守るためである。強制捜査権をもたないジャーナリストが、権力の不正を暴露したり社会正義を追求したり、知る権利に応える活動を有効に進めるためには、取材や報道に対する社会一般の協力が欠かせない。取材で得たものを報道目的以外に使うことは、プレスの自由の基礎を根底から崩してしまう。

表現の自由の領域において、報道の自由と他の社会的法益とが衝突した場面として一九六八年一月一六日の「博多駅事件」がある。このとき米原子力空母エンタープライズ号の佐世保寄港に反対した全学連の学生約三〇〇名と福岡県警機動隊が博多駅で衝突、四名が逮捕された。その撮影シーンの取材フィルムの任意提出をNHKと民放三社に求めたが拒否して押収処分を受けた。

この訴訟で、最高裁は、この決定は報道機関の報道は国民の知る権利に奉仕するものであると報道機関の報道と知る権利とを関連させている。それと同時に、取材フィルム提出命令は表現の自由を規定した憲法二一条に違反しないと判示し、報道の自由に配慮しながらも司法優位の立場を貫いてメディアの主張を退けてきているが、新聞も放送も、いぜん報道の自由を優越的とする考え方を変えていない。憲法には「報道の自由」「取材の自由」に関する明文規定がないものの、憲法が保障する言論・表現の自由は、基本的人権のなかでも優越的なもので、あらゆる自由を実現するうえでの基礎的条件になっている、との理解がその背景にはあるのだろう。「報道の自由」と国民の「知る権利」とは「表裏一体」をなすという主張をNHKと民放三社は行ったが、マスメディアの内部機構のあり方を無視しては、このような主張も正しいものにはなりえないだろう。

参考文献
原寿雄『ジャーナリズムの思想』岩波新書、一九九七年
稲葉三千男・新井直之・桂敬一編『新聞学』日本評論社、一九九五年

J・ミルトン、上野精一・石田憲次・吉田新吾訳『言論の自由――アレオパヂティカ』岩波文庫、一九五三年
清水英夫『権力とマスコミ』学陽書房、一九七五年
F・S・シーバート、T・A・ピータスン、W・シュラム共著、内川芳美訳『マス・コミの自由に関する四理論』創元社、一九五三年
内川芳美・新井直之編『日本のジャーナリズム』有斐閣選書、一九八三年

第5章　ジャーナリズム法制・倫理

大石泰彦

1　ジャーナリズムの法と倫理を学ぶということ

「ジャーナリズム（メディア）法制・倫理」とは、マスメディアやジャーナリストによる取材・報道活動を〝法〟と〝倫理〟という二つの社会規範（社会的ルール）の観点から分析し批判する研究分野である。

権力を監視し、世論形成を主導する役割をもつジャーナリズムの諸活動が正しく行われなければならないことは当然であるが、〝正しい〟ジャーナリズムとはたしてどのようなものかは、実は必ずしも明らかであるとは言えない。ただ、われわれは長い時間をかけて、ジャーナリズムを規律するさまざまな法的ルールを定め、運用してきており、またジャーナリズムを担うマスメディアも、自らを規律するさまざまな倫理的ルールを定め、それをまがりなりにも尊重している。そこでわれわれは、これらのルールを手掛かりとして、①ジャーナリスト（マスメディア）は、制定された法的・倫理的ルールを誠実に遵守しているか、②制定されたルールの内容および制定手続は、〝人権の理念〟と〝ジャーナリズムの精神〟に照らして妥当なものであるか、③ルールが存在しない場合、あるいは、ルールに欠陥がある場合、新たにどのようなルールが制定されるべきか、などの点をある程度まで客観的に考察することができるのであり、それによって得られた知識こそが、われわれがあるべきジャーナリズムを論じる際の予備知識になる。「ジャーナリズム法制・倫理」とは、以上のような認識に立脚して、近年、「法学」と「ジャーナリズム論」との中間の位置に、「倫理学」などの他の学問分野ともかかわりをもちつつ芽ぶき、成長してきた研究分野であり、その最大の特徴は〝社会科学〟としての性格に加えて〝実践活動〟としての性格をも有している点にある。本章では、この「ジャーナリズム法制・倫理」の基礎を、できるだけ整理された形で読者に紹介することにしたい。

2　取材・報道の自由――ジャーナリズム法制・倫理の中心概念

取材・報道の自由とは何か

「取材・報道の自由」とは、マスメディアの自由のうち、国民の知る権利に奉仕する目的で行われる諸活動の自由であり、表現活動の準備段階である取材活動の自由もその射程内に収める点に特色を有している。そして「ジャーナリズム法制・倫理」研究とは、つまりはこの取材・報道の自由の性質・適用範囲・実現方式に関する多面的な考察であると言えるが、そうした考察の出発点となるのが、一九六九年一一月に下された博多駅テレビ・フィルム提出命令事件の最高裁決定（最大決昭和四四年一一月二六日）である。この事件は、十分な証拠にもとづいて刑事裁判を行う必要のために、裁判所がマスメディアに対し取材フィルムの提出を命じたことの是非が争われた事件であるが、決定の中で最高裁は、次のように取材・報道の自由を論じている。

報道機関の報道は、民主主義社会において国民が国政に関与するにつき、重要な判断の資料を提供し、国民の「知る権利」に奉仕するものである。したがって、……事実の報道の自由は、表現の自由を規定した憲法二一条の保障の下にあることはいうまでもない。また、このような報道機関の報道が正しい内容をもつためには、報道の自由とともに、報道のための取材の自由も、憲法二一条の精神に照らし、十分尊重に値いするものといわなければならない。

このような最高裁の「取材・報道の自由」論は、一見、正当かつ周到なものであるかのように見えるが、実はそこにはかなり大きな問題が潜んでいる。その問題とは、一言で言えば、知る権利への〝奉仕〟の意味が不明確であることである。もしマスメディアに何らかの国民に対する奉仕的な義務があるとして、そのことによってマスメディアは、自らの取材・報道の自由を行使するときに何らかの法的な拘束を受けることになるのだろうか。言いかえれば、われわれ国民は、マスメディアを自らの「知る権利」実現の代行者として承認するに際して、この権利の本来の主体としての立場から、マスメディアの活動に対する何らかのコントロール権をもつのだろうか。最高裁の「取材・報道の自由」論は、一見、マスメディアの取材・報道の自由に対してそれにふさわしい地位を与え、ひいては表現の自由に配慮するものであるかのように見えるが、この基本的な論点について明確な方針を示しているとは言えない。

二つの「取材・報道の自由」論

以上のような最高裁の「取材・報道の自由」論の不徹底さを克服し、取材・報道の自由により明瞭な輪郭を与えるために、これまでに大きく二つの考え方が示されてきた。

第一のものは、マスメディアの知る権利への奉仕を一種の理念的目標としてとらえる考え方である（便宜上、これを「理念的目標説」と呼ぶ）。この理念的目標説の特徴は、取材・報道の自由を、あくまでも一般人の表現の自由の延長線上にあるもの、すなわち主観的自由（その行使の方法について、他の自由との調整に服する点を除けば、権利主体の自由裁量が認められる自由）としてとらえ、マスメディアに対して特権（一般人の有さない自由）や責任（一般人の有さない義務）を課すことに消極的な立場をとる点にある。この説によれば、現代社会においてマスメディアが果たしている特別な社会的役割は、あくまでも社会的・倫理的責任として位置づけられることになる。

第二のものは、マスメディアの知る権利への奉仕を法的義務として明確にとらえる考え方である（便宜上、こちらは「法的義務説」と呼ぶ）。この法的義務説の特徴は、マスメディア固有の社会的役割、すなわち社会における公開討論の場を設定し世論の形成を主導するという機能に着目して、取材・報道の自由をそれにふさわしい制度・装置として構成しようとするところにある。したがって、この法的義務説をとる場合、マスメディアに対してその地位にふさわしい特権と責任を付与することが当然に必要となり、マスメディアの自由は自然人の自由とは異なる内容・構成をもつことになる。

取材・報道の自由の再構成

「理念的目標説」と「法的義務説」は、いずれも最高裁の「取材・報道の自由」論にはない明快さを有しており、いずれが優れているかをにわかに決することはできない。しかし、①現代のマスメディアが有する強力な言論市場に対する支配力、すなわち一般人の表現の自由に対する圧迫力と誘導力、②マスメディアの特権の否定によって必然的に発生する、政治・社会権力によるマスメディアに対する便宜供与（たとえば、記者クラブなど）と、さらにそれによって不可避的に生み出されるマスメディアと権力との〝癒着〟を考慮すれば、法的義務説に従った「取材・報道の自由」の再構成がより適切であるように思われる。

法的義務説に従えば、取材・報道の自由とは、「一般人の知る権利を充足せしめるための制度・装置としてのマスメディアに認められる自由であり、一般人の表現行為の自由には随伴しない特権と責任を伴うもの」と定義され、それは一般人の「表現の自由（表現行為の自由）」とは質的に異なる自由として存立することになる。また、主要なマスメディアの特権として、具体的には、①司法取材特権、②選挙報道・評論特権、③証言・証拠提出拒否特権、④国家による情報統制制度（たとえば、国家秘密保護制度や個人情報保護制度など）からの適用除外特権などが、一方、主要な責任として、具体的には、①反論権保障の責任、②企業内ジャーナリストの表現行為の自由（内部的自由）の確保の責任、③新聞などの複数性（多様性）の確保の責任、④報道評議会などの第三者機関を創設する責任などがそれぞれ検討の対象になる。

3 取材・報道の自由の法的限界——名誉とプライバシー

名誉毀損とは何か

取材・報道の自由に対して課せられる法的制限のうち、ジャーナリズム活動に深くかかわるのは、「名誉毀損」と「プライバシー侵害」である。

このうち名誉毀損とは、「公然と事実を摘示し、人の名誉を毀損」（刑法二三〇条第一項）する行為である。このうちまず「公然と」とは、ごく簡単に言えば「マス・コミュニケーション手段によって」という意味であり、したがって不特定の人々に問題の情報が伝達されれば、そこに〝公然性〟が認められることになる。次に「事実」とは、それが本当のこと（真実）であるか否かを証明することが可能な程度に具体性のあるストーリーを指す。第三に「名誉」とは、人がその人格的価値（品格、道徳性、名声、信用など）について社会から受ける客観的な評価、すなわち社会的名誉を意味する。以上の説明を要約すれば、名誉毀損とは「マス・コミュニケーション手段によって、具体的なストーリーを提示し、人の社会的評価を低下させる行為」であるということになる。

名誉毀損にあたる行為をしてしまった場合、それが民法七〇九条および七一〇条に規定される不法行為であるところから、行為者には当然にいわゆる民事責任（被害者に対する損害賠償をはじめとする各種の責任）が発生するが（民事名誉毀損）、それとともに、刑法二三〇条に規定される名誉毀損罪に該当するとして刑事罰が課せられる場合もある（刑事名誉毀損）。ただし、名誉毀損罪はいわゆる親告罪（刑法二三二条）であるので、公訴の提起に際しては被害者などからの告訴が行われることがその前提条件になる。なお、刑事名誉毀損訴訟の数は実際には民事名誉毀損訴訟のそれに比べて非常に少ない。

また、名誉毀損に関する法制度を論じる場合に忘れてはならないのは、いわゆる「真実性証明による免責」のルールである。これは、名誉毀損行為が「公共の利害に関する事実に係り、かつ、その目的が専ら公益を図ることにあったと認める場合には、事実の真否を判断し、真実であることの証明があったときは」、その行為が免責されるというルールである（刑法二三〇条の二第一項）。このルールは刑法の中に規定されているが、刑事名誉毀損のみならず民事名誉毀損にも適用される。なぜ公共性、公益性、真実性の三要件（免責要件）をすべて満たす場合に名誉毀損が許されるのかについては議論の余地があるが、一般にその目的は、社会問題に関する公正な議論を妨げたり萎縮させたりしないこと、言いかえれば取材・報道の自由と人格権のひとつとしての名誉の保護とのバランスをとることにあると理解されている。

なお、刑法二三〇条の二第二項の規定によって「公訴が提起されるに至っていない人の犯罪行為に関する事実」には公共性が、同条第三項の規定によって「公務員又は公選による公務員の候補者に関する事実」については公共性と公益性が、それぞれ無条件に認められることになっている。また最高裁は、報道が迅速性を要求される表現活動であることに配慮して、かりに提示された事実の真実性が証明されない場合でも、行為者がその事実を真実と信じたことについて前後の状況からみてやむを得なかったと見なしうる事情がある場合（真実と信ずるについて相当な理由のある場合）については、真実性の証明があった場合と同様に免責が認められるとしている（相当性事由による免責）。

さらに、行為者の責任が認定された場合の被害者救済の手段としては、通常の手段である損害賠償のほかに、民法七二三条に規定される名誉回復処分（謝罪広告）および民事保全法二三条第二項に規定される差止め仮処分（事前差止め）が存在している。このうち損害賠償については、従来よりその額の低さ（通常一〇〇万円程度）が問題視されてきたが、一九九八年八月に政権政党である自由民主党の「報道と人権等のあり方に関する検討会」が、マスメディアに対して命じられる賠償金額の不当性を指摘したことなどをきっかけとして、短期間に政治家、企業経営者、芸能人、スポーツ選手などの著名人に対して高額（五〇〇万～一〇〇〇万円程度）の損害賠償を認める判決が相次いで出された。しかし、こうした高額化によって、わが国の政治・経済・文化の第一線に立つ人々、すなわち社会の指導層の名誉のみが手厚く保護され、ひいてはこれらの人々に対するジャーナリスト（マスメディア）の批判力・追及力が減殺されるおそれもある。また、謝罪広告は憲法一九条の「思想・良心の自由」に、事前差止めは憲法二一条の「検閲の禁止」あるいは「事前抑制禁止法理」に抵触する疑いがあることが指摘されている。

プライバシー侵害とは何か

次に、プライバシー侵害とは、他人の「自己の情報をコントロールする権利」の侵害であるが、ジャーナリズムとの関係では、こうした行為のうち、特に他人の「私的領域を侵されない権利」（プライバシー権の自由権的側面）の侵害が問題になる。そして、このような意味におけるプライバシー侵害は、①他人の私的領域（住居等）への侵入、②他人の私生活上の事実（私事）の公表、③他人の氏名あるいは肖像の不正な使用（氏名権・肖像権の侵害）によって発生する。

このプライバシー侵害の三態様のうち、最も事例の多いのは②であるが、私事の公表がプライバシー侵害を構成するための条件を提示するのが、一九六四年の『宴のあと』事件判決（東京地判昭和三九年九月二八日）である。この事件は、作家・三島由紀夫の小説『宴のあと』の主人公のモデルとされた元外務大臣・有田八郎が、この小説における私生活上の事実の公表が自らのプライバシー権の侵害にあたるとして提訴した事件であるが、この事件を審理した東京地裁は、私事の公表をプライバシー侵害と認定しうるための条件として、「公開された内容が、（イ）私生活上の事実または事実らしく受け取られるおそれのあることがらであること、（ロ）一般人の感受性を基準にして当該私人の立場に立った場合公開を欲しないであろうと認められることがらであること、……（ハ）一般の人々に未だ知られていないことがらであること」という三要件を提示した。しかし、この要件はその後の判例において必ずしも踏襲されておらず、したがって定着した構成要件とは言えない。

また、私事の公表によって侵害されるプライバシー権と取材・報道の自由とを調整する基準に関しては、ノンフィクション作品における人の前科の公表の是非が争点となったいわゆる『逆転』事件の高裁判決（東京高判平成元年九月五日）が、プライバシーを侵害する表現・報道であっても、そこに公共性および公益性（「名誉毀損とは何か」の項を参照）が認められる場合には原則として免責されるという見解を示した。しかし、同事件の最高裁判決（最判平成六年二月八日）は、こうした免責要件を退け、両者の調整は個別的比較衡量（対立する二つの権利・利益のいずれかを選択すべき場合には、諸事情を総合的に考慮した上、ケース・バイ・ケースで判断すべきであるとする考え方）によるべきことを示唆している。さらに、プライバシー侵害の救済手段としては、名誉毀損と同様に損害賠償、謝罪広告、事前差止めなどの措置が取られうるが、一旦それが侵害されれば事後的措置によってはほとんどその回復が不可能なプライバシー権に関しては、救済手段の中に占める事前差止めの果たす役割が名誉毀損の場合に比べて高まる一方、謝罪広告の果たす役割はそれに反比例して低下することになるだろう。

4　取材・報道の自由とジャーナリズムの倫理

ジャーナリズム倫理とは何か

ジャーナリズム倫理（報道倫理）とは、ジャーナリズムの組織・活動にかかわる自律的な――すなわち、それに拘束される者がその制定者となる――社会規範（社会的ルール）であり、ジャーナリズムの組織・活動に関する他律的な社会規範である法（ジャーナリズム法）と協働し、また時には対峙しつつ、ジャーナリスト（マスメディア）の活動を制御するというひとつの役割を果たしている。報道を規律するルールとして、なぜ〃法〃のみならず〃倫理〃が問題になるのかと言えば、ひとつは、ジャーナリズムの主要かつ本来の役割が〃権力の監視〃であり、したがってそれを規律するルールの制定・運用を全面的に国家権力に委ねることは不適切であるからであり、また、もうひとつは、ジャーナリストが医師や弁護士と同様のいわゆる専門職業人（プロフェッショナル）であり、したがってその組織・活動に関するルールの決定もそうした専門性に立脚して行われなければならないからである。やや強く言えば、ジャーナリズム倫理が確立され、それが尊重されることこそが、マスメディアが〃公器〃であり、ジャーナリズムが公共的活動であるための必須の前提であると言えよう。

ジャーナリズム倫理の基本構造

わが国のジャーナリズム倫理の構造の根幹を形づくってきたのは、日本新聞協会が一九四六年七月に制定した「旧・新聞倫理綱領」と、同じく日本新聞協会が一九四八年三月に公表した「編集権声明」という二つの規範である。そこでまず、両者について、わが国のジャーナリズム倫理の特質をよく示しているると思われる部分を見ておくことにしたい（なお、「旧・新聞倫理綱領」は二〇〇〇年六月に「新・新聞倫理綱領」に改定されたが、倫理の構造に関して言えば、両者の間に大きな相違は存在しない）。

全国の民主主義的日刊新聞社は経営の大小に論なく親しくあい集まって日本新聞協会を設立し、その指導精神として「新聞倫理綱領」を定め、これを実践するために誠意をもって努力することを誓った。そして本綱領を貫く精神、すなわち自由、責任、公正、気品などは、ただ記者の言動を律する基準となるばかりでなく……（旧・新聞倫理綱領）

一　編集権とは新聞の編集方針を決定施行し報道の真実、評論の公正並びに公表方法の適正を維持するなど新聞編集に必要な一切の管理を行う権能である。……報道の真実、評論の公正、公表方法の適正の基準は日本新聞協会の定めた新聞倫理綱領による。二　……編集権を行使するものは経営管理者およびその委託を受けた編集管理者に限られる。……三　……〔編集権に対する〕外部からの侵害に対してはあくまでこれを拒否する。また、内部においても故意に報道、評論の真実公正および公表方法の適正を害し定められた編集方針に従わぬものは何人といえども編集権を侵害したものとしてこれを排除する。……（編集権声明）

以上二つの倫理規範は、わが国のジャーナリズム倫理の特質として次の二点を示唆しているように思われる。ひとつは、わが国のジャーナリズム倫理の主体、すなわちその制定者が〝企業（業界）〟つきつめれば〝経営者〟であって、日常の取材・報道活動の担い手であるジャーナリストはその制定過程から疎外され、制度上は単なるその客体（名宛人）の地位におかれていることである。そしてもうひとつは、マスメディアの外側にあって自らの「知る権利」をそれに委ねている一般市民も、こうした倫理構造の中に位置づけられていないことである。つまり、端的に言って、わが国におけるジャーナリズム倫理は、これまでのところもっぱら「企業（経営者）倫理」（経営者が定める自らの経営方針）として認識され、展開してきていると言えるだろう。

また、以上に述べたようなわが国のジャーナリズム倫理の特質（「企業〔経営者〕倫理」性）は、基本的に新聞と放送とに共通のものであると言いうる（放送における「新聞倫理綱領」に該当するものとしては、一九九六年九月にＮＨＫと民放が共同で制定した「放送倫理基本綱領」がある）。しかし、放送倫理が新聞倫理と唯一、そして決定的に異なる点は、言うまでもなく前者が放送法を通じて国家の監督の下におかれているという点である。すなわち、放送倫理は、新聞倫理が純粋な企業（経営者）倫理であるのに対して、〝国家による後見・管理を受ける〟企業倫理であると性格づけることができよう。

自主規制による倫理の実現

さて、ジャーナリズム倫理が企業（経営者）倫理として認識されてきたことの必然的帰結として、わが国における倫理の追求・実践は、これまでのところ主として業界単位での各種の倫理規範の制定・運用、すなわち自主規制を通じて行われている。現存のこうした倫理（自主規制）規範としては、すでに紹介した「新・新聞倫理綱領」「放送倫理基本綱領」のほかにも、「誘拐報道の取り扱い方針」（日本新聞協会／一九六五年六月）「国内番組基準」（ＮＨＫ／一九七〇年二月）「航空取材に関する方針」（日本新聞協会／一九七〇年二月）「航空取材に関する方針」

一九五九年七月）「放送倫理の確立に向けて」（NHK／一九九九年四月）「日本民間放送連盟放送基準」（日本民間放送連盟／一九七〇年一月）「日本民間放送連盟報道指針」（日本民間放送連盟／一九九七年六月）などがあり、それらは取材・報道をはじめとするマスメディアの諸活動を規律する基本原則を定めている。

さらに、以上のような業界単位での倫理規範とは別に、いくつかのマスメディア企業は、日常の取材・報道の際の行動指針であるいわゆる「報道マニュアル」を独自に策定している。こうしたマニュアルとしては、読売新聞の「新・書かれる立場　書く立場」（一九九五年四月）および「記者行動規範」（二〇〇一年五月）、日本テレビの「日本テレビ報道ガイドライン」（一九九四年一二月）および「情報番組倫理ガイドライン」（一九九六年九月）、フジテレビの「フジテレビ・テレビ報道人ハンドブック」（一九九六年八月）、TBSの「TBS報道倫理ガイドライン」（一九九六年一二月）などがあり、これらはすべて、取材・報道の現場において記者がとるべき行動を詳細に規定し、その誠実な遵守を内部ジャーナリストに対して要求している。

ジャーナリズム倫理の改革

しかし、以上のような企業（経営者）倫理の理念に立脚する倫理＝自主規制の充実というわが国の伝統的手法に対しては、マスメディアの取材・報道をめぐる倫理問題が頻発し、それらをひとつの契機として国家権力によるマスメディアへの規制圧力が顕在化するという状況の中で、いま、揺れ動いていると見ることができる。その具体的なあらわれは、学説レベルでのいわゆる「プレス・カウンシル（報道評議会）導入論」の隆盛であり、さらに、そのことに触発された実践レベルでの「第三者機関設立ブーム」の発生である。

まず、プレス・カウンシル（報道評議会）導入論について簡単に見ておきたい。プレス・カウンシル（報道評議会）とは、複数名のマスメディア業界の代表者と、複数名の市民の代表者によって構成され、合議にもとづきマスメディアに対する苦情の処理業務を行うと同時に、マスメディアの倫理的水準の維持のための各種の活動を行う、マスメディア業界によって設置される機関であり、すでに実現をみている報道評議会として、たとえば、イギリスの「プレス苦情処理委員会」、スウェーデンの「報道評議会」などを挙げることができる。プレス・カウンシル導入論者は、この種の組織をわが国にも導入し、ジャーナリズム倫理を社会全体（一般市民）に開かれたものにすることによって、マスメディアの倫理逸脱行為を予防・治療し、さらに国家権力による規制に対する防波堤にすべきであると説くのである。

次に、第三者機関設立ブームであるが、そのさきがけとなったのは、放送メディアによる「放送と人権等権利に関する委員会（ＢＲＣ）」の創設である。ＢＲＣとは、一九九六年に郵政省の「多チャンネル時代における視聴者と放送に関する懇談会（多チャンネル懇）」が、放送メディアに第三者的苦情処理機関を設立することを提案したことをひとつのきっかけとして、国家による放送内容への介入を未然に防止し、かつ、放送による名誉・プライバシー等の侵害を救済するためにＮＨＫと民放が共同で設立した機関であり、放送番組に対する苦情を受理・審理して「勧告」や「見解」を放送局に通知し、救済や改善を求める権限を行使する。また、このＢＲＣは、各界有識者の中から選任される八名以内の委員によって構成されることになっており、すでにいくつかの苦情申立てに関して関係放送局に是正を求める決定を下している。

ＢＲＣが放送メディアにおける試みであるのに対して、新聞においては、いわゆる「第三者委員会」の設立が二〇〇一年から二〇〇二年にかけて一種のブームになった。第三者委員会とは、主として新聞企業外の人物（有識者）を構成員とし、新聞の取材・報道活動について意見表明を行い、さらに、取材・報道によって自らの権利・利益を侵害されたと主張する人物からの苦情を受理・審理・裁定する（ただし、後者の権限はすべての第三者委員会がもつわけではない）、新聞企業が設立する倫理機関であり、二〇〇〇年一〇月に毎日新聞が五名の委員によって構成される「『開かれた新聞』委員会」をスタートさせたのをかわきりに、二〇〇二年四月の段階で、二五の新聞・通信社においてこの種の委員会が設置されている。

また、こうしたプレス・カウンシル導入論や第三者機関の設立とはやや方向性の異なる動きもいくつか存在している。そして、これらの諸動向の中でとくに注目すべきなのは、日本新聞労働組合連合（新聞労連）が一九九七年二月に発表した「新聞人の良心宣言」である。この宣言の最大の特徴は、新聞業界（企業）ではなく労働組合によって編纂された倫理規範であることであり、この点において新聞倫理綱領をはじめとするわが国の従来の新聞倫理規範とは性格を異にしている。また、内容的に見ても、この良心宣言には、たとえば「自らの良心に反する取材・報道の指示を受けた場合、拒否する権利がある」（二／権力・圧力からの独立）というジャーナリストの内部的自由にかかわる規定や、「……大資本からの利益供与や接待を受けない」（二／権力・圧力からの独立）「会社に不利益なことでも、市民に知らせるべき真実は報道する」（五／公私のけじめ）「記者は営業活動を強いられることなく、取材・報道に専念する」（一〇／報道と営業の分離）といった記者と新聞企業・大資本との関係を規律する規定など、これまでの業界（企業）の倫理規範には見られないものが含まれている。

参考文献

奥平康弘『ジャーナリズムと法』新世社、一九九七年
田島泰彦・右崎正博・服部孝章編『現代メディアと法』三省堂、一九九八年
日本弁護士連合会人権擁護委員会編『人権と報道』明石書店、二〇〇〇年
駒村圭吾『ジャーナリズムの法理』嵯峨野書院、二〇〇一年
柏倉康夫『マスコミの倫理学』丸善、二〇〇二年
松井茂記『マス・メディア法入門　第三版』日本評論社、二〇〇三年
大石泰彦『メディアの法と倫理』嵯峨野書院、二〇〇四年

Ⅱ

ジャーナリズム生産の過程

第6章　ニュースの文法と文体
――その構造と特異性

藤田真文

1　ニュース叙述の原則

わかりやすさ

ニュースは、言葉によって作られている。新聞記事の場合主な構成要素は文字だし、映像が重視されるテレビニュースにおいても、アナウンサーの語りのつかないニュースはほとんどない。したがって、ニュースを考える際に言葉の問題は避けて通れない。ニュース・コミュニケーションにはいくつか特徴的な点があり、それが新聞記事やテレビニュースの書き方に影響している。この章では、新聞記事やテレビニュースを区別せず、ニュース・テクストと呼び両者に共通な特徴を考えていく。

第一に、ニュースは、新聞・テレビなどマスメディアのオーディエンス（読者・視聴者）に、読まれ見られるために作成される。そのため、できるだけ広い範囲のオーディエンスが理解できるものでなければならない。ニュースの文章は、一般に「中学校卒業程度の学力で読んで理解できるものでなければならない」とされている。近年メディアが発したメッセージを読み取る能力（特に批判的に読み取る能力）

を「メディア・リテラシー」と呼んでいるが、ニュースは「読み書き能力」という本来の意味でオーディエンスのリテラシーにあったレベルの文章表現が必要になる。

馬場博治は、マスコミ文章の基本として、「Clear（はっきりと）」「Correct（正しく）」「Concise（簡潔に）」という「三C」の原則をあげている。

まず、「Clear（はっきりと）」とは、あいまいでない表現と内容を求めるものである。そのためには、表現技法として「短い文章を書け」と教えられるという。馬場によれば「短く、要領をえた文を、一つ一つ読み重ねていくこと、それがジャーナリズムの文章の基本である」。同時に、徹底的な取材によって、できるだけ事実を明確にする内容の深化も「Clear（はっきりと）」という原則に欠かせない。「Correct（正しく）」とは、正しい情報の伝達が、ジャーナリズムの文章の目的であることを示している。ニュースは、その時代の「記録」である。したがって、ニュースの情報は、正確であること、誤っていないことが求められるのである。「Concise（簡潔に）」は、ムダをはぶいた簡潔な表現が、ジャーナリズムの文章の必須条件だとするものである。

「三C」の原則は、ニュース・テクストでは、何よりも「多くの人にわかってもらえる」表現法が最優先されることを意味している（馬場博治「マスコミ文章作法の基本」馬場博治・植条則夫編『マスコミ文章作法』創元社、一九八八年、一六―二二頁）。

テレビニュースの場合、新聞記事よりもいっそう「わかりやすさ」が求められる。というのもテレビニュースの言葉は、瞬時に消え去ってしまう音声言語によって伝えられるからである。新聞記事のように自分のペースで読んだり、もう一度読み返したりすることができない。「放送文章は、難語や同音・類音語を避け、活字媒体の文章より一層平易な表現であることが要求される」（稲垣吉彦「テレビ・ラジオの文章作法」前掲書、一四一頁)。

5W1H

新聞記事やテレビニュースは、実際に起きた出来事についての報告である。新聞記事やテレビニュースは、最低限の条件として5W1H(いつ、どこで、誰が、何を、なぜ、どのように)という構成要素をそなえていなければならないとされる。5W1Hは、明確で簡潔なニュース・テクストを作成するために押さえておくべき要素でもある。新聞には、5W1Hについての最小限の情報だけを配置した記事がある。新聞の一段だけを使った短い記事。これを「ベタ記事」という。

なかでも火事や交通事故などをあつかった「ベタ記事」は、新聞記事作成の基本とも言える。多くの新聞社では、新人記者は最初に警察回りを担当させるという。警察が公表する事件・事故の情報の中から、どのような要素をピックアップすべきか。このニュース感覚を養うのが警察回りである。次のような記事を見てもらいたい。

◆記事文例1

住宅全焼し、男性の遺体　東京・吉祥寺

2日午前10時45分ごろ、東京都武蔵野市吉祥寺本町4丁目の民家から出火、木造二階建て住宅約100平方メートルが全焼したほか、近隣の住宅4棟の壁などが燃えた。全焼した民家から、住人とみられる男性1人の遺体が見つかった。武蔵野署で身元の特定を急ぐとともに、原因などを調べている。

現場はJR吉祥寺駅北口近くの住宅密集地。

（『朝日新聞』東京版、二〇〇三年九月二日夕刊）

この記事には、何が（火事）、いつ（出火時間）、どこで（出火場所）、誰が（火事の被害者）、なぜ（出火の原因）、どのように（火事のようす）が、短い記事の中にきちんともりこまれている。G・タックマンは、ニュース製作は、未来完了型の行為だとした。新聞社は、その日に新聞を発行するという未来に向けて業務進行の計画化を行う（G・タックマン、鶴木眞・櫻内篤子訳『ニュース社会学』三嶺書房、一九九一年、五七頁）。記者は、記事の仕上がりをイメージして取材活動から記事作成までの計画を立てる。「ベタ記事」では、5W1Hに関する事実のみを提示すればよい。だから、個々の火事の特異性にこだわらずに、「火事記事」のパターンにしたがって警察や事件現場で5W1Hに集中した取材をすればよいのである。ところが、言うは易し。新人記者にはこれがなかなかむずかしく、肝心なことを聞き落としたり、よけいな取材をしたりするそうである。

結論は冒頭に

ニュース・テクストが、他の文章と大きく異なるのは、重要な結論部分を必ず記事やテレビニュースの冒頭にもってこなければならないとされている点である。冒頭が重要でうしろに行くにしたがって重要度が減るという意味で、ニュース・テクストは「逆三角形型」のテクスト構造になっている。

ニュース・テクストが「逆三角形型」である理由として、オーディエンスと製作者それぞれの事情があげられる。オーディエンスの側からすれば、新聞のすべての記事を詳しく読んだり、テレビニュースを最初から最後まで集中して見ているのは、時間の制約もあり不可能である。最初の部分だけを読んだり見たりして、自分が興味をもてるものか、是非知っておく必要のある重要なニュースかどうかを判断しなければならない。その意味で、ニュース・テクストの冒頭の情報は重要である。

製作者の側から見ると、突然重要ニュースが飛び込んできたために紙面や放送時間が足りなくなり、いったん書いた記事や編集したテレビニュースを短縮しなければならないことが毎日のようにある。その時、一から記事を書きテレビニュースを編集し直すのは大変である。あまり重要でないうしろの部分を削除するだけで作業が終わるとしたら、ずいぶん楽になる。

稲垣吉彦はテレビニュースの文章は、①主題提示部、②事実叙述部、③事実詳説部、④推測補足部という順序で構成されているとしている（稲垣吉彦「テレビ・ラジオの文章作法」馬場博治・植条則夫編、前掲書、一四二頁）。新聞記事も、構造はほぼ同じといってよい。次に示す「月末にイラク調査団　貢献アピール狙い」という記事は、以下のように分けることができる。新聞記事の見出しやリード（見出しに続く要約文）が示す「①主題提示部」や、記事本文の冒頭の「②事実叙述部」を読んだだけでも、この記事の概要がつかめることがわかる。

◆記事文例2

①主題提示部

月末にイラク調査団　貢献アピール狙い　自衛隊派遣は年明け以降

政府はイラクへの自衛隊派遣に先立つ調査団を今月下旬に派遣する方針を固めた。

20日の自民党総裁選後を念頭に置いている。

②事実叙述部

イラクでは依然、テロが相次いでいるが、現在約30カ国が復興支援活動を進めており、日本としても貢献をアピールする必要があると判断した。10月中に調査結果をまとめる予定だが、その後、3カ月以上の準備期間が必要で、自衛隊の派遣は早くても年明けになる。

③事実詳説部

調査団は防衛庁や外務省、内閣府で構成。自衛隊の制服組も参加する。バグダッドや主要都市を訪問し、主に米軍などの軍キャンプを視察する。イラク駐留米軍のサンチェス司令官らと面会し、人道復興支援や後方支援活動でどのような役割を果たせるかを調査する。

福田官房長官は1日午前の記者会見で「派遣時期を検討している。現地情勢が変わっているが、全く派遣できない情勢ではない。できるだけ早く具体的な調査をしなければならない」と語った。

政府は当初、8月中に岡本行夫首相補佐官らが人道支援のための現地調査を実施し、直後に自衛隊派遣のための政府調査団を派遣する方針だった。しかし、8月19日にバグダッドの国連現地本部事務所の爆弾テロ事件が発生するなどして、見送った。

その後も、ナジャフでの爆弾テロ事件などが続いているが、政府は「日本だけが人的貢献をしないのはまずい」（政府関係者）との判断が強まった。

④推測補足部

ただ、政府内には「テロリストが日本を標的にしないかどうか、それも踏まえて考える」（首相周辺）との慎重論もある。

（『朝日新聞』東京版、二〇〇三年九月一日夕刊）

2　ニュース・テクストの特異性

客観報道と「私」のいない文章

文章の全体構造が「逆三角形型」になっていることでもわかるように、ニュース・テクストは、他の文章と比べて特異な性格をもっている。ニュース・テクストを読んだり見たりしてまず気づくのは、文章の中に書いている本人＝記者が登場しないことである。玉木明は、ニュース・テクストの特徴として、「無署名性」をあげている。ニュース・テクストでは、「言語の指示表出性、表出されたことがらだけがとりあえず問題であって、誰がそれを表出したのかという〈誰〉の存在は括弧にくくられ、言語の水面下に追いやられてしまう」（玉木明『ニュース報道の言語論』洋泉社、一九九六年、四八頁）。次の記事文例で考えてみよう。

◆記事文例3

惜別、機体に寄せ書き　YS11、道内最終運航　新千歳【北海道】

国産プロペラ機YS11型機が31日、エアーニッポン（ANK）の女満別発新千歳行きを最後に、約40年にわたる道内の民間運航を終えた。民間機としては、日本エアコミューター（JAC）の鹿児島～屋久島など離島向けだけの運航になる。

最終便は乗客64人の満席で午後7時ごろ、新千歳空港に到着。その後、機体をライトアップして、乗客が機体に寄せ書きをしたり、記念写真を撮ったりして、別れを惜しんだ＝写真。斉藤徳雄機長は「無事故運航を支えてくれた乗客にお礼を申し上げたい」とあいさつした。

道内では第1管区海上保安本部千歳航空基地に2機があり、流氷観測や救難活動などで今後も道内の空を飛ぶ。

（『朝日新聞』北海道版、二〇〇三年九月一日朝刊）

この記事は、YS11型機が北海道内で最後の民間運航となった事実をたんたんと述べている。ところで、この記事を書いた記者はYS11型機が到着したとき、どこにいたのだろうか。記事に写真があるのでYS11型機に同乗して新千歳空港に着いたのかもしれない。しかし、YS11型機の最終運航の知らせを電話で受けた東京本社の記者でも、この記事は書けそうである。YS11型機の最終運航を現地で目撃した記者が、現場でしか知りえない事実を正確に描写する場合には、たとえば次のように書かなければならない。「31日午後7時ごろ、YS11型機が最後のフライトを終えて新千歳空港に到着した。私は着陸の瞬間、機内の乗客から歓声があがるのを聞いた」。だが上記の記事文例**3**には、記事を書いた記者は登場しない。

他の文章と比較すると、ニュース・テクストは非常に特異な表現形式であることがわかる。子どもの絵日記は、「ぼくは／わたしは、きょうお父さん、お母さんと遊園地に行きました。とても楽しかったです」と書き出される。友だちとの会話は、「けさ、すごい事故見ちゃってさ。びっくりしたよ」などと語り出されるであろう。ここには、書いている（話している）「私」がはっきりと明示されている。子どもの絵日記や友だちとの会話が、新聞記事のような「無署名性」の言語で書かれ話されるとしたら、かなり奇異なものとなるであろう。

新聞記事では、「その記事を書いたのはその発信者であるに違いないが、そのニュースの文脈のなかにそのニュースの語り手の位置が明示されているわけではないのだ。だからこそ、私たちはそれをそのニュースの語り手が語る文脈においてではなく、『出来事自身がみずから物語る』かのような文脈において受け取ることができるのだ」（玉木明、前掲書、五一頁）。ニュース・テクストは、報道する事実をまげずに描写・叙述し、記事に報道する者の意見を入れてはならないという「客観報道」の原則にしたがって書かれなければならないとされる。そのために、ニュース・テクストには、記事を書く記者の「私」が登場しないのである。

ニュースの冒頭から「は」で名指しされる人

冒頭に出てくる人物に注意して、次の二つの記事文例を読んでみよう。

◆記事文例4

解散・総選挙に「関係はない」　埼玉知事選で小泉首相

小泉首相は1日、埼玉県知事選で前民主党衆院議員の上田清司氏が圧勝したことに関連し、「（衆院）解散・総選挙（の時期）とは関係ない。上田さんは国会議員としての活動も評価されたんじゃないですか」と述べた。首相官邸で記者団の質問に答えた。民主党と自由党の合併効果があったとの見方に対しては「それとは関係ないと思いますけども」と語った。

（『朝日新聞』東京版、二〇〇三年九月二日朝刊）

◆記事文例5

トラックが追突、バイクの男性死亡　守谷市　／茨城

取手署は1日、8月29日に守谷市大木の県道交差点で起きた交通事故で、近くの無職Aさん（81）が30日に死亡したと発表した。1日の行政解剖の結果、死因は事故で胸を強く打ったことによるものとわかったという。

調べでは、事故は29日午後2時10分ごろ、牛久市南5丁目、運送会社アルバイトBさん（21）のトラックが、Aさんのバイクに追突した。現場は信号のないT字交差点で、右折しようと道路中央に寄ったAさんに、Bさんが気づくのが遅れたらしい。

（『朝日新聞』茨城版、二〇〇三年九月二日朝刊）

記事文例4の冒頭に出てくる小泉首相は「小泉首相は、」と書き出されているのに対して、記事文例5では「近くの無職Aさん（81）が、」（Aさんは実際の記事では実名）という書き出しになっている。傍点部に注意してほしい。たかが、「は」と「が」の違いと思うかもしれないが、この使い分けが大きな意味をもつ。

昔話「桃太郎」の冒頭を思い出してみたい。「昔々、あるところにおじいさんとおばあさんが住んでいました。おじいさんは山に柴刈りに、おばあさんは川に洗濯に行きました。」お話の最初に出てくるおじいさん・おばあさんには、「が」がつけられている。ところが次の文では、「は」がつけられている。

この違いはどこからくるのか。

「が」と「は」は、言語学でいう「新情報と旧情報の原理」にそって使い分けられている。新情報と旧情報の原理とは、「主格名詞がまだ知られていない新情報のときはその主格に『が』がつき、主格名詞がすでに知られている旧情報のときはその主格に『は』がつくという原理」である（野田尚史『「は」と「が」』新日本語文法選書1、くろしお出版、一九九六年、一〇八頁）。だから、桃太郎の最初に出てくるおじいさん・おばあさんは、まだ誰も知らない人たち（新情報）なので、「が」をつけるほうがいい。次の文では、「昔々あるところに住んでいたおじいさん・おばあさん」のことだなと読むほうがもうわかっている（旧情報）ので、「は」でいいのである。

記事文例5の「近くの無職Aさん（81）が」という書き出しは、お話の最初に出てくる人は新情報という法則にしたがった書き方である。一方、記事文例4の冒頭で行われている「小泉首相は」という書き出しは、「新情報と旧情報の原理」を逸脱している。どうして逸脱が許されるのだろうか。記事がいきなり「小泉首相は」と書き出されても違和感がないのはどうしてだろうか。カンのいい人ならもう気づいているかもしれないが、新聞記事の冒頭に「小泉首相は」と書けるのは、小泉首相が読者にとって旧情報（もうすでに知っている人）だからである。

野田尚史によれば、「聞き手（または、読み手）の意識にあると思われるものを指す名詞」、多くは「首相や大臣、官公庁などを指す名詞」は、「その動向がいつも注目されているとみなされているもので、最初の文で主題になることができる」（前掲書、一五六頁）。つまり、首相や大臣には、例外的に記事の最初の文で「は」をつけることができるのである。

ところで、「首相や大臣、官公庁などを指す名詞」が、すでに「聞き手（または、読み手）の意識にある」「その動向がいつも注目されている」と判断しているのは誰か。それは、いうまでもなく新聞記事やニュース原稿を書いているジャーナリストであり、新聞社、放送局である。そこには、首相や大臣は読者として当然知っていなければならない人物であり、かつ首相や大臣の動向には常に注意を払っておくべきだ、というマスメディアの価値判断があるのである。ちなみに筆者は、新聞記事の中でどのような人の談話が、「Xは……と述べた」などという形で引用されているかを調べた。その結果、もっとも多く談話が引用されたのは「閣僚・国会議員」であった。「官僚・公務員」も含めると引用された談話の六割近く（五六・四三％）が、国会・政府などの関係者によるものであった（藤田真文「新聞記事における論評の表明」鶴木眞編著『客観報道――もう一つのジャーナリズム論』成文堂、一九九九年、一一四頁）。

「成り行きが注目される」と思っているのは誰か

新聞記事の文末には、「……する模様だ」「……する見通しだ」「……とみられている」「……といわれている」などの表現が多く見られる。これらの記事は、「成り行きが注目される」と結ぶことから「成り注記事」と呼ばれる。「成り行きが注目される」という表現は、ジャーナリストが自己の立場を鮮明にせず傍観者であることの現れであるとの批判を受けてきた。にもかかわらず、ジャーナリストはどうして、「成り注記事」を書くのであろうか。次の文例を見てほしい。

◆記事文例6

自民総裁選で藤井氏が出馬表明、笹川氏見送り　青木氏は擁立反対

（前略）

橋本派は同日午後、幹部会、運営幹事会、臨時総会をそれぞれ開き、派閥としての最終的な方針を決める。藤井氏はすでに立候補に必要な推薦人の確保にめどをつけていることから、同氏の立候補が了承される見通しだ。

ただ、小泉首相の再選を支持する青木幹雄参院幹事長らが、派閥としての対立候補擁立に反対の立場で、藤井氏は派閥の候補とは位置づけず、各議員の自主判断にゆだねる方向だ。

（『朝日新聞』東京版、二〇〇三年九月二日夕刊）

一段落目の「同氏の立候補が了承される見通しだ」という文を分析してみよう。林四郎によれば、「明日は雨になる見通しだ」という文において、「雨になる」は「見通し」にかかる修飾語となっている。そして、「雨になる」は情報内容で、「見通し」は判断に関わる部分である（林四郎「現代の文体」『岩波講座日本語10　文体』岩波書店、一九七七年、三七四―三七八頁）。したがって、記事文例**6**の文では、「見通しだ」が主文であり、「同氏の立候補が了承される」は「見通し」の修飾語にすぎない。

このような文の構造は、「見通し」というものが書き手とはまったく無関係に世界のどこかに実体として存在しているように感じさせる。というのも、この文では、見通しているのは「誰か」という動作主が明確ではないからである。見通しているのは、記事の書き手のようにも、他の誰かのようにも感じられる。記事文例**6**の文は、次のように書き換えることができる。「同氏の立候補が了承されるだろう」。書き換えた文では、「了承されるだろう」と判断しているのは、この文の書き手であることが明確である。

ちなみに、記事文例**6**の最後にある「各議員の自主判断にゆだねる方向だ」という文では、さらに動作主があいまいである。「自主判断にゆだねる方向を橋本派が選択する」という意味なのであろうか。「各議員の自主判断にゆだねるようになるだろう」という記者の判断を表現しているのだろうか。

「模様だ」「見通しだ」などの表現は、判断している動作主をあいまいにする。書き手が主観的判断をしていることが明示的になる「だろう」「ようだ」などの表現に比べて、より客観的に感じられるのである。だからこそ、「模様だ」「見通しだ」などの表現は、新聞記事の中で抵抗感なく用いられているのである。

同様のことは、「……とみられている」「……といわれている」などの受身の表現にも言えるだろう。判断している動作主が明確な能動態の「と思う」や「と考える」「と見える」は新聞記事ではあまり用いられない。それに対して、受身の「……とみられている」「……といわれている」は、新聞記事に頻出している。「……とみられている」「……といわれている」が、受動態という形式によって、「見ている」「言っている」動作主をあいまいにする効果をもつのは、「模様だ」「見通しだ」と同じである（藤田真文、前掲書、一一七―一二〇頁）。

「……する模様だ」「……する見通しだ」「……とみられている」「……といわれている」などの表現は、記事に報道する者の意見を入れてはならないという「客観報道」の原則を果たしているように見せるには便利な表現だ。だから、ニュース・テクストで多く使われるのである。ここでも、ニュース・テクストを書いている記者の「私」が登場しない。

さて、この章ではニュース・テクストの基本的な構造と特異性を、文法・文体の側面から考えてきた。ニュース表現の細密な分析から、ニュース記事に現れた価値観、送り手の物の見方を明らかにするのはニュース研究の重要な課題である。このような手法に少しでも興味をもっていただければ幸いである。

参考文献

稲垣吉彦『入門マスコミ言語論』大修館書店、一九八七年
大石裕・岩田温・藤田真文『現代ニュース論』有斐閣アルマ、二〇〇〇年
玉木明『ニュース報道の言語論』洋泉社、一九九六年
G・タックマン、鶴木眞・櫻内篤子訳『ニュース社会学』三嶺書房、一九九一年
鶴木眞編著『客観報道──もう一つのジャーナリズム論』成文堂、一九九九年
馬場博治・植条則夫編『マスコミ文章作法』創元社、一九八八年

◎注記

本章の記事文例は、「朝日新聞オンライン記事データベース『聞蔵』」より引用した。表現が、本紙および縮刷版と異なる場合がある。

第7章　ニュースをめぐる権力作用
――ゲートキーピング・モデルからの考察

吉岡　至

私たちは、ふだん新聞を広げいくつかの記事を読み、テレビのスイッチを入れその時々のニュースを見ている。社会の出来事を知るのに新聞やテレビなどのマスメディアによるニュース報道が欠かせないのは、あらためて言うまでもない。しかし、私たちは自らが読んでいる記事が掲載されるまでの、また自らが見ているニュースが放映されるまでの、ジャーナリストのさまざまな活動やそれを支える組織の存在に思いをいたすことはほとんどないだろう。

他方で、日々膨大な量のニュースがマスメディアを通じて報道されているといっても、当然のことながら、すべての出来事が新聞の記事として、テレビのニュース項目として伝えられているわけではない。そこにはなんらかの取捨選択がなされるニュースの制作過程が存在しており、ニュース組織に属するジャーナリストは自らの活動の場での実践を通してその過程にかかわっている。結果として、マスメディアが選び伝えるニュースが私たちが受け取る社会的現実となる。

したがって、そこで問われなければならないのは、ニュースをニュースたらしめているものはなにか、すなわち、送り手であるジャーナリストやマスメディア組織のニュース判断はどのようなものであるのか、ということになろう。本章では、ニュース制作における選択過程に注目し、ニュースメディアが受け手に提示する社会的現実の特質を検討してみたい。

1　ニュース項目の選択と「ゲートキーパー」概念

ニュースの「選択過程」への着眼

ニュース制作における選択過程への注目は、ニュース研究において比較的早い段階からなされている。例えば、W・リップマンは、一九二二年に出版された著書『世論』（掛川トミ子訳、上・下巻、岩波文庫、一九八七年）のなかで、「読者に届けられる新聞は、一通りの選択がすべて終わったその結果である」と指摘し、「どんな項目を印刷するのか、それをどの場所に印刷するのか、それぞれがどれほどのスペースを占めるようにするか、それぞれがどんな点を強調するか」といったニュースの選択にあたっては、「客観的な基準」といったものはなく、あるのは「慣例（conventions）」であると述べている（同書、下巻、二〇九頁）。

また、L・C・ロストンもニュースの制作過程が「選択」に基づいていることをいち早く指摘した研究者の一人であろう。彼は、自らが実施したジャーナリストに対するアンケート調査を含む学術的な研究書『ワシントン特派員』のなかで、「すべてのニュースを印刷している新聞はどれ一つとしてない」のであって、「ジャーナリズムの全過程、すなわち街で情報を収集する『取材記者（leg-man）』からデスクで紙面づくりをする編集者までの過程は、選択に基づいて」おり、その選択過程は「ニュース判断（news judgment）」にしたがって行われ、いかなる出来事であっても最初に「ニュースバリュー（news-value）」のテストにかけられることを指摘している（Rosten, Leo C., *The Washington Correspondents*, Harcourt, Brace and Co.: New York, 1937, p. 255)。

つまり、リップマンにせよ、ロストンにせよ、ニュース制作における「選択」の過程が、結果として私たちが目にすることになる社会的な出来事や事象と密接にかかわっていることを示唆しているのである。たしかに、ニュースの制作過程のなかで、さまざまなかたちでニュースの取捨選択がなされているという事実、つまり「選択の存在」を確認することはたやすい。しかし、リップマンは「慣例」といい、ロストンは「ニュースバリュー」として触れてはいるが、どのようなかたちでニュースの取捨選択がなされるのかという、その「選択のメカニズム」を解明することはそう簡単ではない。

ニュース編集における「ゲートキーパー」の判断

こうしたニュース制作における選択過程を分析・考察する研究視座を示唆したのが、場の理論を提唱した心理学者のK・レヴィンであった。それは「チャンネルとゲートキーパーに関する理論」として、より具体的には「ゲートキーパーの心理学」として提示された。

レヴィンはその例証にむけて、「なにゆえ人は彼らの食べるものを食べるか」という問いをたて、人人の「食習慣」を決定づけたり、それに影響を与えたりする要因を分析しようと試みたが、そのためには、客観的な食物のチャンネルとその入手可能性に加えて、チャンネルをコントロールする人物（ゲートキーパー）に影響を与える心理学的要因を明らかにしなければならないと考えた。彼によれば、食物が通過する関門（gate）の部分は公平な規則かゲートキーパーによって支配されており、後者の場合、個人または集団が、「入れる」か「入れないか」の決定を下す「権限（power）」をもっているものと位置づけられている（K・レヴィン、猪股佐登留訳『社会科学における場の理論 増補版』誠信書房、一九七九年、一八六頁)。

　したがって、「ゲートキーパー」という概念はもともとニュース研究からでてきたものではないが、この考え方は、集団内のコミュニケーション・チャンネルを通過するニュース項目の移動にも適応できることが示唆されていた。その後、このレヴィンが提起した「ゲートキーパー」の概念をニュース項目の選択過程にあてはめて実際に分析を試みたのがD・M・ホワイトであった。

　ホワイトの事例研究は、アメリカ中西部の工業都市で三万部ほどの朝刊を発行する新聞社で働き、通信社から配信されるニュース項目を取捨選択する編集者（匿名的に「ミスター・ゲート」と呼ばれた）を一人の重要なゲートキーパーとして位置づけ、その編集者が具体的なニュース判断をどう実践するのかを分析しようとしたものであった（White, D. M., "The 'Gatekeeper': A Case Study in the Selection of News," *Journalism Quarterly*, vol. 27, 1950, pp. 383-390）。個々のニュース項目の採用・不採用の理由を編集者に問うことで明らかになったことは、その編集者のニュース項目の取捨選択はかなり主観的なものであり、多くの場合、彼自身の経験、態度、期待に基づいてニュース判断がなされているということであった。このことは、ニュース項目の採否は、編集者がどんな人物であるか、その個人的主観に左右されることを意味している。しかしながら、「明日の朝に読者に届けるべきニュースは何か」と問いかけながらニュース制作がなされているとするなら、編集者の嗜好の基準は、結局のところ、読者の役に立ち、彼らを喜ばせるニュースであるかどうか、といった「読者本位」のニュース判断がなされているともいえるのである。さらに、その判断は、編集者個人によるのではなく、彼の上司の指示やニュース組織の方針による場合、あるいは他のニュースメディアの報道状況やニュースメディア間の競合関係による場合もあるのである。

ニュースの制作過程における「ゲートキーパー」の位置

ホワイトのゲートキーパー研究は、その前提として、編集者とその活動をニュース項目の採否を決定する重要な関門として位置づけて、その場での選択のメカニズムの分析を行うものであった。しかしながら、ロストンが指摘したように、ニュース選択の過程は「街で情報を収集する」段階から開始されているとするなら、最終的にニュース原稿を紙面に掲載する判断を下す編集段階に先立って、最初にニュースとなりうる出来事やニュース素材の判断を下す取材段階が、もう一つ重要な関門として位置づけられる。

ホワイト自身も、分析自体は行っていないが、このことを認識していた。例えば、政府による記者会見や事故・災害などの現場で活動する取材記者や特派員らがニュース報道における過程の第一の関門を構成しているのであって、まず彼らがその記者会見、事故・災害のもつ意味や重要な観点を判断することで、特定の社会的な出来事や事象が一つのニュース原稿にまとめられ、それが次なる関門へと伝達されていくと考えていた。

こうしたニュース制作の取材―編集段階におけるゲートキーパーの役割の違いに着目したのが、A・Z・バスの事例研究で提示された、組織内のニュース伝達に関する「二段階行為」モデルである（Bass, A. Z., "Refining the Gatekeeper Concept," *Journalism Quarterly*, vol. 46, 1969, pp. 69-72）。彼のモデルの特徴は、前述のとおり、取材記者がナマの情報や素材をニュース原稿やニュース項目にまとめる第一の行為段階の関門（取材部門）と、ニュース編集者がその原稿や項目を修正・統一し、完成したニュース記事にまとめあげる第二の行為段階の関門（編集部門）とを機能的に異なるものとして区別している点であり、加えて、ニュースであるか否かの主要な決定を行うゲートキーパーとして重要なのは、編集部門へニュースを送稿する前者の取材段階での活動においてであることを強調している点である。

2　ニュース制作における「ゲートキーピング」の過程と作用

「ゲートキーパー」から「ゲートキーピング」へ

先に述べたように、ニュースの選択過程の研究は、レヴィンの「ゲートキーパー」概念を手がかりにして、ホワイトによってその研究が着手された。この概念は、その後もニュースの制作過程を検討する際にさまざまなかたちで援用されてきた経緯があり、ニュース研究でもっとも古く、もっともよく知られた構成概念の一つといえるであろう。

初期の研究では、ニュース選択における人的要素が強調されていたところのあった「ゲートキーパー」概念であるが、今日では、レヴィンが本来的に意図していたと思われるニュース組織という活動の場（field）のなかに位置づけられ、単なるニュース選択の問題だけではなく、より広範な文脈のなかで、ニュース制作における「ゲートキーピング」の作用として分析がなされるようになってきた。それは、結果として、ニュース制作にかかわる諸要因や諸力の解明と、ニュース判断をめぐるそれら諸力の相互作用過程を考察することに向かっていった。

例えば、P・J・シューメーカーは、「ゲートキーピング」について次のように説明している。「ゲートキーピングとは、世界で利用可能な膨大な数のメッセージが削減され、変換されて、所定の日に所定の人に届く数百のメッセージに仕立てられる過程である。ゲートキーピング研究は、たいていの場合、マスメディア内におけるニュース項目の選択に注目するが、ゲートキーピングは単なる選択以上のものを含みうるもの」であり、「送り手から受け手へ情報が進んでいく過程のなかでの、保留、伝達、適合、提示、反復、タイミングなどを含んでいる。言い換えれば、ゲートキーピングの過程は、マスメディアを通じてであれ、インターパーソナルなチャンネルを通じてであれ、メッセージが伝達される際の選択、処理、操作のあらゆる側面を含んでいる」のである（Shoemaker, Pamela J., *Gatekeeping*, Sage Publications: Newbury Park, Calif., 1991, p. 1）。つまり、「ゲートキーピング」という作用は、ニュース組織がその報道活動を実践する際のあらゆる情報のコントロールとかかわる広範な過程のなかで把握されるのである。

ゲートキーピングの新たな統合モデル

では、ニュース制作における「ゲートキーピング」の過程はどう把握することができるのだろうか。ここでは、その統合的なモデルを提唱したシューメーカーの整理（前掲書）にしたがい、ニュース組織を中心にした「ゲートキーピング」の過程について検討を加えたい。

図6－1は、シューメーカーが構築したゲートキーピングの新たな統合モデルの全体像を示したものである。図からわかるように、このモデルは、情報を伝達するコミュニケーション組織をそれが存立する社会システムとかかわるイデオロギーや文化のなかに組み込み、メディア外部の社会的かつ制度的要因によって影響を受けるものとして「ゲートキーピング」の過程をとらえている。この統合モデルは、見方によっては、マス・コミュニケーションの総過程を思わせるような包括性をもったものであるが、モデル構築にあたって、ニュース制作とかかわる次元として、①個人のレベル、②コミュニケーション・ルーティーンのレベル、③組織のレベル、④外部のメディアと社会的制度的なレベル、⑤社会シス

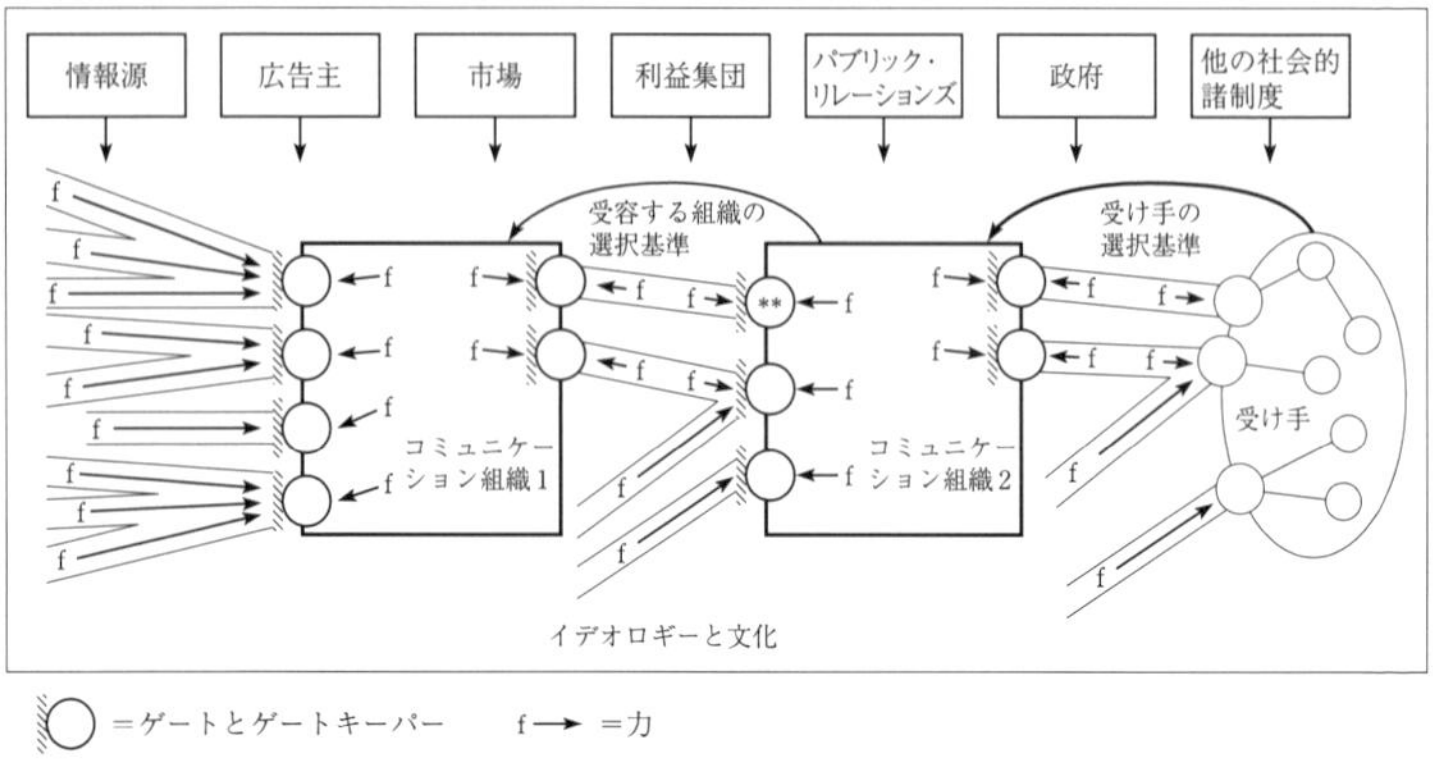

図6－1 「ゲートキーピング」の統合モデル

引用：Shoemaker, P. J., *Gatekeeping*, Sage Publications, 1991, p. 71

注記：この統合モデルにはさらに分割された2つの下位モデルが含まれている。ここには掲載を省略するが，その一つはコミュニケーション組織内の構造と要因を，他の一つはゲートキーパーの個人的要因を図解したものである。

テムのレベルの五つを設定し、それぞれ個別に、あるいは相互に関連づけながら、「ゲートキーピング」の働きを把握しようとしている。

図のゲートとゲートキーパーの前後に描かれた矢印は、それぞれの地点でのメッセージのインプットとアウトプットに影響を与える、コミュニケーション・チャンネルで働く諸力を示している。多数のコミュニケーション・チャンネルを通じて潜在的にニュースとなるメッセージが伝達されており、コミュニケーション組織のなかでニュース価値の判断を下すジャーナリストがゲートキーパーとなり、メッセージの出入りをコントロールするのである。ゲートとゲートキーパーを含むコミュニケーション組織の1と2は、例えばニュース組織である通信社と新聞社／放送局をそれぞれに当てはめることもできる。新聞社や放送局の選択基準が通信社などからのニュース配信にかなり影響を与えることも想定されている。また、上部におかれた七つの項目と受け手の選択基準はゲートキーピングの過程に影響を与える社会的および制度的要因を表わしており、これらもゲートキーパーやコミュニケーション組織のメッセージ選択に影響を与える諸力として把握することができる。

ニュースの選択基準となるもの

シューメーカーが提示するように、「ゲートキーピング」の過程はきわめて重層的で、さまざまな次元の要因が複雑に絡まりあっているとしても、受け手に伝えられるニュースのテーマや内容が日々劇的に変化するわけではない。つまり、ニュースの選択過程は静的なものではなく、その選択に働く諸力はつねに変化しているとしても、他方で、その諸力の布置や影響に大きな変化がないとすれば、その過程はかなり定常的な傾向を帯びるであろう。「コミュニケーション・ルーティーン（communication routines）」のレベルにおけるパターン化され反復されるジャーナリストの実践を考慮すると、ニュース選択の恒常性を作り出すものとして、「標準化されたニュース価値」を指摘することができる。

まず、ニュースとなる出来事や主題に注目してみると、G・J・ガルトゥングとM・H・ルーゲらに代表される「ニュース要因（news factor）」の研究が参考になろう。彼らは、認知の法則に依拠しながら、その一定の基準を満たした出来事がニュースとして選択されると考え、ニュース内容の分析を通じてその要因を明らかにしようとした。彼らは、一般的に妥当する要因として次の八つを指摘している（Galtung, G. J. and Ruge, M. H., "The Structure of Foreign News," *Journal of Peace Research*, vol. 2, 1965, pp. 64-91）。

①　出来事の発生がニュースメディアの報道間隔に合致しているほど、ニュースになる可能性が高い

（周期性）

② ある出来事がニュースになるためには一定の強度を必要とする（閾値）

③ あいまいでない単純な出来事がニュースになりやすい（明瞭性）

④ 文化的な近接性や関連性が高い出来事がニュースになる（有意性）

⑤ 人々の期待――予測と願望――に合致する出来事ほどニュースになる（協和性）

⑥ 予期せぬ出来事やまれな出来事はニュースになる可能性が高い（意外性）

⑦ 一度ニュースとして取り上げた出来事は引き続きニュースになりやすい（継続性）

⑧ ニュース内容の全体的なバランスを保つのに必要な出来事はニュースになる（均衡性）

これらは、ニュース組織がおかれる社会文化的背景とは無関係に普遍的に当てはまる要因であるとみなされているが、このほかにもそれぞれの社会や文化の規定を受けて現れる恒常的なニュース要因があることも示している。例えば、国家や人物などエリートに関する出来事、特定の人物の行為と認められる出来事、犯罪や紛争などの否定的出来事などである。

こうした諸要因を多く含む出来事やいくつかの特定の要因が顕著な出来事はニュースとなる可能性が高くなり、逆にいずれの要因にもあまり関係のない出来事はニュースになりにくいことになる。したがって、ニュース要因の研究は、いわばその内容特性から間接的にニュースの描く現実はある種特殊なものので、鏡像のようなあるがままの現実ではなく、程度の差はあれ、アクセントがつけられスポットライトの当てられた現実であることを示している。

こうした出来事の特徴を示すニュース要因の観点からすれば、ニュースとなりうる出来事は日々至るところであまた発生しているといってよい。しかし、一定のニュース要因によってのみニュース項目の取捨選択が自動的になされるわけではない。そこにはニュース報道に従事するメディア組織や個々のジャーナリストの主体的な関与が想定される。つまり、送り手に共有される「ニュースバリュー（news value）」がニュース選択に重要な意味をもつのである。

ニュースバリューを一義的に定義することは難しいが、マスメディア組織において作り出される主要な新聞や放送のなかで、「ニュース項目を選択、構成、表現する際に使用される職業的なコード」とみなすことができよう。したがって、ニュースバリューは、個々のジャーナリストに帰せられるものではなく、産業化されたニュース組織の制作上の必要から生み出された一面をもっている。そうでありながら、組織内にフォーマルな専門職業的なコードが明示的に存在しているわけではなく、報道記者はニュースに対する「すぐれた嗅覚や感覚」を身につけていると言われるように、そのコードは日常のジャーナリズム活動での駆け引きのなかに現れるにすぎない。だから、ニュース要因とは異なり、ニュースバリューと関連する要素をより明確に列挙するのは困難であるが、例えば、次のようなものが考えられよう。

① 社会にとっての新しい出来事（情報価値）
② 社会にとって優先すべき分野（ニュースのジャンル）、および優先すべき争点・事件や国家・人物（ニュースの対象と焦点）
③ 社会のなかの受け手の関心・欲求（ニュースの訴求力）
④ ニュース組織のルーティーンとの両立（ニュース素材の処理・加工）

⑤　ニュース組織やジャーナリストの支配的価値（ニュースの思想性）

こうした各々の要素の強弱や要素間の相互作用によってニュース素材の報道価値が判断される。したがって、ニュースバリューは、出来事に付随する諸要因だけではなく、ニュース組織が位置する社会文化的背景や時代状況の影響を前提として、具体的なニュース制作過程のなかで、その時々に不断に変化する諸要素を斟酌し、報道内容を決定するジャーナリストの実践を通じて体現されるものなのである。このため、同じ出来事や主題であっても、それぞれのメディア組織やジャーナリストがその素材のニュースバリューとの適合性をどう判断するかによって、ニュース素材の取捨選択やニュース報道の扱い方に違いが生じるのである。つまり、同じニュース要因をもつ出来事であっても、ニュースバリューの観点からすれば、その出来事は報道されない場合もあり、まさにニュースがつくられる時と場所に存在する状況がニュース自体の決定を左右することを示している。こうしたニュース選択の基準は、ある出来事が一つのニュースとなるために越えなければならない一種のハードルではあるが、その基準に絶対値はないのであり、つねに状況に応じた相対値によってその採否が決定されるのである。そこにニュース組織に作用する諸力やゲートキーパーとしてのジャーナリストの実践をみてとることもできよう。

3　ニュースのなかに描き出される社会的現実

実際のニュース制作過程のなかでニュース要因やニュースバリューが少なからず報道の仕方に影響を及ぼしているとするならば、ニュースによって再現される社会的現実は、ある一定の基準や価値を反映した内容をもつものとなる。P・J・シューメーカーとS・D・リースはニュース内容の研究視座として大きく次の五つの見方を紹介している（Shoemaker, Pamela J. and Reese, Stephen D., *Mediating the Message: Theories of Influences on Mass Media Content*, 2nd edition, Longman: New York, 1996, pp. 6-7）。

①　現実の鏡としてのニュース

第一の見方は、ニュースは社会の現実を映し出す「鏡」であるとみなす立場である。つまり、ニュース内容は、ほとんど歪曲されないか、あるいはまったく歪曲されないかたちで社会的現実を反映するという考え方に基づいており、マスメディアによるニュース報道は、世界にくまなく開かれたテレビカメラのように、社会的現実の忠実・正確な反映物を受け手へ伝達していることになる。また別の観点からは、ニュースが提示する現実はメディア組織に情報を売り込む人々とそれを買い入れる人々との間の歩み寄りの産物とみなすことによって、こうした諸勢力が相互に影響を打ち消し合って、出来事の客観的な描写を作り出し、結果としてニュース内容は現実を反映するのだという考えもある。

②　ジャーナリストの態度を反映するニュース

第二の見方は、ニュースは送り手の態度によって作り上げられた社会的現実であるとする立場で、ニュース内容はその組織で働く人の社会化や態度に影響されると考える、送り手中心のアプローチである。つまり、この見方からすれば、送り手側の人々に内在する心理学的要因——彼らの職業的・個人的・政治的態度、および彼らが受ける職業訓練——が、一定の社会的現実を作り出し、そこでは、いわば社会集団間の合意がニュース制作の一つの規範となり、例えば、新しい考えや行動を望ましくないものとみなしたり、また逸脱した人々ないし集団を社会的に風変わりなものとして扱う傾向がみられたりする。さらにこうした内容への影響は、一部にはいわばジャーナリスト文化と呼びうるような職業的フォークロア——その活動のなかで集団的に繰り返し伝承されてきた思考、表現、行動の様式——に関係しており、また一部にはジャーナリストが所属する組織の取材・編集スタイルにも関係していると考えられる。

③　組織でのルーティーン化されたニュース

第三の見方は、ニュースが作り出す社会的現実はその組織でのルーティーン（型どおりの日常業務）のこなし方に左右されるとする立場である。ルーティーンとは、職務のうえで適切な実践として認められている、習慣化・パターン化された手続きのことを意味する。この見方によれば、ニュース内容は、ニュース組織の記者やその同僚が仕事をどう組み立てるか、その方法によって影響されることになる。例えば、ニュース記者は、逆さピラミッドの記述形式や争点記事における両論並記などを教えられ、もっとも重要とみなす情報を最初におき、残りを重要性の順にしたがって組み立てたり、バランスのとれた記事内容にするなど、ジャーナリストの判断や評価が記事の内容を決定するのである。

④　社会勢力の意向を反映するニュース

第四の見方として、ニュースは社会勢力の意図や受け手の欲求によって作り上げられる社会的現実であるとみなす立場がある。つまり、送り手が報道するニュース内容は、その組織やジャーナリストを取り巻く外在的な要因——政治的、経済的、ならびに文化的諸勢力や社会のなかのニュースの受け手——によって少なからず影響を受けているという認識である。例えば、「市場」を中心とした見方では、広告主の商品に対して多くの受け手を確保するために、受け手が望むものを伝達しようとする送り手の判断が働くと考えられる。また根拠は異なるが、マスメディアの「社会的責任」の観点からも、受け手が必要とするものを伝達するという送り手の願望がニュース内容に反映されるとみなされる。

⑤　支配的勢力に基礎をおくニュース

第五の見方は、ニュースは社会の支配的な勢力によって作り上げられる社会的現実であるとする立場である。この見方は、ニュース内容は、イデオロギー的に位置づけられて機能し、現状肯定的な立場を維持するための手段として利用される。つまり、ニュース報道は、社会のなかで権力をもつ人々のイデオロギーによって影響され、現実の支配層に都合のよい「ヘゲモニー（hegemony）」に根ざしたニュース内容とみなされるのである。例えば、経済的な力（power）をもつ人々によってコントロールされた経済システムの重要な部分として、マスメディアは、彼らの利害と一致するイデオロギーを伝えることによって、社会が現在の形態で存続することを保障しているのである。

それぞれの見方の違いには、ニュース内容への組織的・人為的な介入と方向づけの度合いをどうみるかが背景にある。つまり、ニュース制作でのゲートキーピングの過程において、メッセージに影響を与える諸力がどう作用するのかが関係している。一方で、事実に対する組織的・人為的な介入が必要最小限度であれば、純粋に出来事の客観的な報道がニュース内容に反映されるとする①の見方に近くなるだろう。他方で、程度の差はあれ、ニュースに対する組織的・人為的な介入とその影響が無視できないものであるとすれば、さまざまな関心・期待・願望などがニュース内容に反映されるとする②～⑤の見方が優勢になるだろう。

後者を包括すれば、ジャーナリスト自身の信念や個性にはじまり、ニュース組織での記事制作にかかわるルーティーンの活動、ニュース組織が掲げる目標、ニュース組織を取り巻く外的環境（政府、利益集団、他のメディア組織、広告主、読者など）、社会のなかでの支配的イデオロギーなどに至るまで、ミクロ・マクロのさまざまなレベルでの複合的な影響のもとで、ニュース内容は産出されるという見方になる。そこには、シューメーカーが示したゲートキーピングの次元を異にする過程が複雑かつ密接にかかわっている。こうした点をふまえると、受け手の前に提示される社会的現実にどんな駆け引きや判断が働いているのか、どんな諸力のせめぎあいがあるのか、その時々のニュースをめぐる権力作用を明らかにする必要があろう。しかし、その力学を分析することは、観察の機会と測定の技術の問題を含めて、きわめて困難であるといわざるをえない。

4　ゲートキーピングによるニュースの創造

すでに述べたように、「ゲートキーパー」および「ゲートキーピング」という概念は、ニュース項目の採否を説明するための一つのメタファーとして広く用いられてきた。レヴィンの発した問い「なにゆえ人は彼らの食べるものを食べるか」に倣って言えば、「なにゆえジャーナリストは現にニュースとなるものをニュースとするのか」という問いへの答えを見出すことが「ゲートキーパー」研究を喚起したのであり、それは「食習慣」に対応する「ニュース習慣」とでもいうべきジャーナリズムの特質を明らかにすることであったのかもしれない。

リップマンは、新聞社に入ってくるニュースを処理する編集者の活動について触れている。「報告にはそれぞれ速やかに複雑な判断を下さねばならない。報告をそれぞれに読みとり、やはり読みとった別の報告との関連を考慮し、編集者の頭でこれなら大衆の関心をひきそうだ、いやひかないだろうと考えるものによって、採用し、没にしなければならない。規格にあてはめたり、ステレオタイプを用いたり、お定まりの判断規準によったり、微妙な問題についてはまったく仮借なく切り捨てたり、そういうやり方でもしなければ編集者は頭に血がのぼって早死にすることになろう」（『世論』下巻、二〇七頁）。ここには一定のルーティーン化されたニュース判断の様子がすでに示されている。

M・フィッシュマンは、ニュースの現実構築の視座から、「ニュース組織やゲートキーパーがニュースをどのように選択しているか」と問うのではなく、「ニュース記者はどのようにニュースを作るか」と問い、ジャーナリストのルーティーンワークの方法を重要な要因として位置づけている。人々は外界の世界を努力して首尾一貫したものに組織化しようとする特定の方法を利用するのであり、ニュースは、知覚されたものの受動的な記録ではなく、ニュース記者が採用する方法の結果なのである。したがって、異なる方法が使用されるならば、ニュースの異なる形式が結果するのだから、その方法こそが問われなければならないのである（Fishman, Mark, *Manufacturing the News*, University of Texas Press : Austin, 1980, p. 14）。彼は、ニュース制作においてもっとも根本的なレベルは「ルーティーン・ジャーナリズム」であり、そこでは、ジャーナリストの日常的な方法や標準的な実践が、日々の新聞を占める通常の記事である「ルーティーン・ニュース」を生じさせるととらえている。しかし、「ルーティーン・ジャーナリズム」は所与のものとしてあるのではなく、なにがしかのものが「ニュース」として生み出され、方向づけられ、そう呼ばれるようになるのであり、その過程を確認するためには、つねにジャーナリストの日々の仕事を検証することから始めなければならないのである。

再びロストンに立ち返るなら、「ワシントンの駐在記者は、読むものを分析する背景も時間ももっていない読者公衆のために諸問題を単純化しなければならない。記者たちは諸勢力（forces）よりも人間的な魅力（personalities）を強調しなければならない。彼らは、そうした人間的魅力を、読者自らの経験による通常のタイプと類似したものを見出すことのできる、くっきりとしたステレオタイプに刻みこまなければならない。彼らは政治にメロドラマの要素を注入しなければならない」（p. 257）と、ニュースの創造の一端を記述している。

「ゲートキーパー」および「ゲートキーピング」の概念は、ニュースの制作過程において、「ニュースを選択する方法」だけでなく、「ニュースを創造する方法」の説明に援用されることでより重要なものとなり、ニュース組織で通用している「ルーティーン・ジャーナリズム」の特質を記述する際にも役立つものになるだろう。

参考文献

中野収・早川善治郎編『マスコミが事件をつくる』有斐閣選書、一九八一年

大石裕・岩田温・藤田真文『現代ニュース論』有斐閣アルマ、二〇〇〇年

D・マクウェール、S・ウィンダール共著、山中正剛・黒田勇訳『コミュニケーション・モデルズ』松籟社、一九八六年

W・リップマン、掛川トミ子訳『世論　上・下』岩波文庫、一九八七年

G・タックマン、鶴木眞・櫻内篤子訳『ニュース社会学』三嶺書房、一九九一年

H・W・スティード、浅井泰範訳『理想の新聞』みすず書房、一九九八年

第8章　ニュースソース
——政権の情報操作とジャーナリズム

石澤靖治

1　メディアとニュースソースの基本原則

本章はジャーナリズムとニュースソースとの関係について、政治を題材として主としてニュースソースの側から解説するものである。ジャーナリズム活動においてニュースソースから情報を入手するという行為は最もデリケートな部分であり、ジャーナリズムの歴史の中でつねに議論を引き起こしてきた。なぜならジャーナリストはニュースソースから単に情報を入手すればいいというのではなく、入手する過程でニュースソースからの圧力や誘惑、懐柔などが働くからだ。ジャーナリストはその中で情報を見極めて独立した報道を行う慎重さが求められるが、同時に自らが所属するメディアからの情報入手の要求に応えなければならない。そのためこの行為の中で良識あるジャーナリストは「情報か倫理か」で激しい精神的な葛藤を生じさせることになる。また情報を入手するためにニュースソースと癒着する行為が明らかになった際には報道の客観性が疑問視され、受け手の側から強いジャーナリズム批判が生じる。つまりニュースソースとの接触は、最もジャーナリズムのあり方が問われる部分である。

スクープの背景

最初に、メディア（ジャーナリスト）とニュースソースとの基本的な関係について明らかにしておく。ジャーナリストにとって社会的に認知度の高いニュースソースに接触して、それまで他のメディアには出ていなかった事実を報道することは最大の喜びである。その際に社会的に衝撃の大きい報道はスクープと呼ばれる。

ニュースを商品として考えた場合、新鮮でかつ希少性の高い事実こそが最も商品価値をもつ。認知度が高いということはニュースソースに対して興味をもつ受け手の数が多いということだが、そこから新たな情報が出てきたとなれば社会的な影響力は大きい。ニュースをいち早くかつ社会の広い範囲に知らせるということが、ジャーナリストの職務であると同時に本能でもあるのは当然のことだ。また、そうした行為はジャーナリストが所属する組織や社会での高い評価につながる。

ではスクープというのはどのようにしてもたらされるかだが、そこに大きく二つの要素が存在する。一つはジャーナリスト自らの努力であり、もう一つはニュースソースの意図である。スクープで有名なものとして、一九七二年六月に起きたワシントンポストによるウォーターゲート事件報道が挙げられる。これはワシントンDCにあるウォーターゲートビルへの強盗事件を取材した同紙記者のボブ・ウッドワードとカール・バーンスタインが、単なる強盗事件ではなく現職の大統領であるリチャード・ニクソンの計画的かつ組織的な盗聴事件であるということをスクープしたものである。この事件報道は七二年六月からニクソンが辞任する七四年八月まで続いたが、事件発生当初は平凡な強盗と思われた事件を、両記者が徹底した取材を行ったことで解明していった。これは記者の努力が結実したものだ。

だがこの記者たちには、「ディープ・スロート」と呼ばれ政権内部の状況を知る人物がニュースソースとなって、バックグランド情報を提供し、一連の報道で重要な役割を果たしている。つまりこれらは後者の、ニュースソースの意図がこのスクープに寄与したということもできる。このニュースソースはこれまでのところ特定されていないが、ニュースソースが彼らに情報を提供した動機は、ニクソン大統領のスキャンダルについての自らの情報が、ワシントンポストというメディアに掲載されることで、ニクソン大統領が窮地に陥ることを想定したと考えるのが自然である。ニュースソースが重要な情報をメディアに提供するという行為は、メディアによって報じられることで社会に何らかの影響を及ぼし、そのことで自分を取り巻く環境に変化を生じさせようと画策するのが一般的だからである。

この関係はメディア（ジャーナリスト）側のスクープをものにしたいという期待と、ニュースソース側が自ら提供する情報によって自分に有利な環境を形成したいという期待、すなわち互酬性（互いの利益に寄与すること）によって成立する。そのためメディアはニュースソースに近づこうとするし、ニュースソースはメディアを利用しようとする。あえて注釈をつけておくならば、メディア側が情報を欲するのも、ニュースソース側が情報を提供するのも、積極的な理由だけではなく、そうしなければ自分の立場が危ないという消極的な理由による場合も多分にある。

情報授受の関係

一方、スクープがこのような両者の互酬性によって成り立っている中で、互酬性が成り立たない場合もある。それはニュースソースが発する情報をメディアが報道する価値がないと判断する場合や、利用価値のないメディアに対してニュースソースが情報を提供しようとしない場合である。利用価値のないメディアというのは、メディアの社会的な認知度と信用度が低いために、ニュースソースが狙った受け手に情報がとどかないか、報道されても社会的な影響力をもちえないと判断されたメディアということである。受け手は数ある情報の中で信頼に足る情報かどうかを判断する際には、情報がどのメディアに掲載され、そのメディアからどのような評価をされたかということを重視する。つまりメディアを情報の格付け機関として認識しているからである。それをメディアの地位付与の機能と表現する場合もある（ポール・Ｆ・ラザースフェルド、ロバート・Ｋ・マートン共著、犬養康彦訳「マス・コミュニケーション、大衆の趣味、組織的な社会的行動」Ｗ・シュラム編、学習院大学社会学研究室訳『新版マス・コミュニケーション』東京創元社、一九六八年、二七〇―二九五頁〔Schramm, Wilbur, *Mass Communications*, University of Illinois Press: Urbana, 1960〕）。

具体的な例を示せば日本で首相やその周辺をニュースソースと想定した場合、特別なことがないかぎり本人の選挙区とは関係のない地方紙や発行部数が数千部程度の雑誌からの取材を受け付けることは考えられない（官邸記者クラブへの配慮もあるが）。彼らが情報を提供するのは基本的に全国紙や大手通信社、全国ネットのテレビ局がその対象となる。アメリカでは大統領がインタビューを受けたりホワイトハウス関係者が情報を漏らすのは、新聞では『ニューヨークタイムズ』や『ワシントンポスト』『ウォールストリートジャーナル』『ＵＳＡトゥデイ』、雑誌では『タイム』『ニューズウィーク』『ＵＳニューズアンドワールドリポート』、テレビではＮＢＣ、ＡＢＣ、ＣＢＳ、ＣＮＮなどの大手メディアのみである（Hess, Stephen, *The Washington Reporters*, Brookings Institution: Washington, D. C., 1981, pp. 24-46）。

もちろん例外的なケースはあるが、その他のメディアにはよほどのことがないかぎりニュースソースの側が特別な情報をもたらすことはない。アメリカに駐在する日本のメディアの特派員は、独自にトップレベルの情報を集めることができず、上記の米メディアの報道に追随することに終始しているということが批判的に指摘されることがある。だが、メディアとしてのアメリカ国内への影響力を考えれば、アメリカのニュースソースが日本のメディアに特別な情報を与えるということは、ニュースソースの側から見て意味のないことである。そのため日本のメディアにとって日本に直接関連のない問題でのスクープは極めて困難であり、その点において彼らの米メディア追随は必ずしも批判にはあたらない。

一方、政権の中枢部から情報を得ることができる一部のメディアが、批判的にみられることがある。確かに彼らが情報を優先的に得ることと引き換えに客観的な批判を怠っているような場合は批判されるべきだ。だが、それとは別にニュースソースとメディアとの関係から考えれば、ニュースソースが一部のトップメディアだけに情報を提供するというのは、現象としては当然のことである。

このことを他の面についていえば、ニュースソースから一定の評価をなされないメディアに所属するジャーナリストは、よほどの偶然性に恵まれないかぎり、全国的に影響を及ぼすようなスクープをものにすることは不可能だということになる。

2　メディア「工作」——陰の部分

懐柔と圧力

以上がニュースソースとメディアとの基本的な関係である。この中でニュースソースの側としては、メディアから自らのことについて好意的な情報が報道されるか、あるいは自分に不利になるような情報が掲載されないことを望む。そのためにメディアに対して様々な手段を用いる。

前者の場合は、ニュースソースが望むような情報をジャーナリストが報道するようにするために、あるいはニュースソースと同じような考えをもつようにするために、彼らは積極的にジャーナリストに接触する。そのために普段から個別に状況を説明したり意見交換する場を設ける。それ以外にも食事を振舞いつつ自らの考えを説明するなど、職務とは直接関係のない場を設けてコミュニケーションを密にする。それはニュースソースの側からすれば、自分たちの考えを深く理解してもらうためには必要なことである。

こうした中で日本をはじめとする先進国の主要なメディアでは、ジャーナリストがニュースソースから直接的に金銭を受け取ってニュースソースのために報道を行うということはまずない。ニュースソースの側でもそれを認識しているのでそのようなことは普通行わないが、食事や娯楽などというグレーゾーンについてはジャーナリズムは容認している場合が少なくない。そのためこのような機会を通じてジャーナリストと頻繁に接触することによって、ニュースソースの側の考え方を染み込ませつつ、精神的にも取り込みを図る。

度合いや手法に違いはあるが、このような場の設定は海外でも存在する。それは様々な機会を利用してニュースソースに接近してその実像をつかもうというジャーナリストの職業意識と、ジャーナリストを取り込もうとするニュースソースとの利害が一致するからである（Kurtz, Howard, *Spin Cycle*, Free Press：New York, 1998 などに詳しい）。ただ日本の場合には、この種の席がジャーナリストの言論活動を規制するものとして機能している場合が多い。それは日本の社会風土、ジャーナリズムの組織のあり方に起因すると思われる。また記者クラブが、ニュースソースから情報を引き出すために圧力をかける団体として機能するよりも、しばしばニュースソースによる集団的な取り込みに寄与する自主規制団体となっているところも問題である。

ジャーナリストとニュースソースの利害が一致して行動を起こす場合もある。ある人物に批判的な報道を行いたいとジャーナリストが考えている際に、同様に批判的な考えをもつニュースソースがそれを察知して、それに合致した情報を提供するのである。その際に情報自体は事実であっても、ジャーナリストはニュースソースと一体の関係になり、政治の一方のプレーヤーとなる。

一方、後者の不利な情報を押さえ込む手法としてまず挙げられるのは、圧力である。ジャーナリストに対する直接・間接的な恫喝やそれ以降の取材拒否、ライバルメディアの優先的な取扱いに加えて、広告出稿の引き揚げなどの経済的圧力などがある。先にニクソン大統領がワシントンポストからウォーターゲート事件で糾弾されたことを紹介したが、ニクソンは政府機関に対してワシントンポストからの取材を拒否するよう命じ、また同社が傘下にもつテレビ局の免許更新拒否をちらつかせた。また同社の悪評を流布させるという徹底的な弾圧を行ったことなどがその典型である。その反対に懐柔という手段もある。これは広告の大量出稿や活字メディアであれば発行物の大量買い上げ、あるいは別のスクープ情報を優先的に提供することなどをバーターにする。これらの手法が有効に機能するかどうかは、ニュースソースに対するメディア側の姿勢による。また先に示した食事や娯楽などの席でのコミュニケーションは、懐柔策としても機能することはいうまでもない。

ニュースソースがジャーナリストへ金銭を渡すかどうかについてふれたが、その逆のケースも存在する。つまりジャーナリストがニュースソースに対して金銭を渡して情報を得るというケースである。アメリカのジャーナリズムではニュース取材の際に金銭を渡すという行為は存在しない。日本の場合はニュースソースが知識人などの場合には、しばしば少額の謝礼が支払われる。その理由はアメリカではメディアは「社会の公器」であるという考えから、メディアという公共の場に参加するニュースソースには金銭を支払う必要性がないと考えているからだと思われる。それに対して日本ではメディアを「社会の公器」ととらえつつも、協力者に一定の敬意を払うという考えから金銭を支払うのであろう。この関係は、基本的に両者の属する社会の人間関係や慣習を反映するから、どちらがいいとか悪いとかとは一概にはいえない。

だが、国際的に話題になっているニュースソースに対して世界のジャーナリストが殺到した場合には大きな問題になる。具体的には一九九一年にソビエト連邦が崩壊していく過程で劇的な変化を見せた際に、日本のメディアが現地で突出した額の金銭をニュースソースに提示して彼らを独占したことで、その他の国のメディアから激しい批判を浴びて大きな問題となったことがあった。

操作とメディア環境

ニュースソースは情報を提供するメディアを選ぶことができるし、メディアは自ら情報の取捨選択を行うことができることは説明したが、これはニュースソースとメディアとは「相対的な力関係」にあるということを反映したものだ。この際にニュースソースのほうが相対的に力をもつ場合に、ニュースソースにメディアを通じて情報操作を可能にする環境が生まれてくる。

その相対的な力関係を決めるものはいくつかあるが、それを決定する最も大きな要因は、情報あるいはニュースソースに対する需給関係による。ニュースソースの数は限定的だから、そこに情報を求めて多くのメディア、多くのジャーナリストが殺到した場合、ニュースソースは優位な立場になる。そのため情報を出すタイミングや情報を出すメディアを自ら選別でき、ニュースソース側の情報操作は容易になる（Hertsgaard, Mark, *On Bended Knee: The Press and the Reagan Presidency*, Farrar, Straus, Giroux:

New York, 1988 などに詳しい)。

このような場合は、メディアはニュースソースから情報を「いただく」という状況になる、と言い換えることができる。この「いただく」という行為からは、ニュースソースが発信したい情報のみが報道されるという状況が生まれてくる。いうまでもないことだが、物事には多様な側面がある。その中からニュースメディアが自らの判断で一つの情報に光を当てること、別の言い方をすればメディアフレームを独自に設定することができることが、ジャーナリズムの独立性だということができる。だがニュースソースからメディアが情報を「いただく」という関係が存在する中では、ジャーナリズムが独立性を喪失し、メディアフレームの設定の主導権がニュースソース側に移行することを意味する。

ここにジャーナリズムのジレンマがある。つまりジャーナリズム活動においてニュース報道の部分は(論評の部分ではなく)、ニュースソースに依存するものであり、その活動はつねにニュースソースの操作にさらされるという側面をもっているということである。

その事例として古いところでは、一九五〇年代のアメリカで吹き荒れた「マッカーシズム」が挙げられる。これは東西冷戦が激しさを増し共産主義思想が極めて危険視されたこの時代に、上院議員のマッカーシーが「自分は政府関係者で共産主義思想に共鳴している危険人物のリストをもっている」として、巧みなメッセージの発信を行って一時期絶大な政治的影響力を行使した事件である。これはメディアがマッカーシーに殺到したことで起きた。結局は米ジャーナリズム自身の手によってマッカーシーの情報が裏づけのないものであることが明らかにされるのだが、情報のチェックがないままニュースソースに殺到した場合にメディアが容易に操作され、社会と個人に甚大な影響を及ぼした典型的な事例である。それ以降もこれに類する事例は、アメリカのみならず世界中にかぎりなく起きている(海外では湾岸戦争、国内では松本サリン事件報道などがその典型である）。

一方、情報技術の進歩と社会のサービス化によって、情報の送り手、つまり情報のアウトレットとしてのメディアは増加している。例えばアメリカではかつてテレビでニュースを報道するのは、ＮＢＣ、ＡＢＣ、ＣＢＳの三大ネットワークに限られていたが、現在ではそれにＣＮＮ、ＦＯＸ、さらにＣＮＢＣなどが加わっている。必然的に競争は激しくなりニュースソースに殺到する状況が生まれているという点で、ニュースソースがメディアを操作しやすい環境が生まれているということができる。

3　メディア「戦略」――陽の部分

政権とＰＲ

これまで説明してきたのは、ニュースソースが受け手の目にふれないところで、ジャーナリストのメディアフレームの設定に主導権をとろうとするいわゆる「陰」の部分だが、受け手の目にふれる「陽」の部分でニュースソースが積極的な情報発信を行うことで、主導権を握ろうとする場合もある。それが広報、パブリック・リレーションズ（ＰＲ）というものである。

自らの考えを文書や映像で配布したり、最近ではインターネットのホームページに公表すべき情報を掲載したりするというのもＰＲの一つだが、ここでは多くのジャーナリストを前にして、自らの立場を主張する行為を中心に説明する。イメージとしては日本の首相や内閣官房長官による記者会見であり、アメリカのホワイトハウスなどで行われる大統領のプレスコンフェレンスや報道官によるブリーフィング（背景説明）である。これらは政治の舞台にテレビが登場してから、その役割が増大した。

これらの場で「政権」というニュースソースのスポークスマンは、ジャーナリストに対して自らの立場から情報発信を行う。政権にスキャンダルがあった場合はその弁明に努め、政権が何らかの政治的な得点となるようなことを行った場合はそれを強調して発表する。

こうした行為はかなり以前から行われてきたわけだが、その中でニュースソース側のPR活動として注目すべきは「攻めのPR」という現象である。

記者会見というと、ジャーナリストが政権側を攻撃し政権側は受け身でそれに対処するというシーンがしばしばテレビに映し出される。確かにそのような部分もあるが、政権によっては記者会見の場を自らの行為をアピールする場として積極的な情報発信を行う。そのことで世論の支持を得て政権運営を容易にしようという狙いからだ。また受け身に立った場合でもそれを危機管理の一環として位置づけ、積極的なPR活動を行うことで情勢を逆転しようとすることも「攻めのPR」と考えられる。繰り返すが確認しておかなければならないのは、政権側が政治的行為の主体であると同時にニュースソースであり、ジャーナリズムはそのニュースソースの情報を伝える立場にあるという事実である。情報の基点となる政権側は自らの政策が国民に説明しうるものならば、積極的なメディア戦略をとって主導権を握りうる立場にあるのである。

アメリカでは二〇世紀初頭のセオドア・ルーズベルトや大恐慌期の一九三〇年代に大統領の座についたフランクリン・ルーズベルトの両大統領が、国民への積極的なPRを行ったことで知られている（Hess, Stephen, *Presidents & The Presidency*, The Brookings Institution: Washington, D. C., 1996, pp. 114-123）。これは両者が大衆にアピールする必要性を感じ、またそれを行えるだけの素養のあった指導者だから可能だったが、すぐに一般化することはなかった。それが五〇年代になりテレビ時代に入って、メディアを通じつつ大統領がメッセージを国民に直接的にアピールすることが重要な意味をもつようになる。中でも六〇年代後半から七〇年代前半にかけて政権にあったリチャード・ニクソン、八〇年代に二期八年政権の座にあったロナルド・レーガン、九〇年代にやはり二期八年ホワイトハウスの住人となったビル・クリントン、そして彼の後任のジョージ・W・ブッシュなどは「攻めのPR」を戦略的に行った大統領ということができる（石澤靖治『大統領とメディア』文春新書、二〇〇一年、一〇三―一二七頁）。

日本の場合は、アメリカの大統領制とは選挙制度が違うことなどから大衆へのアピールの必要性は大きいものではなかったために「攻めのPR」には、かつてそれほどの需要はなかった。しかし池田政権からその動きが見られるようになり、次の佐藤政権では政治に対するテレビの影響力を強く意識して、「攻めのPR」を視野に入れて行動するようになる。六〇年代の出来事である（楠田實『首席秘書官――佐藤総理との一〇年間』文藝春秋、一九七五年、三九―四一頁）。その後も政権発足当初に党内の政治基盤の脆弱だった政権は、大衆にアピールすることで世論の支持を得て政権の維持をはかるべく積極的な情報発信を行った。七〇年代に弱小派閥ながら突然首相になった三木武夫、八〇年代に自分とは別の派閥である田中派の主導権のもとに政権を与えられた中曽根康弘、九〇年代に自民党を破り連立政権を形成した細川護熙などがそれである。そして九〇年代以降はテレビによる政治への影響が急速に大きくなったことや、政治が流動化してきたこと、また制度の是非はともかく小選挙区制の導入で直接的に民意を取り込むことを必要とする選挙制度となったことなどから、政権側、野党側を問わず積極的な情報発信を行うことが、一般的な行為となった（石澤靖治『総理大臣とメディア』文春新書、二〇〇二年、一七六―二〇八頁）。

メディアフレームの争奪

メディアとニュースソースとの関係というのは、結局のところどちらがメディアフレームを設定する主導権を有するかということに尽きる。ニュースソース（ここでは首相、大統領）は、メディアを受け手に情報を伝達するための「道具」として自らメディアフレーム設定の主導権を握ろうとする一方、ジャーナリズムはニュースソースから情報を得つつ、それをもとに自らが主体的な報道を行おうと考える。この相剋はニュースソースとメディアのやり取りが目にふれない「陰」の部分でも、ニュースソースが受け手の前に直接顔を出す「陽」の部分でも同様である。

メディアフレームを奪取しようという意思が最も明確な形をとるのは、政権自らが登場するメディアを選び、国民に直接語りかけるという行動である。アメリカでは一九五二年に当時共和党の副大統領候補だったリチャード・ニクソンに金銭スキャンダルが発生して窮地に陥った際に、ニクソン自身がテレビから直接国民に釈明することで難を逃れたというのが最初である。ニクソンはその後大統領になってからも、テレビを道具としてニュースソースである自分自身が国民に直接語りかけ、テレビを道具とする「攻めのＰＲ」を行った。

日本では七二年に長期政権からの退陣を表明した際の佐藤栄作の事例が象徴的である。佐藤は退陣記者会見で、それまでの新聞報道に対して激しい不満を述べ、テレビの画面を通じて直接国民に語ることを要求したのである。これは新聞メディアが設定したメディアフレームを佐藤が拒否し、自分がメディアフレームを設定できると判断したテレビメディアを選び、道具として利用しようという意思の表明であった。この事件はジャーナリズムとニュースソースとのメディアフレーム設定の争奪戦という点から、極めて象徴的であり重要な一件だったということができる。

ニュースソースが行う「攻めのPR」による情報発信は記者会見における以外に、イベントを利用するものもある。このイベントとは、首相あるいは大統領が国内外で開催される行事に出席することをメディアに報道させることで、受け手に対して好意的な印象を形成させることを狙いとする。政治に直接関係するところでは主要先進国首脳会議をはじめとする外遊などが挙げられ、これらの場合には晴れがましい場所に国家を代表する人間として自らを設定することができる。そのためニュースソースとしての為政者が主導権を握れる場として以前から利用されてきたものだが、近年ではリアルタイムで映像が入ってくるようになったために、より頻繁に使われるようになった。アメリカではレーガン政権が見事な演出を行ったことで知られ、日本では細川政権や小泉政権がイベントを積極的に利用した政権である（前掲書、一七六—二〇八頁）。

国内的には国民全体がナショナリズムを感じるようなスポーツイベントなどに出席して、その場でメッセージを発するシーンを映し出させることで、国民から好意的な印象を獲得することを狙う。またこのようなイベントが地方で行われる際には、首相あるいは大統領は普段無視している地方のメディアに対して積極的に情報を提供しインタビューに応じる（アメリカではニクソン、レーガン、クリントンらが好んで使った手法である）。

このイベント戦略はニュースソースの側が、つねに絵になる映像を欲するテレビメディアの特性を読んだ行為である。またこの種のイベントはハードニュースを扱うニュースメディアだけでなく、娯楽的要素が強く批判性の少ない番組を取り込んで大衆にアピールすることも可能だ。アメリカでは九〇年代から政権側は娯楽的な番組を通じて情報発信することにより積極的になりつつあるが、これらも同様にニュースソースの側がメディアを道具として使い、自らが主導的にメディアフレームを設定しようという行動として説明することができる。ある意味でその究極の姿は、ニュースソースの側がメディアを所有することであろう。インターネットのホームページの開設やメールマガジンを自ら発送することなどがそれにあたる（メディアの性質の違いから、それが単独で効果を発揮できているわけではないが）。

ニュースソースの情報発信はさらに進化を遂げている。以前からマスコミ対策として、ジャーナリストを政権の内部に取り込むことは日本でもアメリカでも行われてきたが、それ以外にアメリカでは、政治コミュニケーションのスペシャリストが大きな役割を果たすようになってきている点である。彼らは民間のPR会社に所属して、ケースごとに政権から依頼を受けて情報発信に関わるという場合と、一定期間政権のスタッフとなる場合などがある。そのスタッフは世論調査やマーケティングの専門家、スピーチライターなど細分化され、政治コミュニケーションは一つの産業を形成するほどの分野になっている（Thurber, James A., Nelson, Candice J., Dulio, David A., "Portrait of Campaign Consultants," *Campaign Warriors: Political Consultants in Elections*, edited by Thurber, James A. and Nelson, Candice J., The Brookings Institution: Washington, D. C., 2000, pp. 10-36）。彼らはメディア分析はもちろん、ジャーナリストに対する独自の評価リストをもち、どのメディアに、どのような場面とタイミングで、どのような方法で情報を発信すればいいかなどについて徹底的な分析を加えている。これらニュースソースとその周辺の進化はジャーナリストとの力関係において、相対的に優位に立ちつつある。

このような「攻めのPR」を政権側が行うようになったのは、ジャーナリズムに対する受け手の批判に乗じた部分もある。ジャーナリズムに対する批判とは、言い換えればジャーナリズムが情報をどのように取り扱っているかというメディアフレームに対する批判である。そこに政権側が自らのメディアフレームで受け手に情報を提供するのである。そしてもしそれが国民に好意的に受け入れられているとするならば、ジャーナリズムにとっては深刻な事態である。政権側の「攻めのPR」とはジャーナリズムにとって、根本的な挑戦にほかならない。

ただし、ジャーナリズムに対してメディアフレームの設定を主体的に行おうとする「攻めのPR」は、一方で限界と脆弱性をもつことも事実である。それはニュースソースが戦略的に情報発信をしても、それだけで完結するわけではないからだ。情報とはそれ自体で力をもつものではない。自らが発するメッセージが実際に行っている政策という実態的な部分との整合性をもっていなければ、強い訴求力は期待できないのである。また自らが国民に積極的にメッセージを発したところで、そのメッセージに反するような結果が生じたり、矛盾する政治的決断を行った際には、ジャーナリズムからも国民からも逆に激しい批判を受けることになる。

4　学問としての発展のために

リーダーシップ、政治過程分析、ジャーナリストの倫理

最後にメディアとニュースソースの関係について、学問的な発展について言及しておきたい。このテーマは次の二つの方向での可能性が期待できる。一つはニュースソースの側に立った場合のものとして、意思決定や政策遂行とメッセージの発信をどのようにして行えばいいのかという方向である。これは指導者のリーダーシップ（指導力）という観点からの発展が期待できる。リーダーシップは行政大学院や経営大学院などのプロフェッショナル・スクールなどでテーマとされることが多く、比較的プラクティカルな分野である。指摘したように指導者のメッセージの発信は政策立案・政策遂行と一体となったも

のでなければ、そのPR活動は限定的な効果しかもちえない。指導者のリーダーシップの一環としてのトータルな情報発信のあり方についての探求は有意義な研究となるだろう。

もう一つは政治過程分析としての位置づけである。権力体であるジャーナリズムが政治のアクターとなったといわれて久しいが、政治過程の中にジャーナリズムの行動を明示的に織り込みながら分析されたものは極めて限定的である。ニュースソースとしての政権担当者あるいは与野党で影響力をもつ政治家とジャーナリズムとのどのような関係の中から、メディアを通じての情報発信がなされて政治状況が形成されていったのかという分析は、非常に意味深いものであるにもかかわらず、大きく欠落している部分である。この分析を政治の動きに絞れば政治学の研究として、そこに世論の動向との関連などに力点を置けば社会学の研究として大きな発展が期待できる。もちろんジャーナリズムの倫理についての研究やジャーナリストへの教育になることはいうまでもない。

ただそうした研究がこれまでほとんど行われてこなかったのには、それなりの理由がある。それはジャーナリストとニュースソースとの関係において、特に「陰」の部分に関しては両者の密室での行為であり当事者がその公開に消極的であるため、その実態についての情報を入手することが困難であるからである。また「陽」の部分にしても、政権のPR戦略に乗ったジャーナリズムがその行為を明確に自覚していないか、自覚しようとしていない場合が多い。

したがってこの分野の分析を深めることは、ジャーナリストの自覚と協力が不可欠である。それによって議論が深まることでジャーナリズムとアカデミックな世界のより生産的な関係が期待できる。それは良識をもったジャーナリストにとってプラスであることはいうまでもない。そして情報環境を理解するために国民にも大きく寄与するものである。

参考文献

Cronkite, Walter, *A Reporter's Life*, Alfred A. Knopf: New York, 1996（ウォルター・クロンカイト、浅野輔訳『クロンカイトの世界』ＴＢＳブリタニカ、一九九九年）

Deaver, Michael K. with Herskowitz, Mickey, *Behind the Scenes*, Willow Morrow and Company: New York, 1988

Donaldson, Sam, *Hold on, Mr. President!*, Random House: New York, 1987（サム・ドナルドソン、今井義典訳『ちょっと待って、大統領！』サイマル出版会、一九八八年）

Gergen, David R., *Eyewitness to Power*, Simon & Schuster: New York, 2000

Graham, Katharine, *Personal History*, Alfred A. Knopf: New York, 1997（キャサリン・グラハム、小野善邦訳『キャサリン・グラハムわが人生』ＴＢＳブリタニカ、一九九七年）

Halberstam, David, *The Powers That Be*, Knopf: New York, 1979（デイヴィッド・ハルバースタム、筑紫哲也・東郷茂彦・斎田一路訳『メディアの権力１・２・３・４』朝日文庫、一九九九年）

Hertsgaard, Mark, *On Bended Knee: The Press and the Reagan Presidency*, Farrar, Straus, Giroux: New York, 1988

Hess, Stephen, *The Washington Reporters*, Brookings Institution: Washington, D. C., 1981

Hess, Stephen, *Presidents & The Presidency*, The Brookings Institution: Washington, D. C., 1996

Kalb, Marvin, *The Nixon Memo*, University of Chicago Press: Chicago, 1994（マービン・カルブ、岡村黎明訳『ニクソン・メモ』サイマル出版会、一九九六年）

Kurtz, Howard, *Media Circus*, Random House: New York, 1993

Kurtz, Howard, *Spin Cycle*, Free Press: New York, 1998

Schramm, Wilbur, *Mass Communications*, University of Illinois Press: Urbana, 1960（Ｗ・シュラム編、学習

院大学社会学研究室訳『新版マス・コミュニケーション』東京創元社、一九六八年）
Thurber, James A., and Nelson, Candice J. (ed.), *Campaign Warriors: Political Consultants in Elections*, The Brookings Institution: Washington, D. C., 2000

第9章　ジャーナリストの条件
――プロフェッションとしてのジャーナリスト

別府三奈子

ジャーナリストとは、誰のことだろう。新聞社の記者職や、テレビ局の報道局に配属された社員は全員ジャーナリストか？　パパラッチや芸能追っかけ記者もジャーナリストなのか？　身近に起きている社会的な不条理が納得できず、人知れず記録や資料を作り続けている無名の個人はどうか？　フリーの写真家や作家、編集者のなかにも、ジャーナリストと呼ばれる人たちがいる。正確なジャーナリズムの創出に不可欠な、文章校正の達人やメディア機器の専門技術職はどうか。為政者の政策を伝えることに忠実な国営報道機関の職員も、その国ではジャーナリストと呼ばれたりする。

大正の初期あたりまで、日本でジャーナリズムといえば、新聞の報道活動と論説・評論活動を意味していた。ジャーナリストとは誠実な新聞記者のことであり、その職業をひとことで表ずなら「社会の木鐸」だった。ジャーナリズムを対象とする研究領域は、新聞学と呼ばれた。現在、フォト・ジャーナリズムやオンライン・ジャーナリズム等、多様なメディア活動に、ジャーナリズムの名が付けられている。しかしその一方では、報道や論説の機能と娯楽メディアの融合などにより、ジャーナリズムの存在感や、ジャーナリズムの役割に対する市民の信頼や認識が薄くなってきている。ウェブの世界では、誰もが情報発信源となり得る可能性が開かれ、一般市民がかつての記者の役割を務めるオンライン・ジャーナリズムも生まれている。

技術的には誰もが情報の送り手となれるようになってきた今日において、単なる情報の送り手とジャーナリストの違いはどこにあるのだろうか。ジャーナリストの条件を深く考える過程は、ジャーナリズムの本質を問う作業でもある。統計調査法が定着して以来、ジャーナリストの育て方、就職や転職方法、職業の目的、社会的な位置付け、ジェンダーバランスや総数といったデータは、その国のジャーナリズムの質を示す重要な指標となっている。そこでこの章では、ジャーナリズムの特性について、ジャーナリストの条件（職業特性）の側面から俯瞰する。

1 「ジャーナリスト」と「記者」

「企業ジャーナリスト」との批判

第二次世界大戦後、戦時中に新聞が大本営の発表を率先して流し、その結果として多くの国民が犠牲になったとの社会批判の声があがった。それに対し、大方の新聞社経営陣は、会社をつぶして社員とその家族を路頭に放り出すわけにはいかなかった、という事情を伝えた。公害や薬害が出て、官庁からの発表どおりの報道によって危険認知が遅れたとの批判に対し、そこまで踏み込んだ責任は私企業にないというスタンスを、日本のメディア産業はとってきた。パブリック・サービスを目的としつつも、私企業である以上、収益は確実に確保せねばならない。ジャーナリズムは生来的に矛盾を抱えている。その矛盾のなかで、「企業ジャーナリスト」という言葉は、企業の都合が優先されすぎているという認識からくる批判の声として捉えることができる。

あるいは、ジャーナリストなら市民のために仕事をするはずなのに、実際には上司や会社経営陣の方にばかり顔を向けて仕事をしている。そういったサラリーマン的な姿勢の記者に対する市民からの批判が、「企業ジャーナリスト」という言葉に込められている。

ジャーナリストの原寿雄は、数々の著書のなかで一貫して、日本の記者が会社の枠内にいることの弊害や、社内言論の自由の確立の必要性を訴えている。さらに、日本の企業ジャーナリズムを、「メーカー・生産者ジャーナリズム」と呼び、「消費者・市民のジャーナリズム」への転換を提唱し続けている。日本経済新聞社で論説も担当している田勢康弘は、日本の報道や論説活動のなかで、企業の立場が前面に出るときは「記者」、個人が前面に出るときは「ジャーナリスト」であり、記者とジャーナリストが同義語ではないという感触を記している。近年では、個々の社員記者がそろって経営陣の方針に沿った結果として、その会社独自の提言を展開するといった動きが一部のメディアにみられる。それを「企業ジャーナリズム」と呼んで懸念する声もある。日本においては、良くも悪くも会社の壁は実に厚い。

「企業ジャーナリスト」を増長する職場環境

「企業ジャーナリスト」が、なぜ日本に顕著なものとなっているのか。その理由として、日本の報道産業の構造的な特性があげられる。

例えば、ユネスコの助成を受けた一九九二年発行の各国ジャーナリスト調査報告書によると、日本には記者教育制度がほとんどなく、記者は職場で厳格な徒弟制度のもとで仕事を覚えるため、訓練を受けた会社に対し生涯を貫く忠誠を示す傾向の強いことが指摘されている。

確かに現在の主要報道企業では、大学を卒業した新入社員が、現場での実践を積み重ねるなかで中堅となる。入社三年から五年くらいで独自の仕事ができるようになるが、体力的にも能力的にも仕事盛りの四〇歳前半あたりで、現場の一線から管理職的な位置づけへと移る。欧米のように、生涯一記者というスタンスを貫くことは、社員の場合は難しい。現場の仕事に専念したいと思って退職し、フリーランスになった場合の身分保障は、経済的な見通しとともに、大企業と比べれば相当に脆弱である。

最近は不況で崩れつつあるが、それでも終身雇用や学歴社会といった日本的職業文化の伝統も根強い。ほとんどの大手メディア企業が四年制大学卒を新卒採用の条件としており、正社員は男性のみ、という地方報道機関もある。中途採用者よりも勤続年数の長い生え抜きの方が、仕事面・生活保障面ともに便宜がはかられている場合もある。こういった日本的な職場環境では、仕事に対する社内評価のみがクローズアップされがちとなり、結果として企業ジャーナリストが生み出される。

企業に属さずに職業能力を深めるための教育機関は、専門学校を除けばほとんどない。日本で大学におけるジャーナリスト教育の文化が広まらない理由は、科学的・体系的な知の提供環境が整わない大学側にある。しかしそれ以上に、自ら社内で徒弟制度的な訓練を受けてきた管理職層の閉塞的な職業意識に大きな一因がある。新聞経営者たちの記者に対する言説を辿れば、新聞記者を医者や芸者になぞらえて身体で覚える職業であると言い、あるいは、新聞記者という全人格は日常の取材を通して養成されるべきものだから地方へ叩き込むのが一番いい、といった類の認識に出会う。これらは、前述のユネスコの調査結果にも共通する日本型ジャーナリストの大きな特徴である。こういった、悪しき企業文化の継承の連鎖が、企業ジャーナリストの傾向に拍車をかけてきた。

しかし、インターネット社会の到来という外圧は、産業構造の再編を迫る。記者教育をめぐる議論なども、ようやく解決すべき課題のひとつとして受け止められるようになってきている。いくつもの側面から覆い被さって、相当に分厚いものとなっている日本のジャーナリズムにおける会社間の壁を取り除くには、スキルアップによって生じるジャーナリストの流動性を支える職場環境の変革が急務である。

米国におけるジャーナリストの定義

日本型ジャーナリストの特徴を浮き彫りにするには、日本以外のものさしを使うことが有効である。比較研究の必要性から、以下、米国に話を移してジャーナリストに関する考察をさらに続ける。

米国では、ジャーナリストへのステップアップのプロセスが比較的明確である。大学で職能の基礎を学んできた新人は、情報を言われたとおりにとってきて、それを確実に原稿にする基礎段階におり、いわばお運びさん（ポーター）である。ポーター以前にも、コピーとりなどの予備軍が多数いる。数年すると、この種のストレート・ニュースに加え、それに何らかの状況判断を加えた記事を書く記者（レポーター）となる。レポーターとしての経験を積み、専門知識も増え、取材情報源の人脈が広がっていくなかで、ジャーナリストとなる。ビデオジャーナリストの神保哲生は米国コロンビア大学ジャーナリズム大学院で、「リポーターとしての経験を通じて様々な判断を下すうちに、自分独自のスタンスを確立し、あらゆるテーマに対してもその独自のスタンスから切り込むと同時に、そのスタンスを世のなかから recognize（認知）された記者」がジャーナリストだ、といった説明を受けている（神保哲生『ビデオジャーナリストの挑戦』ほんの木、一九九五年、四六頁）。

試みに、ジャーナリストに関する前述の米国流の説明を、日本の新聞記者に当てはめてみるとどうなるだろうか。地方局に配属されてからの数年間は新人記者にとってポーターに近い。地方や支局でデスクラスになった記者は、レポーターに当たるだろう。しかし、そのあとのジャーナリストの部分があいまいになってしまう。社説などを担当する論説委員がいるが、「独自のスタンスから切り込み、その切り込み方を読者に認識され、あるいは信頼されているジャーナリスト」は、署名記事を原則としない日本の新聞では育っていない。ごく少数の、自分のスタンスでものを言う場所を持っているニュースキャスターやスター記者、作家以外には、米国流のジャーナリストはいないことになる。

ここまで、現在の日本では「記者」と「ジャーナリスト」が同義語でないこと、「企業ジャーナリスト」はいるがそれには批判が寄せられていること、さらには米国流の「ジャーナリスト」が活躍する職場が日本にはあまり見当たらないことについて、述べてきた。この一連の流れには、米国流の「ジャーナリスト」という実体に乏しい日本の現実が投影されている、と見ることができる。

なお、多少横道にそれるが、比較研究の対象として米国のジャーナリズムを検討する場合に注意すべきことがある。それは、世界最大規模を誇る米国マスコミ産業には、本格的なジャーナリズム活動のほかに、多種多様なマス・コミュニケーション活動がある、ということである。イラク戦争報道におけるＦＯＸ現象の類などは、ジャーナリズムではなく、娯楽情報と見るべき側面が強い。ジャーナリズム活動と手法は似ているが、職業の第一目的を収益に置いた別のマス・コミュニケーション活動は他にも数数ある。ジャーナリストという職業を観察するとき、これらを混同しないことが大切である。

2　プロフェッションとしてのジャーナリスト

プロフェッション論とは何か

米国には、ジャーナリストは牧師、医師、弁護士と同じように、利潤追求ではなく人間と社会に奉仕する人びとである、という職業観がある。こういった一群の社会性の高い知的職業を、欧米ではプロフェッション（profession）と呼ぶ。語源は、信仰を告白し宗門に入るために宣誓することを意味する profess にあるという説が有力である。現在では、教師、建築家、職業軍人、会計士、専門技術者、心理カウンセラー等、様々な職業を含んだ諸説が、職業社会学の一分野として研究されている。

職業倫理の専門家であるベイルズ（Michael D. Bayles）は、三つの中心的定義と三つの副次的定義によって、プロフェッションの特徴を説明している。すなわち、前者としては、広範囲な専門知識、専門的な実技訓練、誰にでもできるわけではない専門的なパブリック・サービスの提供の三つをあげ、後者としては、免許などの資格証明、有資格者のための専門職能団体、職業の自治性の三つをあげる。この他、職能維持のための倫理・行動規範、規範逸脱者に対する免許剥奪、高い報酬やステイタス、といった職業特性を指摘する説もある。倫理面を強調すれば、高い公共奉仕の精神が特徴となり、制度面を強調すれば、エリート意識や制度的な排他性といった特徴が出てくる。

欧米におけるプロフェッションという職業観は、キリスト教の制度化や、牧師や宣教師という職業の資格認定が必要になった時代以来の伝統がある。私利私欲や利潤追求のためにではなく、自らの命をかけて未知の世界へ布教に赴く宣教師たちや、不治の伝染病や暴力的な為政者と戦い、誠心誠意どんな人にも公平につくす医師や弁護士といった献身的で崇高なイメージが強い知的職業観である。日本語の職人や鉄人を意味する「プロ」「プロフェッショナル」とは語義が全く異なることに注意されたい。

改善策としてのジャーナリズム・プロフェッション論

「ジャーナリズム・プロフェッション」論は、自らの職業をプロフェッションであると規定することで、質的向上のあり方を方向づけてきた、米国ジャーナリズム改革の中心概念である。ジャーナリズムをビジネスではなく、プロフェッションと見なす。さらに、プロフェッションであると社会が認めるための社会制度を構築する。こうしたジャーナリズムのプロフェッション化の試みは、二〇世紀初頭の米国で展開された。新聞がマスメディアとして急速に普及した時期である。この概念に関する先駆的で最も著名な唱道者は、ピュリツアー賞の基盤を築いたジョゼフ・ピュリツアーである。

一般大衆をその読者とするために用いられた一部メディアのセンセーショナリズムは、強い社会批判を受けた。この批判のうねりは、一九一〇年代に記者免許制賛成論を引き起こした。しかし、第一次世界大戦がはじまり、政府の言論統制を体験するにつれて賛成論は消滅した。免許制では言論の自由を守れないことが体験されたからである。W・リップマンの『世論』が世に出たのはこの頃である。しかし戦後、今度はタブロイド紙が花盛りとなる。ジャーナリズムに関わる人びとは、言論の自由を守りつつセンセーショナリズムから言論の質を守るための社会制度として、プロフェッション論に着目し、改善の期待をそこに込めた。

こうして米国のジャーナリズム界は、「記者は公共に奉仕する職業という意味ではプロフェッションだが、組織上は言論の自由との兼ね合いから他と異なり、唯一免許制度を取り入れてはならない

（unorganized profession／組織に基づかない職能倫理集団）」という独自のプロフェッション論を構築していった。言論の自由との兼ね合いで、記者に免許試験を課すことも、教育課程を義務付けることも、職能団体への所属を強制することもできない。それでもジャーナリズム・プロフェッション論の唱道者たちは、二〇年代半ばまでに、実技訓練を含む専門教育の体系化、パブリック・サービスを主軸とする職業規範の明文化、経営者を含まない専門職能団体の組織化を実行し、免許制を除くプロフェッションのための主な制度を構築した。この骨格は、さらに大きくなって今日に至っている。

こういったプロフェッションのための制度化がひと段落した二〇年代中ごろ、米国のジャーナリストたちは、プロフェッションとしてのジャーナリストの役割について、「記録者」となる機会に恵まれ、同時に「教師」や「解説者」としての義務を伴うとの認識を示している。この意識は九〇年代半ばの調査によると、同じプロフェッションでも、「解説者」「伝達者」「批判者」といった役割表現に変わっているが、本質的なところはほぼ同じである。このような取り組みによって、ジャーナリズムという職業に対する社会的認識は徐々に、印刷技術者や文屋といった職業人から、プロフェッションに携わる職能人へと変わっていった。

ジャーナリズムがプロフェッションかどうかの議論は、今も続いている。精神面を強調したプロフェッション賛成論と、制度上の不備や閉塞性に焦点をあてた反対論は、常に平行線を辿る。しかし、日本のジャーナリズムにとって最も重要なことは、米国のジャーナリズムがプロフェッションかどうか、その学問的な精密な定義ではない。パブリック・サービスを使命とする他のプロフェッションをひとつのモデルとして、米国のジャーナリズムが自らの職業を改善し続けてきたところに、ジャーナリズム・プロフェッション論の真の意義がある。

3　プロフェッション論から導きだされる職業観

ここでは特に、米国のジャーナリストたちが、伝統的なプロフェッション論を手本とすることで導きだしてきた具体的な職業特性の最近の変化に言及する。誰に、どのようなサービスを提供する職業か、という、いずれも職業の核にあたる部分の認識についてである。

市民と広告主のどちらに忠誠をつくすのか

プロフェッション論から導きだされる最も根本的な問いは、誰のための職業か、ということである。従来の解釈からいえば、ジャーナリズムは市民のためにある、というのが自由主義国の定説である。コミュニティに関する正しい情報を市民に提供することで、ジャーナリストは市民がより良い社会生活と幸福な人生を送る手助けをする、という考え方である。当時、忠誠をつくす相手はコミュニティの市民だった。個々の市民とコミュニティのどちらを優先するか、という詳細をつき詰めていけば、リバータリアニズムとコミュニタリアニズムという別のスタンスが生まれてくる。いずれにせよ、市民はジャーナリストに、個人の知る権利を委託し、権力の監視の代行役を期待する、という二者の関係だった。

ところが、伝統的なプロフェッションのなかに、新たな職業形態が生まれて定着するという変化が起こった。具体例をあげれば、特別に高い報酬で依頼主に特別なサービスを提供する私設弁護士や専門医などである。サービスを提供する側と依頼主との間に、専門技術の提供や守秘義務を含む契約書が交わされる。義務と報酬を伴う契約関係は、私利私欲を捨てて不特定多数の人びとにつくした伝統的なプロフェッションの時代には、見られなかったものである。専門的な職能を提供することに変わりはないが、職業行為の目的の大きな部分が収益にある点で、伝統的なプロフェッションの対極にある。

ジャーナリズムがかつてモデルとしていたプロフェッション自体にこういった新たな側面が形成されたことで、従来のジャーナリズム・プロフェッション論がひととき混乱した。具体的には、市民と広告主の利害が衝突する場合、ジャーナリストはどちらの顔を見るべきなのか、という現実の矛盾である。経営の合理化による圧迫が非常に厳しくなった一九九〇年代の米国のジャーナリストたちにとって、これは大きな課題だった。市民の顔を見よ、という理想論だけでは職場が成り立たないほどの経営合理化により、支局が次々に閉鎖され、ジャーナリズム部門の人員が削減され、メディアそのものが統合され、制作現場は省エネと利潤獲得の要求に押されていった。ジャーナリストたちは、自らの職業の存在意義を繰り返し問われた。正確さを追求し、利益を度外視して真実を追いかけようにも、人手や予算が削られ、その一方で、ジャーナリズムなど念頭にない経営陣からタイアップ広告や広報記事などの制作が要求された。ジャーナリズムは度重なる不祥事を起こし、信頼は失墜していった。その一方で、戦争やテロといった異常事態が続発し、人びとは真剣に真実を求めていた。

こういった変化のなかで、米国のジャーナリストたちの間に、ジャーナリスト・市民・広告主という三者を取り込んだジャーナリズム・プロフェッション論が展開しつつある。それは、市民は直接的なクライアントではなく、広告主がクライアントであり、「それでも顧客・広告主は、この三角形において第三の者、市民より下位に位置しなければならない」というスタンスである（ビル・コヴァッチ、トム・ローゼンスティール共著、加藤岳文・斎藤邦泰訳『ジャーナリズムの原則』日本経済評論社、二〇〇二年、七三頁）。

すなわち、ジャーナリストが市民に情報提供サービスをする部分は伝統的なプロフェッションであり、広告主に対してはプロフェッション活動の結果として生まれた信用を、メディア・スペースの有償一部貸しという形で提供する、という考え方である。これは、新たなジャーナリズム・プロフェッション論の展開というよりは、従来の二者間におけるジャーナリズム・プロフェッション論の再確認である。契約関係にある狭い意味での対広告主関係のプロフェッションを下位におき、より大切で根本的な対市民の伝統的プロフェッションを上位に据えた、三角構造での職業概念の仕切り直しである。

経営者からの圧迫とオーディエンス離れ、という板ばさみ状況の試練と、急速な社会状況の変化に直面した米国のジャーナリストたちが、ジャーナリストと市民の関係について、自らの居場所を伝統的なジャーナリズム・プロフェッション論のなかで再確認していく様子は、日本の今後のジャーナリズムを考える上で、多くの示唆を提供する。

権力の番人から、公開討論の運営・管理者へ

伝統的なプロフェッション論から導きだされる第二の問いは、何のための職業か、という職業目的である。一世紀前、ジャーナリストの役割はコミュニティに関する情報を市民に提供し、発言の力を持たない声なき声を拾う役割も務めた。情報の収集と伝達の専門技術によって、コミュニティと市民をつなぎ、必要なときはいち早く人びとに警鐘を鳴らした。

今日、インターネット社会の拡充によって、情報入手の可能性は格段に向上し、得体の知れない情報で溢れている。多くの市民が、自分の意見を表明できるようになってきている。こういった情報社会の急速な変化に伴い、プロフェッションとしてのジャーナリストに期待される役割や使命も、部分的に変化する時期がきている、との認識が広まっている。

一番有力と思われるのは、ジャーナリストに対し、市民のための公開討論の場を提供し、運用し、活性化させる役割を期待する、というものである。その際、ジャーナリストは有益な討論の場にするために、その討論にとって適切な情報源の選択・提供を行い、そこで交わされる対話の信憑性を評価する役割、すなわち、討論のために使われる情報の質を市民に指南する役割が期待される。

ジャーナリスト・プロフェッション論によれば、忠誠をつくす相手はこれまでも、これからも、市民である。しかし、提供すべき専門職能は、時代とともに変化する。新たな情報機器が普及した一九八〇年代には、技術習得が課題だった時期もある。今日では、従来の真実の探求と伝達の職能に加え、溢れている情報と情報源の双方に対し、情報の正確さに対する番犬的な役割が必要になってきている。私利私欲ではなく、市民へのパブリック・サービスに忠誠を誓うプロフェッションによって運営される公開討論の場によって、市民は情報源の森に迷うことなく、自らの判断力を持ち続けることができる、という考え方である。

情報の正確さを判断するための専門技術

プロフェッション論に立って導きだされる第三の問いは、このプロフェッションにはどのような専門知識と専門技術が必要か、という専門職能の内容に関するものである。この点でここのところ再考が進められているのは、情報の正確さを追求する専門的な技法の開発である。

一九九〇年代に不正確なニュースや捏造コラムが続出したことから、より正確さを追求するための手続きが検討されている。プロフェッションには、作業手続きの客観性が求められる。例えば、病人がどの医者にみてもらっても、基本的には同じ手順の検査を受け、同じ病名の診断を受け、同じ処置や投薬を受ける。その先は専門性の卓越性により、腕が問われる領域となる。

これと同様に、プロフェッション論を手本とした二〇年代のジャーナリストたちは、誰が伝えても同じニュースになるような職業的客観性のある専門技術のマニュアル化と、その浸透に努力した。具体的には、ストレート・ニュース、特集、論説といった内容別の文体の使い分け方、インタビューのルール、レイアウトのルールといった専門職能に関わる作業手続きマニュアルの作成と普及である。これによって、5W1Hやピラミッド型といったジャーナリズム専門の文体が普及し、今日に至っている。

市民の判断材料となるニュースについては、カラーリングやフェイキングをしない。論説・評論・意見表明などについては、ニュースとの違いをはっきりさせるために、レイアウトを変えるとともに、論旨展開をより正確で明確にする。意見を述べる場合は、その根拠を明示する。論証に使う情報源は、先方に確認の上で必ず明示する、等々。こういった細かなルールが、二〇年代の文体テキストにびっしりと書かれている。

こういったテキスト本の相次ぐ発刊は、ジャーナリズムをプロフェッションと捉え、専門教育の水準化をはかり、専門技術の習得度を測定するために、ジャーナリズム・プロフェッションの制度化を進めていたジャーナリストやジャーナリズム・エデュケーターたちが開発したものである。

その後も、メディア技術の変化、社会の変化、テレビの登場、プロパガンダ技術の向上、社会心理学的思想操作の研究などが進むにつれて、必要とされる専門技術が開発され、全米各地の大学に点在するジャーナリズム・プロフェッショナル・コースのなかで、普及・改良されていった。

六〇年代にはマッカーシーの赤狩りに巻き込まれたとの反省から、客観性ルールのあり方に対する再検討がなされ、取材者の視線を生かすニュー・ジャーナリズムと、その対極として作業手続きの客観性を追求した報道作法が生まれた。社会学者のタックマン（Gaye Tuchman）らは、細かなルールにのっとったニュースの客観性論は、記者やメディア組織の保身のための「戦略的な儀式」であるとの説得力ある批判を展開した。

それでも、紆余曲折の九〇年代を経た現在の米国ジャーナリストたちが、専門職能の作業手続きに関する客観的なルール化に改めて着目している点は見逃せない。具体的には、客観的な報道のための検証手順、ジャーナリストが変装を許される場合の詳細な要件、情報の正確さを確認するための細かな手続きのマニュアル化、匿名の情報源を用いる場合のルール作りの見直し、などである。

ジャーナリズムは時代の産物であり、生き物である。NHKテレビ放送の開拓者のひとりである吉田直哉は「映像はひとり歩きする。現場で見聞きし感じたことをできるかぎり付け加え、最後までつきそってやらないと、どこでどんな風に変質してしまうかわからない」と指摘する（吉田直哉『映像とは何だろうか』岩波新書、二〇〇三年、一九頁）。確かに、テレビメディアによる映像文化の創出は、ジャーナリズムにおける大きなエポックだった。

ジャーナリズムにおけるその次の大きなエポックが、インターネットによるウェブ・ワールドの世界的な共有が始まった現代だろう。戦争報道などがわかりやすい事例である。ジャーナリズムの新たな可能性と新たな限界が、刻々と生まれている。こういった変化の激しい今日、ジャーナリズムを創出するジャーナリストという職業の条件や専門職能の内容を、単純明快で一律に定義付けることにはあまり意味がない。時代のニーズや社会の変化に素早く対応しつつ、そのなかで譲ってはいけない一線は何か、その一線を守るために何をすべきか、を広く探し、議論し続けるなかで、「ジャーナリストの条件」に対する社会的コンセンサスを絶えず形成していくことが最も大切である。

チェルノブイリやパレスチナを撮り続けているフォト・ジャーナリストの広河隆一を、作家の池澤夏樹は「指さす人」というふうに表現している（広河隆一編著『写真記録　パレスチナ』日本図書センター、二〇〇二年、三頁）。発表される大きな声を運ぶのではなく、人びとが見るべきものを、自分の判断で探し捉えて示す「指さす人」。ジャーナリストとは、絶えず市民に顔を向けつつ仕事をする、取材力、判断力、表現力を持つ人たちのことであろう。この基本は、どのような情報社会になろうと変わらない。その一方で、変化に敏感であるべき部分もある。

日本型の会社組織優先意識が、ジャーナリストという職業の本質を歪める傾向が続いている。米国のジャーナリズムは、プロフェッション論というひとつの職業モデルを指針とすることで、すでに一世紀近く改善を繰り返してきた。その繰り返しによって、米国のジャーナリズムは、自らの業界内部に対するジャーナリズムの力を培っている。その力は、実に多くの課題と変化があった一九九〇年代を経た今日も健全で、主体的・内発的な改善の動きがすでに見え始めている。分散型情報社会の到来のなかで、個々のジャーナリストの自立性を尊重する米国型ジャーナリズムが見いだしつつある次なる改善の一歩と、企業集団で動く日本型ジャーナリズムが踏み出す一歩は、自ずと異なるものになるだろう。

米国のジャーナリズムは、九〇年代の経営面での圧迫に続き、二〇〇〇年代に入ってからは長期化する戦争状態のなかで言論の自由の圧迫に直面している。こういった圧迫の波は、早晩、日本のジャーナリズムにも覆い被さってくるだろう。ジャーナリズムは非常に重要であり、ジャーナリストの仕事は難しい。日本型ジャーナリズムへの批判は大きいが、自分たちの国のジャーナリストを批判する傍観者であり続けるだけでは、済まない。市民の深い理解と建設的な励ましが必要でもある。日本でも、一般読者の目に触れないところで、個々の記者の膨大な努力が、今日も続けられている。企業の壁に目を奪われた外野からの無責任なネガティブ・コールが、日本のジャーナリズムにとって、改善よりも個個のジャーナリストの首を絞める方向に利用されていくことも忘れてはならない。

参考文献

ビル・コヴァッチ、トム・ローゼンスティール共著、加藤岳文・斎藤邦泰訳『ジャーナリズムの原則』日本経済評論社、二〇〇二年

原寿雄『ジャーナリズムの思想』岩波新書、一九九七年

田勢康弘『ジャーナリストの作法』日本経済新聞社、一九九八年

鎌田慧『反骨のジャーナリスト』岩波新書、二〇〇二年

花田達朗・廣井脩編『論争――いま、ジャーナリスト教育』東京大学出版会、二〇〇三年

この他、季刊誌『総合ジャーナリズム研究』（編集・総合ジャーナリズム研究所、発行・東京社）は、国内外のジャーナリズム動向に詳しい。

第10章　技術のインパクト
――オンライン・ジャーナリズム

金山　勉

第Ⅱ部ではニューステキストの生産過程に焦点をあてているが、本章では技術がジャーナリストの活動にどのような影響を及ぼしてきたかについて、特に新しいジャーナリズムの概念である「オンライン・ジャーナリズム」に焦点をあてて考える。ここでは、まず「技術」のとらえ方についてひとつの視点を提示し、オンライン・ジャーナリズムを考える際の基本コンセプトについて言及する。続いて、まだ新しいとされるオンライン・ジャーナリズムの概念に対し、既存のジャーナリズム定義をどのように照射できるかを考える。その際、米国では二〇年以上の歴史をもつとされるオンライン・ジャーナリズムの実態について、日本の状況と関連させながら概観したい。最後に技術のインパクトが今日のジャーナリズム環境に多様な変化をせまっている状況下で「オンライン・ジャーナリズム」の多元的定義が求められていることを指摘したい。

1　オンライン・ジャーナリズムのとらえ方

技術のインパクトとオンライン・ジャーナリズム

本章で主に扱うのは「技術のインパクト」との関連でみる「オンライン・ジャーナリズム」である。オンライン・ジャーナリズムとは、情報通信系の技術的インパクトが加わってもたらされたジャーナリズム活動、ないしはジャーナル活動の一形態と考えられる。このようなコンテクストで使う「技術」という概念は、「常に新しいものとして注目されるもの」という意味を内包しており、しばしば「ニュー・テクノロジー（新技術）」として理解される。

社会の中で新しい「技術」が意識される時には、常に歴史的なコンテクストの中で相対的なもの、前に比べれば新しいものというニュアンスを含んでおり、コミュニケーションに関わる現代のイノベーションも、もとをただせばすべて電信の基本技術に根ざしているとも考えられる（Marvin, Carolyn, *When Old Technologies Were New*, Oxford University Press : New York, 1988, p. 3）。ジャーナリズムのあり方の変容も歴史的にみれば相対的なものであり、また本章の中心的テーマとして取り扱うオンライン・ジャーナリズムもまた、今日的な意味や機能をもつに至るまでには、それ以前の古いジャーナリズムとされる形態が存在したのである。別言すれば、新しい情報通信技術が大きなインパクトをもって変容を迫ったジャーナリズムの新しい形態がオンライン・ジャーナリズムであり、これもまた過去との相対性において位置付けられ、現時点で新しいジャーナリズムの形とみられているにすぎないということになろう。

オンライン・ジャーナリズムを考えるための前提

オンライン・ジャーナリズムを紐解く際に、基本的な言葉の概念を共通に理解しておく必要がある。まず、「オンライン」とはデジタル情報にアクセスし、さらにこれを保存・加工し、また伝播させる状況を想定した際の一般表現である。また「オンライン」という言葉を使う際に混同しがちなのが、「インターネット」と「ワールド・ワイド・ウェブ」の二つであり、これらは厳密に考えれば同じものではない。「インターネット」とは世界中のコンピュータ同士がネットワークで繋がることを可能にするインフラストラクチャーであり、「ウェブ」とは人々がデータ、テキストなどをインターネット上でやりとりすることを可能にするインターフェイスである（Ward, Mike, *Journalism Online*, Focal Press：Oxford, 2002, pp. 9-10）。またインターネットは多面性をもつ「マスメディア」チャンネルとしてコミュニケーションのさまざまな局面を包含するようになってきているともみられている（Morris, Merrill and Organ, Christine, "The Internet as Mass Medium," *Journal of Communication* 46（1）, 1996, pp. 39-50）。確かに、インターネットを介した電子メール活用は個人と個人の対話を可能にした。しかし、この形態はさらに発展して、ポータルサイトを中心に組織、そして個人間の結びつきを強化するなど多対多の展開をみせている。そして、今日ではネット上に参加する多くの人々を対象にして個人が情報を発信する機能が、さまざまな局面で利用されている。

オンライン・ジャーナリズムと既存ジャーナリズム定義の関係性

オンライン・ジャーナリズムは、インターネットとジャーナリズムが結びつく前の基本的なジャーナリズムの図式であった「ニュースソースとジャーナリスト（ジャーナリズム機関）の関係」にどのような機能的変化・変容を追ったか、または促してきたのかという点について総合的に考察してみたい。そのためには、ジャーナリズムの定義や概念の変遷、さらにどのような技術がジャーナリズム活動にインパクトを与えてきたかを知ること、またそれにともない発生したジャーナリズム活動の環境変化をみることが必要と考える。

まず、ジャーナリズムの定義や概念の変遷についてであるが、ジャーナリズムが成立する必要条件に、伝達される内容がその日の出来事と関係しており、これが翌日ただちに、あるいはある一定の時間を経て多数の人々に伝達されることが満たされること、という指摘がある（和田洋一「ジャーナリズムとその日その日主義」『評論・社会科学』三号、同志社大学人文学会、一九七一年、一四―一五頁）。またニュースは加工行為であり、世の中の出来事（「原現実」）に対して時宜性や一般性をともなう価値観によって客観化されたニュース伝達様式にあてはめたものという考え方もあるが、これは時間的近接性、距離的近接性、著名性、異常性、進展性、情操性の六要素によって構成されている（島崎憲一『現代新聞の原理――ニュース加工論』弘文堂新社、一九六八年、二五頁）。

日本のジャーナリズム論の系譜にはふたつの大きな潮流がある。そのひとつは「イデオロギー論的ジャーナリズム論」であり、もうひとつは「環境論的ジャーナリズム論」である（早川善治郎「マス・コミュニケーション論とジャーナリズム論」『新聞学評論』一八号、日本新聞学会、一九六九年、一二―一七頁）。イデオロギー論的ジャーナリズム（昭和初期、そして戦後にみられる）の視点からすればジャーナリズムはマスメディアによる表現・伝達（報道）現象で、その本質は日々の活動に基づいて日常的に批評し、報道することにあり、これによって「民衆の思考、認識、意識、思想を社会的スケールにおいて規定する機能が生まれるのであり、この点のコミュニケーション論的理解がジャーナリズムのイデオロギー的認識論になる」（前掲書、一三頁）。この見方の中に含まれているのは、特に、電子メディアとしての放送がジャーナリズム機能をともなう場合、ジャーナリズムの言論機能が後退するという点である。一方「環境論的ジャーナリズム論」は社会学や社会心理学の「認識論」に根ざすもので、ジャーナリズムの「環境規定作用」について考察しており、送り手がメッセージを生産する際の環境確定作業が受け手にとって新たな環境の「再構成」に接合され、これが擬似環境につながるとする（藤竹暁『現代マス・コミュニケーションの理論』日本放送出版協会、一九六八年、六八頁）。

最初に指摘したジャーナリズムの考え方やニュースの価値観はおよそ三〇年あまり前のものであるが、特に「その日その日主義」の見方は新聞の伝達形式を主にイメージしており、「印刷とマス」の関係が生み出す構図において考えられていたようにみられる。一方、環境論的ジャーナリズム論では放送が大きく意識され、技術革新が引き起こすジャーナリズムのリズムによって「時代が分節化され、歴史的時間に変換させる機能をもつ」（早川善治郎、前掲書、一六頁）ことが指摘された。

一方、三〇年後のジャーナリズム状況を吉岡至は、ニュース世界が現実を映し出す「ホログラム」であり、それはあくまで虚像であると指摘する（吉岡至「社会的情報としてのニュース」田村紀雄・林利隆編『新版ジャーナリズムを学ぶ人のために』世界思想社、一九九九年、五九―六〇頁）。ニュースはつくりあげられた現実を生み出すものであり、今日の情報過多社会において「現実なるもの」を多くの人々に提示する使命を帯びるジャーナリズム活動の脆弱性を内包しているとも理解できる。ネットワーク社会において、サイバー空間ではありとあらゆる情報が提示されるようになった。まさに「現実なるもの」が際限なく格納されているのであり、この中にはジャーナリズムもどき（Journalismoid）、または自称ジャーナリストが氾濫していると言える。

2　既存ジャーナリズム定義の揺らぎ

ジャーナリズムを取り巻く環境を過去に遡って概観してみると、マスへの情報流通を可能にした印刷技術、および電信電話、ラジオ、テレビを生み出した通信技術と電子技術に至るまでの変遷がひとつの大きな流れであった。次の大きなうねりは、ネットワーク空間に一般の人々を巻き込んだ状況で、情報処理・ネットワーク技術がインパクトを与えることによって引き起こされ、ジャーナリズムのあり方や考え方に大きな影響を与えていると考えられる。また「オンライン・ジャーナリズム」は、印刷、通信、電子技術時代に定着した、プロフェッションとしてのジャーナリズム活動に根ざす「ジャーナリズムの定義」を揺さぶっている。別言すれば、現代のネットワーク社会は、プロフェッションとしてのジャーナリストがカバーしてきた領域に一般市民のレベルで立ち入ることを可能にし、これを許容する土壌を提供しているのである。

オンライン・ジャーナリズム考察への新視点

R・キャンベルは、文化および社会現象を考察する際の見方として「階層としての文化」観と「地図としての文化」観のふたつがあると指摘する（Campbell, Richard, *Media and Culture*, Bedford / St. Martin's: Boston, 2000, pp. 16-21）。前者は文化には高いレベルのものと低いレベルのものがあるという見方であり、後者は、文化を鳥瞰図として高いところからみることを中心コンセプトとし、文化間での高低差を意識していない。むしろ、それぞれの文化をユニークなものととらえており、まさにポストモダン的な考え方に根ざしている。キャンベルの発想をジャーナリズム現象としてのオンライン・ジャーナリズムに置き換えてみる。まず、新聞、放送など既存のジャーナリズム機関がオンラインでジャーナリズム活動（「オンライン・ニュース」）をおこなうなど、トラディショナルなプロフェッションとしてのジャーナリズムを包含すると考える場合、階層アプローチで説明することが多くの場合適当とされるであろう。また、ウェブ上で個人の専門性や興味関心などに特化して情報を発信する「ブロッグ」（またはウェブログ）など、ネットワーク社会を中心にした多様なジャーナリズムの環境を視野に入れる場合は地図的アプローチを用いた方が考えやすい。

現在、ジャーナリズム活動の変容については、世界的な規模で急速な変革が進み、メディア技術革新の波の中で情報の受発信について寡占的な支配構造が崩れ、改めてジャーナリズムとは何かが問われているという指摘がある（大井眞二「ジャーナリズム・マス・コミュニケーション教育の現在」『マス・コミュニケーション研究』五九号、三嶺書房、二〇〇一年、九一頁）。これまで、メディアの技術革新は、これをジャーナリストが活用して速報性をさらに高め、同時に受け手がニュースにアクセスする機会を増やすなど、ニューステキストを生産する現場サイドに変化をもたらすものがほとんどであった。マス・コミュニケーションとジャーナリズムの観点から見て、情報の受信と発信の構図が崩れるとは、これまで久しく固定化されてきた情報の流れに関するバランスが大きく変わることを意味する。また、これまでジャーナリズム活動においてもっぱらニュースを生み出す立場であったジャーナリストの守備範囲が変わったということでもある。つまりニュースの定義を考える際に射程に入るジャーナリズム活動、ジャーナリストの要件も広がったと考えられる。オンライン・ジャーナリズムはまさに、このような時代背景の中で独自の地位を得つつあるように見える。

3　オンライン・ジャーナリズムの変遷

オンライン・ジャーナリズムの三期区分

オンライン・ジャーナリズムはそれほど新しいものと言えるのだろうか。米国ではオンライン・ジャーナリズムがすでに二〇年の歴史をもっており、第三段階に入っていると指摘されている。ここでは、それぞれの段階について説明を加えておきたい。冒頭にも指摘したが、技術や新しいものは突発的に登場するのではなく、常に過去との相対において、あるものが変化、変容することによって社会の中に居場所を見つけ始める。これが社会において認知され新しいとされる時には、すでに成熟期に入っていることが多々あると考える。オンライン・ジャーナリズムの三期区分はV・クロスビーが提示したものであり、第一期は一九八二年から九二年、第二期は一九九三年から二〇〇一年、第三期はドットコム・バブル後の二〇〇一年から始まった（Pryor, Larry, "The Third Wave of Online Journalism," *Online Journalism Review*, USC Annenberg, posted on April 18, 2002 at http://www.ojr.org/ojr/future/1019174689.php）。

第一期（一九八二―一九九二年）

まず第一期はビデオテキストサービスが牽引した。ナイト・リッダー社がフロリダで「ビュートロン」、タイムズ・ミラー社がロサンゼルスで「ゲートウェイ」サービスを試験的に開始したが、一九八六年には両方がサービスを中止している。テレビスクリーンを通じて画面の印刷や双方向サービスを提供したが、利用者たちはゲームやショッピングなど、よりよいサービスを求め、これに対応できなかった。この時期、専用ネットワークによるメンバーシップサービスのコンピュサーブ、プロディジー、AOLが既存の大手ジャーナリズム機関と提携し、ニュースを含む情報サービスを開始した。同時期の日本では当時の日本電信電話公社がキャプテンサービスを開始し、郵政省のテレトピア構想に関連したプロジェクトが全国のモデル都市で展開された。八〇年代後半から九〇年代初頭にかけて、パソコンの個人所有が拡大し、日本でもパソコン通信が盛んになった。日本ではNECが提供したパソコン通信の専用サービスであるPC-VAN（現 biglobe の前身）やニフティサーブなどが人気を集めた。

第二期（一九九三―二〇〇一年）

第二期は、インターネット関連のベンチャー企業であるドットコムの起業が脚光をあびた。ウェブブラウザーの登場によりインターネット利用が急速に社会に浸透し、情報受信と発信におけるイニシアチブを利用者の手元に置くことを可能にした。九四年にはネットスケープが商業ブラウザーの第一号を発表、九五年にはマイクロソフト社がインターネット・エクスプローラーを世に送り出した。日本でもマイクロソフトのウィンドウズ95が発売開始とともに大人気となり、またパソコン通信がインターネットに接続されたこともあって、ネット人口の急速な増加をみた。この時期、草の根ユーザーたちがネット関連技術によって、安価に情報発信をすることが可能となりウェブ・パブリッシングに乗り出した。また、小規模の独創的なニュースウェブサイトが誕生し、ブロッガーが増えていった。この時期にオンライン・ニュースの新たなモデルが誕生したと見てよいであろう。

第三期（二〇〇一年―）

第三期は、ネットバブルがはじけた後の二〇〇一年から始まる。活況を呈したドットコム・バブルのメルトダウンという苦境を生き残った精鋭の企業と人材が、オンライン・ジャーナリズム事業を牽引することとなった。利用者たちは伝統的なニュース組織をあてにするようになり、既存の大手放送、新聞、出版メディアが再び底力を見せ始めた。第二期を生き抜いたオンライン・ニュースサイトは、第三期でさらに勢いを増すこととなり、『ニューヨークタイムズ』『ワシントンポスト』、ＭＳＮＢＣ、『ＵＳＡトゥデイ』『ロサンゼルスタイムズ』、ＣＮＮなどのサイトが利用者の関心を集めた。〇一年、ニュースサイトに対するトラフィックは一五％増加し、このうち有力な大手ニュース機関サイトの増加率は七〇％を超えた。この時期には強大なネットワークをもつウェブサイトがウェブログや他の独立した情報発信者と提携を結んだ。パートナーシップ戦略により、大手のニュースサイトはページへのトラフィックを増やすことに成功し、またウェブログを主催するエンドユーザーにとっては大手のニュースコンテンツへのリンクなどによって、個人の興味に応じた情報を整理・編集することができるようになった。個人情報の扱いを慎重にすることが関心事となり、情報を利用、共有する際の主旨説明を明確におこなうことなどにも目配りされるようになった。また、ケーブル、電話、衛星などコンテンツの伝送チャンネルが多様化し、同時に利用者にとっては情報を受けるデバイスが多様化したことも特徴である。例えば、携帯電話、ＰＤＡ（Personal Digital Assistance）が衛星や移動体通信ネットワークと結びついた事例がこれにあたる。日本においても、専用サービスとしてのＰＣネットワークがインターネットへ接続された後の携帯電話の爆発的な普及が、インターネットを経由した情報サービスと結びついており、オンライン・ニュースが人々の社会行動に影響を与える可能性が広がっている。

新たなジャーナリズム環境の出現

オンライン・ジャーナリズムの変化は、まさに情報通信技術のインパクトとニュースや情報の送り手（制作者）と受け手（購読者、視聴者、閲覧者）との力関係の変遷の過程を提示しているとも言える。ここで特徴的なのは、以下のことである。第一期ではネットワークによって個人にもたらされるニュースや情報は、有料サービスであり、しかも流れてくるものをそのまま受け取るしかなかった。第二期では、受け手側が情報の流れについて要望を出すことができるようになり、しかもオンラインで流通するコンテンツについて、無料化を求める強力な働きかけがみられた。第三期では、情報の送り手と受け手が同等の関係を築こうとする流れが生まれ、巨大な情報ネットワークを形成するメディア企業は、受け手とともにコンテンツ制作などに対する働きかけをおこなうようになった。このような中から、情報の受け手は大手のネットワーク企業と協働の場を創出することによって、新たなジャーナリズムのモデルを生み出したとも言える。この状況下では、情報の選択と制作において協働する環境が担保される必要があった。オンライン空間で既存のジャーナリズム機関は利用者が何を望んでいるかを知り、いつそれを提供すればよいかを知りたいと思い、顧客情報の把握に力を入れ始めた。また、ニュース情報の頻繁なアップデートがおこなわれ、ユーザーのプライバシーをより尊重し、受け手に選択の幅を提供することが重視された。オンライン・ニュースに従事する大手メディア機関（nytimes.com や asahi.com など）では、安定して利益をあげる体制を打ち立てようと悪戦苦闘する日々が続いているが、現在のところ、これといった明確なビジネスモデルを確立することができないでいる。

4　技術の発展とジャーナリズム活動の変容

具現化された技術のインパクト

新技術が普及する際には一般大衆の関心や興味をひく出来事が発生し、この技術を一般の人々に認知させることによって、結果的に技術普及を後押しすることが考えられる。一九七二年六月に時の佐藤栄作首相が退陣記者会見を開いた際、「テレビは真実を伝えてくれるので、私は直接テレビから国民の皆さんにご挨拶する。テレビはどこだ？　偏向的新聞は大嫌いだ」と発言したことがあった。これは新聞社の影響力をかなり受け入れる形で発足したテレビが、新聞側からテレビ側へのパワーシフトを促すきっかけとなった。また、一国の首相が発した言葉によるインパクトを考えると、テレビというメディアに人々のさらなる関心を向ける効果があった。このあたりから、電子メディア技術がジャーナリストの活動スタイルを大きく変え始めたようである。七〇年代後半から八〇年代にかけての一般的な取材現場を思い起こしてみると、新聞取材はペンとメモ帳、それにカメラを肩にかけるスタイルが基本だった。一方、放送はフィルム取材から電子的なカメラ取材システムとしてのＥＮＧ（Electronic News Gathering）へのシフトが起こり、テレビ報道に速報性をもたらした。八〇年代末にはこのシステムを衛星と結合させたＳＮＧ（Satellite News Gathering）が導入され、生中継手法が多用された。ローカル局の制作レベルでもＥＮＧと簡易中継機器を搭載した小型中継車で地域内を広くカバーできることとなり、ローカルワイドニュースの拡充に貢献した（日本民間放送連盟「ニューメディア時代の新たな展開」『民間放送五〇年史』日本民間放送連盟、二〇〇一年、一二二頁）。

近年、ネットワーク上での情報共有と情報のデジタル化により新聞各社では記者にPCを携行させることをいち早く始めた。八〇年代のおわりまでに、新聞各社は制作工程のコンピュータ化（CTS／Computerized Typesetting System）を導入し速報性アップをはかっている（福井惇「取材・報道のシステム」天野勝文・松岡由綺雄・村上孝止編『現場からみたマスコミ学』学文社、一九九六年、二一頁）。これまでわかりにくいとされた政治取材の現場には、テレビ局が小型ハンディビデオをもちこみ始め政治の透明度は確実に増したとみられる（伊佐治健「小泉流メディア戦略と『追うカメラ』」『総合ジャーナリズム研究』一八〇号、東京社、二〇〇二年、二四頁）。日々のニュース報道に携わるジャーナリストたちの取材環境はネットワーク時代の到来とともに激変した。本社デスクとのやりとり、各取材プロジェクトのキャップと取材記者間の打合せや調整の局面で利用される「携帯電話」や「パーソナル・コンピュータ」は必須のアイテムとなった。できあがったニュース原稿や映像は企業内ネットに流しこまれデータとして一元集中管理され、みなが共有するところとなる。

変化を続ける米国のジャーナリズム

米国ではインターネットで日常取材のための情報収集をおこなう。インターネットを通じてレクサス・ネクサス（Lexis／Nexis）などの商業データベースにアクセスし、必要なものを条件検索して原稿執筆にいかしてゆくコンピュータ援用取材（CAR／Computer Assisted Reporting）への取り組みが盛んにおこなわれてきた。CARを実践する際にジャーナリストが必要とされるのはデータの検索、分析、蓄積の一連のスキルである。現代のジャーナリストはさまざまな情報通信の関連機器に囲まれながら、これらをツールとしてうまく使いこなすだけでなく、ジャーナリストとしての情報処理能力をアップすることも求められる時代に生きている。このような技術の発展に後押しされて最近注目を集め始めたオンライン・ジャーナリズムでは、ジャーナリストが基本的なマルチメディアの要素について、それぞれがどのように機能するかを理解することが不可欠であり、さらに写真やビデオ編集の技能を修得することが望まれている（Meeks, Brock, "Online Journalist," *NetMedia Online Journalism Awards 1999*, NetMedia, accessed on October 20, 2003 at http://www.jour.city.ac.uk/CD/olja/online.htm）。

二〇〇三年一一月一日、米国で初となるニュースブック（Newsbook）がコロラド州の『ロッキーマウンテンニュース』から出された。これは新聞社が世に送り出した電子出版物であり、本や雑誌のように読んだり、ぱらぱらとめくって楽しめる構成になっている。現在のところ無料でダウンロードでき、フリーソフトウェアとして広く流通しているアドビ・アクロバットとクイックタイム・プレーヤーで読んだり、見たりすることができる（RockyMountainNews.com）が、この原型となるものは二〇〇二年、『ロサンゼルスタイムズ』がコンパクト・ディスクで世に送り出したオフライン・ジャーナリズム出版にあった（Temple, John, "Temple: Newsbook Offers Glimpse of Future," *RockyMountainNews.com* accessed on November 6, 2003 at http://www.rockymountainnews.com/drmn/news_columnists/article/0,1299,DRMN_86_2393920,00.html）。

日本のオンライン・ニュースへの取り組み

日本でもオンライン・ジャーナリズムについてある種の傾向がみえ始めた。ここではオンライン・ニュースを主な対象としたい。一九九九年一〇月から一一月にかけ、新聞社と放送局のウェブサイトを対象にした調査がおこなわれた（三上俊治・赤尾光史・竹下俊郎・齋藤慎一・吉村卓也「オンライン・ジャーナリズムの構造と機能に関する実証的研究」『研究調査報告書』一四号、電気通信普及財団、二〇〇〇年、二一一―二一七頁）。それによると、新聞社と放送局が提供しているニュースサイトの内容は、ニュースをはじめ、イベント案内、会社案内、地域情報、広告、リンク集、購読申し込み、天気予報が多く、社説・解説を提供するところも全体の半数近くに達した。一方、オンライン性をいかして「読者のページ、投稿欄」をもうけているところは少数にとどまった。また放送と新聞では大きな特徴差が出ている。新聞社に比較的多いのは「広告」「購読申し込み」「社説・論説」「冠婚葬祭」の四つで、放送局に多くみられるのは「天気予報」「ライブカメラ」「読者のページ・投稿」であった。

オンライン・ニュース事業を始めた理由にはさまざまなものがあるが、大手新聞社は当初、利益を度外視して、読者に浸透することを第一に掲げた。例えば、朝日新聞社では「オンラインニュース（asahi.com）を朝日新聞で立ち上げた時には、新聞としてのステータスを世に知らしめる目的があったと思う。また新聞を読まなくなった若い世代でもネットで『朝日新聞』の内容に接してもらうことが大事だと考えていた」とサービス開始時の経緯について話している（脇正太郎、テレビ朝日メディア戦略専任室次長、パーソナル・インタビュー、テレビ朝日、二〇〇三年一〇月二三日）。大手新聞社が一斉に始めたオンライン・ニュースサービスはコンピュータ・ネットワーク社会の到来による電子情報の氾濫と新聞離れ傾向に対抗する意味合いも強く、まさに新聞社の存在意義を維持する目的があったと解釈できる。九五年八月の事業スタート以来およそ八年間で月間六〇〇万人のユニーク・ユーザーを獲得するまでに成長している（朝日新聞広告局デジタルメディア部『asahi.com media kit』朝日新聞社、二〇〇三年、二頁）。一方で、ニュースの加工やシステム運営費用に経費がかかり、一向に利益があがる目途が立たないのも現実のようである。『朝日新聞』ではさらに携帯電話所有者を狙い、日刊スポーツと提携して携帯向けサービスも始めたがこれも頭打ちとなっており、「携帯を使う層は詳細なニュースを知りたいと思っておらず、ウェブサイトへのアクセスに積極的にお金をかけない」（脇正太郎、パーソナル・インタビュー）、という傾向があらわれている。

放送局の立場からすれば、電子メディア（エレクトロニック・メディア）を背景に成立している強みを最大限に引き出そうと必死である。先にあげたオンライン・ジャーナリズムに関する調査では、放送局の六割近く（五七・一％）が一日四回を超える記事更新に関わっており、新聞社のおよそ四割を大きく上回った。放送局が長年常としてきた速報体制に対する感覚が、オンラインでの展開にも生かされていると解釈できるであろう。また、他のメディアに比べて即時性が高いオンライン・サービスの提供が重要だという認識が強いことがうかがえる。

5　オンライン・ジャーナリズムの多元性

オンライン・ジャーナリズムの多元的定義設定に向けて

大手ニュース機関の動きとは別に、オンライン・ジャーナリズム全体を把握するためには、ネット社会で進行しているウェブログやパーソナルジャーナリズムの動向も見逃してはならない。しかし、これらをジャーナリズムのカテゴリーに入れる場合は、ジャーナリズム活動やジャーナリズムそのものを定義する際の「多義性」を受け入れることが必要になるであろう。例えば、①既存のマスメディアの延長にあり、プロフェッショナルなジャーナリズムのもとにあるものなのか、または、②新たにオンライン上に出現したもので、個人、団体、コミュニティの活動の中で実践され、プロフェッショナルなジャーナリズム活動にみられる継続性、専門性、中立性などの厳格なコードに、ある程度の許容範囲を認めるもの、という切り分け方もあると考える。そうであれば、これからのジャーナリズム活動を理論的に理解し解釈する際にも、切り分けが必要になるであろう。今後、オンライン・ジャーナリズムについて調査・研究をおこなう場合は、これまでメディア論などで取り組んできた手法や視点について、こだわって考える必要が出てくるであろう。オンライン・ジャーナリズムを継続性、専門性と厳格なジャーナリズム倫理をともなう領域だけで考え検討することから離れ、新たなジャーナリズムのカテゴリーとして解釈し、定義する作業が必要だと考える。

本章ではジャーナリズムの根源的な定義について取り上げ、技術の変遷とそれがジャーナリズム活動全般に与えた影響について、特にオンライン・ジャーナリズムとの関係で見てきた。本章自体が、本文中で指摘したキャンベルによる階層的な視点での見方に結果として終わってしまったところもある。ウェブログやパーソナルジャーナリズムの分野について、キャンベルの「地図としての文化」観に根ざす鳥瞰図的な視点でみる必要もあっただろう。そのためには現在のエリート的視点に基づく規範的な「ワン・ジャーナリズム（One Journalism）」からの脱却が必要だと考える。これは、一九九〇年代に新たな動きとして発生したパブリック・ジャーナリズムが標榜した考え方とも連なるであろう（Merritt, Davis, *Public Journalism and Public Life*, Lawrence Erlbaum Associates: Mahwah, New Jersey, 1998, p. 118）。

新たなジャーナリズムへの解釈と理論構築に向けて

技術の進展が現在のジャーナリズム状況に変化を与え、その中で新たに場所を確立しつつあるオンライン・ジャーナリズムを考える場合、多元的定義を模索することの有用性を意識することができれば、そこから新たなジャーナリズムへの解釈と理論構築が始まると考える。大井眞二は規範理論としてのジャーナリズム論が、近年多様な成果を生み出しているメディア論、マス・コミュニケーション論とのレリバンスを喪失させる原因になっており、ジャーナリズム論を停滞させていると指摘する（大井眞二「コミュニケーションとジャーナリズム――客観性原理のレリバンス」鶴木眞編『コミュニケーションの政治学』慶應義塾大学出版会、二〇〇三年、一二七―一二九頁）。大井の指摘するレリバンスを取り戻すためには、情報通信ネットワーク網と関係しながら遠大な広がりをみせるオンライン・ジャーナリズムに対し、階層的アプローチでみるのか、それとも地図的アプローチでみるのかなどの切り分け提示も必要になるであろう。その意味で「オンライン・ジャーナリズム」は実際の事象を検討する局面で、まだ明確な定義に恵まれていないように思われる。九・一一同時多発テロやイラク戦争報道をめぐって、オンライン・ジャーナリズムが果たした役割について論考する際、CNNドットコムを代表とするようなメジャーなニュースサイトに軸足を置く傾向がいまだに強いのもそのあらわれであろう（例えば、橋本晃「オンラインジャーナリズムの展望」武市英雄・原寿雄編『グローバル社会とメディア』ミネルヴァ書房、二〇〇三年、二一八―二四〇頁）。オンライン・ジャーナリズムを考える際、主要メディア発の活動と、一生活者としての個人の活動に根ざすものとの両サイドからとらえなければ、現代社会で地位を確立しつつあるこのジャーナリズム活動の実像がつかめないと考える。木原毅（東京放送）のコメントが、まさに現在の発展途上状況を説明しているだろう。

これまでオンライン・ジャーナリズムはテキストだけという感じが強かったが、（技術的には）音声や映像も送れるため、極めて放送と通信の融合みたいなものが放送局の思いというよりも、受け手側で起こっていると感じる。ただ、それをどのように整理するか、まだ局もどのようなものを出せばよいのかというところの整理はまだついていないし、多分、受け手の方も、まだどのように取捨選択してゆけばよいのかわからないという状況で、その意味ではオンライン・ジャーナリズムはこれからのメディア（活動）と言える（木原毅、東京放送メディア推進局i・コミュニケーション部長、パーソナル・インタビュー、東京放送、二〇〇三年一〇月二七日）。

参考文献

『新聞学評論　特集　ジャーナリズム論の再検討』一八号、日本新聞学会、一九六九年

武市英雄・原寿雄編『グローバル社会とメディア』ミネルヴァ書房、二〇〇三年

鶴木眞編『コミュニケーションの政治学』慶應義塾大学出版会、二〇〇三年

Merritt, Davis, *Public Journalism and Public Life*, Lawrence Erlbaum Associates: Mahwah, New Jersey, 1998

Online Journalism Review, USC Annenberg, at http://www.ojr.org/ojr/future/1019174689.php

第11章　グローバル・ジャーナリズム

鈴木弘貴

「グローバル・ジャーナリズム」という言葉を、初めて聞いたという読者は少なくないであろう。試しに筆者が二〇〇三年一一月時点で朝日新聞の記事データベース検索をしてみたところ、マッチする記事は一つも出てこなかったから当然である。しかし、この「グローバル・ジャーナリズム」という用語の背景にあるさまざまな現象や含意は、現代社会のあり方の一面を切り取っているとさえいえ、今後、ジャーナリズムを考えるものにとって重要度が増していく概念となろう。そこでこの章では、テレビジャーナリズムを事例にしながらその概念整理をしてみたい。

1　グローバル・ジャーナリズムとは何か

グローバルとは

「グローバル」の関連用語ではあるが慣用的にはあまり厳密に区別されていないものに、「国際」という用語がある。「国際」とは、英語では International, つまり nation ＝国・民族の inter ＝間（あいだ）である。つまり、「国際」とは、二カ国以上が関与していることを意味する用語であり、二カ国間だけでも成立する概念であることに注意する必要がある。

「国際的なニュース」という場合、慣用的には全世界の国々への広がりを含意している場合があるが、これは「国際」という用語の正確な理解ではない。たとえば、日本の首相とタイの首相が会談をした場合、これは「国際」ニュースである。ユニクロが中国に新しい工場を作れば、これも「国際」ニュースである。おそらく、いずれのニュースもアメリカやイギリスなど欧米のメディアでは報じられまい。つまり、これらは全世界の国々にあまねく知られるようなニュースではないが、確かに二カ国以上が関与している「国際」ニュースなのである。

これと類似の用語に、日本のジャーナリズムでは「海外ニュース」とか「国外ニュース」などという表現も使用されている。これは、「日本（人・企業）が関与していない日本以外の国で起こったニュース」という概念で使われることの多い用語のようだ。たとえば、インドに新しい首相が誕生したとか、アメリカの金利が上昇した、などという類のニュースを指す。

これに対して、「グローバル」とはGlobe, つまり「地球」という巨視的なパースペクティブを持った用語である。「地球規模の」と訳されることが多いが、この用語は、地球全体をあまねくカバーしているという含意がある。類義語に「（全）世界」があるが、両者の違いは、「（全）世界」が「すべての国々」を含意しているのに対し、「グローバル」は、国家の存在を必ずしも前提にしていない概念であるという点である。たとえば、「世界会議」といった場合は、すべての国々からの代表者が参加している、というイメージがあるが、「グローバル会議」なら地球上のすべての人々（可能なら、ヒト以外も！）の代表者が参加している会議、というニュアンスになる。

「グローバル・ジャーナリズム」成立の要件

このように「グローバル」という用語の概念を定位したうえで、「グローバル・ジャーナリズム」の成立の要件を検討していこう。ジャーナリズムとは何かの議論は別稿に譲るとして、ここでは、一般的な定義と思われる「ニュースの収集、選択、解釈、伝達」を用いて、それぞれを「グローバル」という文脈の中で捉え直してみる。つまり、「グローバルなニュースの収集、選択、解釈、伝達」とは何なのか、またそれは可能なのか？

グローバルなニュースの収集

「グローバル・ジャーナリズム」は、ニュースのグローバルな収集活動（グローバル・カバリング）を要件とする。これについては、直接（現地）取材と間接（遠隔）取材の二つのアプローチがある。まず、ジャーナリストが現地を訪れる方法でのグローバルな（つまり国境にとらわれない）直接取材活動は可能かという点についてみてみよう。国際社会では、特にファシズムの反省意識が強かった戦後まもなくは、「国境を越えた自由なジャーナリズム」の必要性が論じられたことがあった。一九四八年、国連事務総局経済社会理事会で、「ニュースの収集と国際移転に関する仮条約案」が議論された。この条約案は、①ジャーナリストが可能な限り自由な活動ができること、②外国特派員（他国からのジャーナリスト）が国内のジャーナリストと同様に幅広い取材源にアクセスできること、③ジャーナリストはその取材・報道活動を理由に、決して国外追放されてはならないこと――などの内容を含んでいた（ハワード・H・フレデリック、川端末人他訳『グローバル・コミュニケーション――新世界秩序を迎えたメディアの挑戦』松柏社、一九九六年、一七四頁）。しかし、この国際条約案がついに日の目を見なかったことでも分かるように、現時点ではジャーナリストのグローバルな取材活動は実現しているとはいえないであろう。たとえば、日本の近隣を見渡しても、北朝鮮やビルマ（ミャンマー）など、当該政府の許可なしに外国のジャーナリストが自由に取材活動をすることを許可していない国は今でも少なくないのが現状である。

では、現地取材によるグローバルなニュースの収集活動は全く不可能なのかというと、必ずしもそうではない。たとえば、デジタルカメラ・ビデオや衛星送信機などの小型化により、それらを携えてビルマのような国にも「観光客」として取材に入るなど、近年の科学技術の発達が、国境を越えたニュースの収集活動を可能にし始めている。

次に間接取材であるが、ここで特に指摘しておきたいのは、通信技術と探査（偵察）技術の発達による新たなグローバルな取材方法が登場してきているという点である。

まず、通信技術の発達であるが、これは特に一九九〇年代に入ってからのインターネットの普及が大きい。インターネットは、一部の国ではアクセスできる情報に制限を加えているところもあるが、本質的に「グローバル」なメディアである。言語の障壁さえクリアできれば、サイバー上の情報に関しては、ジャーナリストは国境を感じることなく情報の収集ができるようになった。もちろん、現状では国によってインターネットの普及率が異なり、それに比例してアクセス可能な情報量にも差があるため、グローバルなニュースの情報収集手段として未だ完全なものではないが、たとえば、反政府勢力が内情を告発するサイトを持ち、そこから発信される写真や動画を含めた情報などは、これまでの「国際的な取材活動」――つまりジャーナリストが当該国に許可をもらって取材に入る――では、決して得ることができなかったニュースの素材である。

もう一つは、国境を越えた探査（偵察）技術の発達である。これは特に八〇年代後半以降の衛星技術の発達に負っている。たとえば、北朝鮮の核開発疑惑報道でよく用いられる、民間宇宙情報企業の衛星写真を利用したジャーナリズムである。衛星からの視点は、まさに「グローバル」であり、その視点を国家の名の下に遮ることはできない。カメラの精度の向上もあり、現在では車や人の存在まで見分けられるレベルとなっている。当初、軍事用として開発された技術ではあるが、現在は民間でも利用可能な情報であり、先のイラク戦争開戦前夜のシミュレーション報道など、ニュース素材として活用され始めてきており、今後ますますこうした「グローバル」な情報収集活動が容易になっていくことが予想される。この結果、飢饉や暴動など、これまで当該政府が対外的に隠すことの少なくなかった情報も入手しやすくなっていくだろう。

このように見てくると、「グローバルなニュースの収集」は、ある程度実現されつつあるといえるのである。

グローバルなニュースの伝達

「グローバル・ジャーナリズム」の二つ目の要件に、「ニュースをグローバルな規模で届けることができる手段」（グローバル・リーチ）が挙げられる。そしてその結果として国境をまたいだニュースの受け手、「グローバル・オーディエンス」が存在するはずである。

グローバルなニュースの伝達は、現在ではほぼ可能になったと考えてよいだろう。それを可能にしたのは、技術的な側面と、それに裏打ちされたニュースの流通システムの構築が背景にある。まず、技術面では、具体的には衛星放送（通信）技術、デジタル圧縮技術、光ファイバー伝送技術の三つが特に寄与度が大きいといわれている。

衛星を経由したテレビ放送は、一九七〇年代から徐々に普及し始めたが、衛星からの電波を直接個人が受信する形での衛星放送は、八〇年代の後半に入ってから実現可能となった。この直接放送衛星（Direct Broadcast Satellite＝ＤＢＳ）は、そのほとんどが赤道上高度約三万六〇〇〇キロメートル上空にあり、地球の自転に合わせて時速約二万八〇〇〇キロメートルで地球を回っている。このため、地上からは常に同じ場所にあるように見えるので「静止衛星」と呼ばれる。この静止衛星から一定以上の出力を持つ電波が送信され、地上の家庭用パラボラアンテナで受信できて初めて直接衛星放送が可能になるが、データがアナログの場合はかなりの電力を要し、このため受信可能エリアが狭く衛星の寿命も短いという問題があった。

そこで登場したのがデジタル圧縮技術である。音や映像など、従来アナログであったデータをデジタル化して圧縮することで、単位あたりのデータ量が飛躍的に増え、一つの衛星で処理できるチャンネル数が、アナログ時代の約一〇倍以上の、一〇〇―二〇〇に増えた。また、デジタル化することで微弱な電波でもデータの劣化が少なくなり、より広域での受信が可能になった。さらに送信に必要な電力量が少なくなった結果、バッテリーを積む衛星の寿命が大きく延びた。これら九〇年代に入ってから本格化したデジタル圧縮技術の衛星放送への応用は、大幅なコストダウンをもたらし、ＤＢＳの普及に拍車をかけたのである。

光ファイバー伝送技術は、こうした宇宙から降り注ぐ多チャンネル化した大容量の映像データなどを、高い品質を保ってより安く各家庭に配信するのに寄与している。八〇年代の後半から実用化が図られたこの技術は、デジタル圧縮技術と相まって、元々ケーブルテレビが発達していた北米やヨーロッパの一般家庭にほとんど追加的なコストを上乗せさせることなく、受信可能なチャンネル数を飛躍的に増やしたのである。その結果、それまで国内地上波の再送信を主な業務としていた各国のケーブルテレビ会社は、宇宙から降り注ぐチャンネルを追加するサービス競争を繰り広げている。

こうした技術の進歩は、グローバルなニュースの伝達を安価に、しかも確実に行えるようにした。たとえばCNNインターナショナルでは、二〇〇三年時点で、世界二一二の国と地域の、二億二五〇〇万世帯で視聴が可能であるとしている。

次に、こうした技術的な発達に支えられた、グローバルなニュースの流通システムについて触れておこう。

現在、世界には、五つの地域ニュース交換システムがある。これらは各国の公共放送を中心に結成されたもので、アラブ諸国放送連盟（ASBU）のアラブビジョン（二一カ国加盟）、アジア・太平洋放送連盟（ABU）のアジアビジョン（三〇カ国加盟）、カリブ放送連盟（CBU）のカリブビジョン（一七の国と地域が加盟）、ヨーロッパ放送連盟（EBU）のユーロビジョン（五二の国と地域が加盟）、アフリカ国営ラジオテレビ組織連盟（URTNA）のアフロビジョン（四八カ国加盟）である。これらは、各国の放送局が取ったニュース映像の交換を行うため、六〇年代から組織され始めた。当初は地域内でビデオテープをやり取りする形でスタートしたが、現在では専用の衛星チャンネルを確保し、各地域間でのニュース素材の交換も行っているため、北米大陸を除いてグローバルなニュース交換ネットワークとなっている。

もう一つのニュースのグローバルな流通システムとして、グローバルな規模で展開するテレビニュース通信社の存在を指摘しておきたい。代表的なものにAPテレビジョンニューズ（APTN）、ロイターテレビジョンがある。APTNは、米国の通信社AP（Associated Press）が一九九四年に、前身となるAPTVを設立、その後九八年、ワールドテレビジョンニューズ（WTN＝米国通信社UPIと英国ニュース専門会社ITNが出資）と合併して設立された。二〇〇三年時点で、世界に八三の支局を持ち、集めた映像ニュースを世界五〇〇以上の放送局に提供している。一方、ロイターテレビジョン（Reuters Television）は、イギリスの通信社ロイターが一九九四年に金融情報のテレビサービスとして開始したもので、現在では一三〇カ国に一九七ある支局からあらゆるニュース映像を収集し、世界中の放送局に配信している。

以上に見てきたように、現在では「ニュースのグローバルな伝達」を可能にするインフラは、技術面、システム面とも整ってきているということができよう。

グローバルなニュースの選択・解釈

「グローバル・ジャーナリズム」の成立要件の最後は、「グローバルなニュースの選択・解釈」についてである。

いうまでもなく、ニュースとは、選択され、それに一定の解釈を加えてストーリーに仕上げられたものである。E・W・サイードがニュースは「文化の所産」である（エドワード・W・サイード、浅井信雄・佐藤成文訳『イスラム報道』みすず書房、一九九六年、七六頁）と断じているように、こうしたニュース生産の過程で必要不可欠な「選択・解釈」の場面には、そのニュースを生産するメディアのナショナルな文化的コンテキスト（背景）がある。つまり、ニュースの判断基準として新奇性や異常性などといわれるものがあるが、「何が珍しくて、何が普通ではない」のかは、その国、その文化によって当然異なってくるのである。たとえば、男性がスカートをはいて結婚式に出たら、日本ではニュース（もし彼が有名人であれば特に）かもしれないが、スコットランドであればニュースではない。スコットランドの文化では正装の一つであるからだ。欧米で人が牛肉を食べるのは日常であるが、これがインドであれば大ニュースである。フランスではミッテラン元大統領に愛人がいたのはメディアもよく知るところであったが、それは決してニュースにはならなかった。アメリカでは、クリントン前大統領の女性問題は連日メディアをにぎわす大ニュースとなった。このように、文化的なコンテキストの違いが「その文化圏において何がニュースか」を左右するのである。

また、特に国際ニュースの場合、こうしたナショナルな文化的コンテキストの中に、ステレオタイプと呼ばれる「表象の基準」があることにも留意しておきたい。ステレオタイプとは、比較的接触の少ない他の文化圏の人々の生物学的、文化的、社会的属性について極端に単純化したイメージのことで、すべての文化に個別に内在している。日本の文化的コンテキストの中でいえば、「フランス人はおしゃれだ」とか「アメリカ人は陽気だ」という類のものである。こうしたステレオタイプは、どの国のジャーナリズムでも、国際ニュースのニュース価値を判断する際の一つの基準となっている。たとえば、「同じ車でもフランス人が作るとこうなる」とフランスの新車を日本のジャーナリズムが紹介するときには、「おしゃれ」が必ずキーワードに入るであろう。また、フランスの次期大統領が、「おしゃれ」ではないとき、それも一つのニュース価値を付け加えることになろう。

このように、ニュースの選択・解釈という作業は文化別に異なるが、ここでの議論を単純化するために一つの国が一つの文化を持つと操作的に仮定すると、ニュース価値判断の文化的背景は国ごとに異なるということができる。加えて、特に国際ニュースの場合、ナショナルフレームワーク（国家的なニュースの枠組み）と呼ばれる、ニュースストーリー作成に際する一種の「お決まりの手順や判断基準」のようなものが存在する。フレームとは、断片的な情報に一定の解釈を与える作業であり、そのための基準がフレームワークである。外国の事象を国内に伝える場合、国内の事象とは異なり背景知識の乏しいオーディエンスに、外国の事象をそのまま報道したのでは理解や関心が得られにくい。そこで国内メディアの国際報道では、その外国の事象の重要度を、自国との関係において解釈し直して提示する。言い換えれば、ナショナル・インタレスト（国益、国民的関心）に基づくニュースの視点の選択・解釈を行っているのである。

たとえば、サミット（先進国首脳会議）のような国際ニュースでも、そこで何が議論されたかというニュースの焦点は、それを伝える国のメディアによって異なることがある。アメリカのメディアが国際テロ問題を、中国のメディアが貿易問題を、ドイツのメディアが環境問題を、それぞれ同じサミットのニュースのテーマに持ってくることがありうるのは、各国のジャーナリズムが個別のナショナルフレームワークに基づいてニュースストーリーを構築しているからである。

さらに、「人間の死」というニュース素材も、「別の大陸の一万人の死と、近隣の国の一〇〇〇人の死と、国内の郊外での一〇〇人の死と、首都で起きた一〇人の死と、一人の有名人の死はすべて同じニュース価値である」（van Ginneken, Jaap, *Understanding Global News : A Critical Introduction*, Sage : London, 1998, pp. 23-24）。

つまり、普段われわれが接しているナショナルなメディアの「国際ニュース」は、ナショナルな文化的コンテキストの中で、ナショナルなフレームワークに従って選択・解釈された、極めてナショナルな、つまり「国家という枠に規定された」、他国に関するニュースなのである。

では、「グローバルなニュース」つまり「国家という枠に関係のないニュース」とは何か、つまり何が選択されるべきなのであろうか。論理的にまず考えられるのは、国境を越えて地球規模に影響を及ぼす事象についてのニュースであろう。これはたとえば、環境問題などがその典型となる。オゾン層の破壊、酸性雨、地球温暖化などの事象は、本来、一部の国だけに関わるニュースではなく、地球に存在しているものであれば誰もが関わりを持つ、「国家という枠に関係のないニュース」である。

もう一つ比較的明確なものとして、「グローバルに有名な人・モノ」（このコンテキストではグローバルとはむしろ国家というより文化という枠を超えたという意味が強いが）に関わる事象が考えられよう。たとえばパリのエッフェル塔が倒壊した、という事象が仮にあれば、これはフランス国内だけのニュースではなく、国家という枠を超えて広く関心を持たれるであろう、「グローバルなニュース」になる。

このように考えてくると、「グローバルなニュース」の選択基準は、受け手の側から見れば、「国家という枠とは無関係に（つまり地球上の人間は誰でも）持つ共通の関心」（＝グローバル・インタレスト）に応えてくれるニュースということがいえるであろう。しかし、果たしてそれを明確に定位したうえで、そのようなニーズを満たすニュースを送り出すことは可能なのであろうか。以下、「グローバル・ジャーナリズム」のトップランナーと目されているCNNインターナショナルと、その対抗馬としてのBBCワールドを例に取り、この点の考察を進めていこう。

2　「グローバル・ジャーナリズム」の現状

CNNインターナショナル

現在、「グローバル・ジャーナリズム」という言葉から多くの人が最初にイメージするメディアは、このCNNインターナショナル（Cable News Network International）であろう。CNNインターナショナルは、アメリカ初の二四時間ニュース専門チャンネルとして一九八〇年にスタートしたCNNが、八五年から始めた国際版の放送である。CNNとCNNインターナショナルを区別せず、やや混同されている向きがあるので注意を喚起しておきたいが、CNN自体は、朝（アメリカ東部時間で午前七時から）の時間帯に「American Morning」というニュース番組を持っていることからも明らかなように、アメリカ合衆国という国をフィールドとし、基本的にアメリカのオーディエンスを対象にした、ナショナルなメディアである。一方、日本でも衛星やケーブル経由で手軽に視聴可能となっている「CNN」と呼ばれている番組は、実はCNNインターナショナルであり（ただし、日本ではCNNインターナショナルにCNN、および金融情報のCNN*fn*を組み合わせて編集された、CNNJと呼ばれるものが放送されている）、両チャンネルの番組フォーマットは一部（トーク番組の「Larry King Live」など）を除いて、全く異なっている。たとえば、CNNインターナショナルではメインのニュース番組はWorld Newsとタイトルされ、ほぼ毎時三〇分ずつ放送しているが、CNNではWolf Blitzer, Aaron Brownなどのキャスターの名前を冠したニュースプログラムが時間別にあり、当然のことながら両チャンネルのニュースキャスターは別人で、扱うニュースも必ずしも同一ではない。

　CNNの創始者のテッド・ターナーは、早くからnationalとinternationalの二本立てでいくというビジョンを持っていた（Flournoy, Don M. and Stewart, Robert K., *CNN: Making News in the Global Market*, John Libbey Media: Bedfordshire, 1997, p. 13）。「アメリカ」というナショナルな文化的コンテキストやフレームワークを持つCNNとは異なる視点を持つニュースチャンネルとして、CNNインターナショナルは創設された。その編集の基本方針は、①多様な文化的・政治的関心を反映した相異なる視点を提供する、②局として、一つだけの視点を主張することはしない、③正確であること、時宜を得たものであること、事実に基づいたものであること、バランスの取れたものであること、徹底的に最新を追求したものであること――であり、これらはすべて「アメリカの立場や西洋の文化的価値観を体現しているという、批判を乗り越えるため」（ピーター・ベセイCNNインターナショナル副社長へのインタビュー。Johnston, Carla B., *Global News Access: The Impact of New Communications Technologies*, Praeger: Westport, Conn., 1998, pp. 65-66）に立てられた方針である。

こうした「ニュースの選択・解釈」の方針を担保するために、CNNインターナショナルではいくつかの工夫がなされている。まず、アメリカというナショナルな視点を極力排除し、多様な視点を確保する手段として採用されたのが、スタッフに米国人以外を積極的に活用するというものである。多様な国籍を持ったスタッフは、ニュースキャスター、レポーター、カメラマンなどのジャーナリストのみならず、調整や映像編集などの裏方にも数多く採用されている。特に編集スタッフの集まる米国アトランタの本社スタジオは、二五人いる編集者の中で、少なくとも一五カ国の異なる国籍を有するスタッフで運営されているという（Flournoy, Don, "Coverage, Competition and Credibility: The CNN International Standard," *Global News: Perspectives on the Information Age*, edited by Tony Silvia, Iowa State University Press: Iowa, 2001, p. 36）。

二つ目の工夫は、「言葉」である。CNNインターナショナルの使用言語は基本的に英語であり（一部地域では九七年よりスペイン語放送も開始されているが）、英語を使用する以上、ある程度の英語文化（＝西洋文化）の〝におい〟からは逃れられない。それでも「アメリカ」というナショナルな背景を感じさせないための工夫として、「内」と「外」の境界を聞くものに意識させる、foreign（外国）、us（われわれ）、they（彼ら）などの単語を使わないようにしているという（*ibid.*, p. 38）。

最後に、CNNインターナショナルがナショナルな文化的コンテキストやフレームワークから逃れるために採用している最も基本的な戦略は、「Breaking News」（今起きたばかりの、現在進行中のニュース）の徹底的な重視である（*ibid.*, pp. 38-39）。ジャーナリストが時間をかけて取材し、ストーリーを積み上げていく「Feature News」（特集報道）は、ニュース内容の要件といわれる5W1Hのうち、Why（なぜ）やHow（どうやって）が中心となり、これらの「選択・解釈」はどうしてもジャーナリスト自身の視点によっているため文化的コンテキストやフレームワークが投影されやすい。これに対し「Breaking News」は、When（いつ）、Where（どこで）、Who（だれが）、What（何が）が報道の中心になり、これらは比較的「脱国家的、脱文化的」な情報となるからである。

こうしたCNNインターナショナルの編集の基本方針をある意味で最も反映した番組と思われる、「World Report」（ワールド・リポート）を本項の締めくくりとして紹介しておこう。「World Report」は、CNNインターナショナルが放送を開始して二年後の八七年にスタートしたもので、CNNインターナショナルではウィークデイに、CNNではウィークエンド（ただし、特番のため放送されないこともある）に放送される三〇分の番組である。この番組がユニークなのは、ここで放送されるプログラムは、CNNインターナショナル／CNNが作ったものではなく、世界各国の放送局が制作した「Feature News」（特集報道）である点である。たとえばケニアのKTNが制作した「フォート・ジーザス」と呼ばれる監獄兼ミュージアムのニューストーリーや、フィンランドのYLEが制作したアルコール販売規制問題など、使用言語が英語であればCNNインターナショナル／CNNでは一切手を加えずに全世界・全米に放送している。放送開始からの一〇年間で、世界一四〇カ国以上の放送局の番組を、二万本以上放送したという（*ibid.*, p. 27）。

この「World Report」は、Breaking News が発生した場合に備えて世界各国の放送局との関係を強化するための手段という側面もあるが、CNNインターナショナルの基本的な編集方針である、「多様な文化的・政治的関心を反映した相異なる視点を提供し、局として一つだけの視点の主張はしない」、という姿勢を徹底的に反映したプログラムといえる。「もし、われわれとは異なる文化や異なる人々に対する、(CNNインターナショナル/CNNの)配慮にいささかの疑問があるなら、World Report を見てほしい。もしわれわれにそのような配慮・視点がなかったとしたら、あのような番組は作らなかったであろう。CNNは多様な視点を提供している、真にグローバルなニュース制作組織であることを、World Report は証明し続けているのだ」(イーストン・ジョーダンCNN上級副社長、Flournoy and Stewart, p. 12)。

BBCワールド

BBCワールドは、イギリスの公共放送であるBBCが、CNNインターナショナルに遅れること六年、一九九一年に設立(当初は、BBC World Service Television, 九五年から現行)したニュース専門チャンネルである。本体のBBCとは異なり、広告や受信料で運営されている商業放送局だ。二〇〇三年時点で、世界二〇〇の国と地域の二億七三〇〇万世帯が視聴可能な、グローバル・リーチを持つメディアである。スタッフは一部BBCの資源を利用しており、特に海外拠点はBBCの持つ、世界五八支局、二五〇人の特派員をフルに活用している。

二四時間、全世界に向けてのニュースチャンネルとしては後発のBBCワールドは、先行するCNNインターナショナルにはない特色を打ち出している。それは、単に今何が起きているのかを伝えるだけではなく、「そのニュースがなぜ起きたのか、なぜこのニュースが重要なのか、今後どのような展開が予想されるのか、といったニュースの背景説明や分析に力を入れている」（筆者によるインタビュー。Mark James, Editor of Continuous News 10／July／1998 at BBC TV Center）という点である。

基本的な編集方針は、「BBC伝統の不偏不党の精神のもと、あらゆる視点や意見をバランスよく紹介する」（同）というもの。現在放送中のBBCワールドでは、ニュースとニュースの合間に、「より幅広い視点を求めよ」（Demand a broader view）というキャッチコピーが繰り返されている。

3 真の「グローバル・ジャーナリズム」は可能か？

これまで見てきたように、「グローバル・ジャーナリズム」という用語で想起されるさまざまな活動のうち、「グローバルなニュースの収集活動」と「グローバルなニュースの伝達」はかなりの程度実現できているといえる。この点だけを捉えて、「グローバル・ジャーナリズム」が実現されているという言説を展開することは可能だし、事実されてもいる。

しかし、社会学的見地からグローバリゼーションを研究しているM・フェザーストーンが主張しているように、グローバル化の進む社会が要求する「グローバル・ジャーナリズム」は、グローバル・コンテキストの中で実践されなければならない（Featherstone, M., *Localism, Globalism and Cultural Identity*, Praeger : London, 1996）。つまり、真の意味での「グローバル・ジャーナリズム」には、ナショナルなコンテキストやフレームワークを超えた、グローバルな問題関心（グローバル・インタレスト）に応える、「グローバルなニュースの選択・解釈」が必要なのである。

このような問題意識から第2節で分析したCNNインターナショナルとBBCワールドの場合を考えてみよう。まずCNNインターナショナルであるが、その編集方針からは極力アメリカというナショナルな色合いを薄めようとの意図は感じられる。しかし筆者が行った簡単な内容分析でも、たとえばブッシュ大統領の発言を扱う頻度・時間は、BBCワールドより多い（ブレア首相の発言はその逆）し、野球のワールドシリーズは、サッカーのヨーロッパチャンピオンシリーズより扱いが大きい（BBCワールドはその逆）。つまり、CNNインターナショナルの場合、「アメリカのニュースが、グローバルオーディエンスを獲得している」（Horvat, J., "American News, Global Audience," *Global News*）のが実状であり、やはりアメリカというナショナルな視点からは逃れられていないのである。同様に、BBCワールドも「イギリスのニュースのグローバル化」という面は否定できない。

また、多様な視点を提供するという編集方針は両者に共通するが、その典型的な番組であるCNNインターナショナルの「World Report」も、所詮、ナショナル・コンテキスト、ナショナル・フレームワークの〝万国博覧会〟に過ぎないと批判することが可能である。つまり、「多様な視点の提供」とは、「単一のグローバルな視点」を示せない現状での〝暫定措置〟とみることができよう。

こうした「単一のグローバルな視点」によるジャーナリズムが可能になるには、結局、「グローバルな関心を持つオーディエンス」＝「グローバル市民」の登場を待つ必要がある。さらに「ジャーナリズムは市民社会が要求するもの」という政治社会学的な立場に立てば、「グローバル市民」の登場には、地球規模の意志の決定プロセスを伴った「グローバルな市民社会」が成立していることが前提になる。つまり、「単一のグローバルな視点」を提示できていない現状の「グローバル・ジャーナリズム」のあり方は、「グローバルな市民社会」が未成熟な段階であることの証左、ということができるのではないだろうか。このように考えてくると、今後の「グローバル・ジャーナリズム」のゆくえに注目することは、現代社会のグローバリゼーションの動向を見るうえでも重要なのである。

参考文献

エドワード・W・サイード、浅井信雄・佐藤成文訳『イスラム報道』みすず書房、一九九六年
ハワード・H・フレデリック、川端末人他訳『グローバル・コミュニケーション――新世界秩序を迎えたメディアの挑戦』松柏社、一九九六年
Flournoy, Don M. and Stewart, Robert K., *CNN: Making News in the Global Market*, John Libbey Media: Bedfordshire, 1997
Silvia, Tony (ed.), *Global News: Perspectives on the Information Age*, Iowa State University Press: Iowa, 2001
van Ginneken, Jaap, *Understanding Global News: A Critical Introduction*, Sage: London, 1998

COLUMN

スポーツ・ジャーナリズム

スポーツ・ジャーナリズムへの関心が高まっている。どのような事柄についての関心であろうか。サッカーに象徴されるような特定スポーツへの関心の凝集メカニズムについてか、プロ、アマ問わず、技量の卓越するしないにかかわらず、競技者（アスリート）を娯楽タレント化し、有名人化する報道スタイルについてか、多くのスポーツを商品化し、メディア・イベント化するメディアの商業主義についてか、グローバル化し、同時に、ナショナリズムとの親和を許す「スポーツとメディアと政治」との関係の深化についてか。そのいずれであるにしても、また、これら以外の問題意識からであっても、スポーツ報道の視点・スタイルからスポーツメディアの編集・経営政策まで、文化としてのスポーツの可能性からスポーツの政治性とその影響力まで、スポーツはいま、ジャーナリズム研究の対象としてこれまでになく重要なジャンルになっている。

現代日本でスポーツ・ジャーナリズムを担っている主体のひとつは、無論、マスオーディエンスを対象とする新聞、テレビ、週刊誌である。一般日刊紙のスポーツ面、スポーツ専門紙誌、テレビのニュース番組や情報番組のスポーツ・コーナー、およびスポーツ番組、さらに一般週刊誌のスポーツ情報、といったところがおもな情報発信源であろう。そのような一般化したスポーツ情報メディアのほかに、スポーツの種類もしくは種目ごとに専門的な情報を提供する雑誌メディアが多数存在する。スポーツ・ジャーナリズムとは、それらにおける無数の報道・評論活動を統合した総称と理解しておこう。

他国の事情はさておき、この国のスポーツ・ジャーナリズムの景観上の特質を一、二あげてみよう。まず、それは、対象がなんであれ、〈スポーツを見て楽しむ〉圧倒的に多くの大衆と〈スポーツ情報を楽しんで消費する〉圧倒的に多くの大衆——それは多くの場合同一主体である——によって支えられている。プロであれ、アマであれ、また、趣味・健康維持といった目的はなんであれ、〈スポーツをする〉人々が、メディアを通して、自らがかかわるスポーツについてなんらかの関心を充足しようと欲するのは異とするにはあたらない。スポーツ・ジャーナリズムは、そうした受け手を核としつつも、自らが経験することのない広く多様なスポーツ情報を読んだり、見たりしようと欲する人々の欲求に応えることを一義的な目的として成立している。発行部数五〇万部を超え、全国的に普及しているスポーツ専門紙――というよりも今日では大衆紙（ポピュラーペーパー）と規定すべき新聞――が、五紙も共存している日本は、膨大なスポーツ情報の享受者・消費者をもっているという点からいっても世界で稀なスポーツ（情報）大国といわなければならない。

第二に、今日のスポーツ・ジャーナリズムが、全方位的に満遍なく各種のスポーツの記録を社会に伝達する一方で、その情報伝達の様式と内容において、消費者の感性と嗜好を刺激し喚起することを志向して、著しく、扇情的、情緒主義的な傾向を示しつつあることが指摘される。第三に、こうした傾向が顕著になるに従い、今日のスポーツ・ジャーナリズムにおいては、スポーツとアスリートについてのさまざまなレベルの「物語」もしくは「説話」が日々生産される一方で、スポーツとアスリートの現実についての冷静で、道理に合った公正な分析・批評がはなはだしく希薄になっている、という点を指摘しておかねばなるまい。物語性の過剰と批評性の欠落。おそらく、スポーツ・ジャーナリズムのそうした性向をだれよりも痛く感じているのは、たとえば、高橋尚子、中田英寿、松井秀樹といった、グローバルなステージで活躍する才能豊かなアスリートであろうことが、彼らのメディア対応からうかがい知れる。

しかし、もっとも劇的な変化は、スポーツそれ自身がそうであることによる当然の帰結として、スポーツ・ジャーナリズムも、グローバリゼーションのもとで、かつてとは比較にならないほどに、技術と市場の論理によって支配されるようになった、ということであろう。その象徴が、衛星テレビを通じての各種スポーツのライブ中継であり、そこで展開されるビジネスである。あらためて想起するまでもなく、それが、今日のオリンピックやフットボールの世界大会の実相であることを私たちはすでに十分承知している。したがって、スポーツ・ジャーナリズムを考察するに当たっては、このような現代スポーツの性格の変容およびそれとメディアとの関係の変容を踏まえた、新たな視点の構築が求められているといわねばならない。

（林　利隆）

第12章　メディア変革を担うビデオ・ジャーナリストたち

野中章弘

はじめに

「戦争の世紀」と呼ばれた二〇世紀が終わっても、人類は争いごとを克服することができない。二〇〇一年九月一一日の米国の同時多発テロ以来、米英軍によるアフガン、イラク攻撃が行われ、二一世紀は血なまぐさい戦争を起点として始まった。

冷戦構造が崩れて十数年——。時代の不透明感は増すばかりである。二〇世紀のパラダイムは意味を喪失し、時代を貫いてきた思想も解体されてしまった。ただ一九八〇年代初頭より、アジアの戦争や紛争地域を取材してきた私にも、世界の歴史の底流で根本的な変化が起きていることだけは確かに感じ取れる。その変化の方向性はまだ定かではないものの、いずれ明確な形をとってわれわれの前に現出するに違いない。

報道の分野に目を転じれば、寡占体制にあった日本のメディア状況にも大きな変革の波が押し寄せようとしている。ここ数年、新聞、テレビなど、マスメディアの問題点が次々と露出し、日本のジャーナリズムのあり方が厳しく問われてきた。

私は二〇年来、新聞、雑誌からテレビ、ウェブ・マガジンまで、メディアを横断的に仕事をしてきたジャーナリストとして、マスメディアの抱える問題点の根の深さを日々痛感してきた。既成のマスメディアに巣食う病根は予想外に内臓を侵食している。日本のジャーナリズムは瀕死の重傷といってよい。いったいマスメディアに替わるオータナティブな動きはあるのだろうか。

そのような観点からメディアを俯瞰した場合、閉塞したメディア状況を変革する一番手として注目されるのは、テレビの分野において目覚しい活躍を続けるビデオ・ジャーナリスト（ＶＪ）たちである。ここ数年、彼らの認知度は急速に高まり、戦争報道などの分野ではテレビ・リポートの主役の座を奪うほどの勢いを見せている。事実、「安全性が確保できない」という理由でマスメディアの特派員たちが撤退したアフガンやイラクなど、戦争現場からのリポートを担ったのはほとんど独立系のＶＪたちだった。また北朝鮮報道においても、彼らは北朝鮮の内部映像や脱北者たちの証言記録など、朝鮮半島情勢を読むための貴重な情報を提供してきた。その取材力はマスメディアの特派員を陵駕するものがある。国際報道の分野では、ＶＪたちの地位はすでに確立され、優秀なジャーナリストたちも次々と育っている。二〇〇三年度ボーン上田賞（特別賞）の受賞者は三人ともＶＪであった。

一方、ドキュメンタリーの領域でもＶＪたちの作品はテレビや国際ドキュメンタリー映画祭などでかなりの割合を占めるようになってきた。

小型ビデオの発達とともに新しいジャーナリズムの構築に挑戦するＶＪたちの登場は、ニュースやドキュメンタリーの方法論そのものを変えつつある。これは画期的な出来事といってよい。

本章ではそのような時代状況を踏まえながら、おもにビデオ・ジャーナリズムの歴史を振り返りつつ、新しい独立系ジャーナリズムの可能性について論考を深めていきたい。

1　ビデオ・ジャーナリズムの歴史

新しい道具を持った表現者たち

日本におけるＶＪの歴史は、一九九〇年一〇月より始まったＣＳ放送局・朝日ニュースター（会社名は衛星チャンネル）の「フリーゾーン２０００」という番組を起点としている。この番組は小型ビデオ（当時は八ミリのビデオカメラ）を使ったドキュメンタリー専門番組として立ち上がった。むろん、それまでにも小型ビデオを使ったリポートの試みもなかったわけではない。しかし、ＣＳ放送とはいえ、本格的なＶＪシステムを導入した放送局は朝日ニュースターが日本で最初といってよい。

この番組は「三脚も照明も外部マイクも使わないで、市販されている民生用の八ミリビデオカメラ一台で勝負する」ことにより、スタッフを組んで制作にあたるテレビ局のドキュメンタリーにない可能性を探ってみたいという意図で始まった。企画から取材、編集、発表までひとりのジャーナリストが行う。

八ミリビデオ・ドキュメントがもたらしたもっとも重要な意義は、当事者もしくは当事者に一番近い人たちが自分で自分たちのことを記録できるようになった、ということである。言い換えれば、今まで記録される側にいた人たちが自らを記録する道具を持ったということである。このことの意味は大きい。

これまでドキュメンタリーはテレビ局のプロが作るものであり、そこに素人や活字の分野のジャーナリストたちが参加できる余地はまったくなかった。プロデューサー、ディレクター、カメラマン、サウンズマン、照明マン、さらに編集パーソンにいたるまで、制作にかかわるすべての人は経験を積んだプロであり、また実際そうでなければいい作品を仕上げることは難しい。しかも、カメラなどの機材は最低でも数百万円から一〇〇〇万円以上という高価なものであり、撮影後の編集作業やスーパー、音入れまでを含めた経費は膨大なものとなる。とても個人レベルで手を出せるような仕事ではなかった。

そのため、劇場公開される一六ミリや三五ミリフィルムの作品はもとより、テレビのドキュメンタリーもプロによる集団作業で成り立っている。このやり方はこれからもすぐに変わることはない。しかし一方で、この手法ではすくいとれない現実があることも事実である。組織力の必要なニュース報道はともかく、マスメディアがきちんと伝えてこなかったこと、特に少数者の視点や立場を伝える場合、VJ的手法は大いに威力を発揮したのである。

私がフィールドにしているアジアの国々では、少数者の生活や権利が国家権力によって著しく蹂躙されることも珍しいことではない。訴えるべき手段を持たない少数者の声をこそ、ジャーナリストは伝える努力をすべきである。ただ、いくら時間をかけてもジャーナリストであって、当事者自身になれるわけではない。ジャーナリスティックな立場からの報道だけでは、何が起きたのかを記録することはできても、発生したことの人間的な側面にはなかなか迫れない。しかし、もし少数者自身が自分たちのことを訴える手段を持ったらどうであろうか。外からやってきた取材者では踏み込めないことを描くことも可能になる。その道具として八ミリビデオはとても有効であった。

「フリーゾーン２０００」という番組は、まず少数者あるいは問題の当事者自身が記録した作品の発表の場として知られるようになっていた。

私がプロデュースした作品の中で印象に残っているのは、パキスタン人のＭ・シャザッドのものである。八八年に来日した彼はいわゆるオーバーステイの労働者として日本に滞在していた。しかし、彼はたんに職を求めて日本に来たわけではない。カラチ大学を卒業した後、英国で写真を学んだシャザッドは、日本でジャーナリストとしての経験も積んでいきたいと考えていた。来日当初はフォトストーリーを雑誌などに掲載していたが、九二年に小型ビデオを購入して、積極的にドキュメンタリー制作に取り組むようになった。

テーマはむろん外国人労働者である。当時、オーバーステイの外国人労働者の問題はたびたびマスコミで取り上げられていた。しかし、外国人労働者の生活と彼らの肉声をきちんと記録したものはきわめて少なかった。むしろ、東京の上野公園にたむろしながら、偽造のテレホンカードや麻薬売買などの犯罪にかかわる外国人たちの姿がクローズアップされることで、「不法滞在の外国人たちは何をするかわからない怖い存在」というイメージが一般に浸透していた。

そんな風潮に対し、シャザッドは「犯罪に関係しているのはごく一部の者だけ。ほとんどはまじめに働いているのに、ネガティブなイメージばかりがマスコミで強調され過ぎている」と反発を感じていた。とくにイランやパキスタンの労働者はイスラム教徒が多く、日本社会の中で差別と偏見にさらされがちであった。シャザッドはこのような外国人労働者問題を内側から描くことで、マスコミで報道されてこなかったオーバーステイ労働者の実情を日本人に訴えようとした。

彼の作品は「外国人労働者の見たニッポン」という題名で「フリーゾーン２０００」で放送された。建設現場で事故に巻き込まれても労災が適用されず、医療保険も効かない外国人労働者の困窮ぶりとそのような問題になんら目を向けようとしない日本社会の貧しさを鋭く問うものだった。番組に登場する労働者たちはシャザッドの仲間であり、彼のインタビューに対してごく自然な表情で答えていた。それは日本人には決して見せない外国人労働者の素顔だったように思う。

作品そのものの完成度でいえば、まだまだ踏み込みも浅く、カメラワーク、編集、構成など技術的な問題点は多い。しかし、それらの難点を差し引いても、おそらくこの作品は日本で初めて外国人労働者自身が撮影したものとして、十分な訴求力を持っていた。小型ビデオという道具があったからこそ、このような手法が成立したのである。

その後もシャザッドは撮影を続け、九五年にはNHK・BS2の「真夜中の王国」の中に設けられた「ビデオ・ドキュメント」の枠で、「ワタシ結婚します――外国人労働者の国際結婚」という三〇分のドキュメンタリーを発表するまでになった。この作品は日本人女性と結婚した二人のパキスタン人労働者の生活を描いたもので、シャザッドと取材される人たちとの生き生きとした会話のやり取りが新鮮な印象を与えていた。

これはシャザッドのような問題の当事者しか撮れない映像であることは疑う余地がなかった。外国人労働者問題といえば、告発ものや暴露ものにパターン化されがちなマスコミ報道ばかり見てきた視聴者たちにとって、シャザッドの試みは、当事者が記録する道具を持つことにより生み出されてきたドキュメンタリーの豊かな可能性を感じさせてくれたのである。

シャザッドは現在も日本に滞在しながら、第一線の現場に立つVJとしての地歩を固めている。二〇〇二年にはタリバーン政権崩壊後のアフガンを数回にわたって取材し、テレビ朝日の「ニュースステーション」などでリポートを行っている。また〇三年の夏、米英軍占領下のイラクに入り、イスラム教徒の視点でイラク戦争を分析したビデオ報告は、欧米的な見方に偏りがちなマスコミ報道とはまったく違う作品となっていた。

「フリーゾーン２０００」から育ったVJのひとりに在日朝鮮人二世の梁英姫（ヤン・ヨンヒ）がいる。朝鮮半島や在日コリアンをテーマにした報道番組は少なくないが、そのほとんどは日本人の立場からのリポートである。しかも、日本の植民地支配と強制連行などの歴史に対する負い目を制作者自身がそのまま背負ってしまうせいか、「日本帝国主義の犯罪を糾弾する」といった一方的な告発ルポに終始する傾向が強かった。硬直した視点や政治的な枠組みにとらわれない、もっと自由で柔軟な立場というものはないのだろうか。もし、日本人であるが故に踏み越えることのできない境界線があるとするなら、それを越えることのできる可能性を持つのはおそらく在日コリアンである。

民族教育を受けて育った梁英姫は、日本語と朝鮮語の完全なバイリンガルである。彼女は朝鮮大学校を卒業してから、母校である大阪朝鮮高級学校の教師を務めた後、若い在日コリアンたちの劇団「パランセ」で女優として活躍するという経歴を持っていた。活発な好奇心とバランスのとれたものの見方のできる新しいタイプの在日コリアンだった。

彼女もまったくビデオカメラを使った経験はなかった。しかし、わずか三カ月で三〇分のドキュメンタリーを仕上げてしまった。この作品は民族衣装であるチマ・チョゴリについてのインタビューをまとめたものだが、「チマ・チョゴリって何？——梁英姫のビデオ日記」という題名で「フリーゾーン２０００」とＮＨＫ・ＢＳ「真夜中の王国」で放映された。

インタビューに応じた彼女の友人や教え子たちのコメントがとても率直で、同じ在日コリアンだからこそできた取材である、ということを実感させてくれた。撮影技術や構成を云々する前に梁英姫という優れた個性の輝きを感じさせる作品となっていた。

シャザッドや梁英姫の作品を担当したＮＨＫのプロデューサーたちの反応もおおむね好意的なものが多かった。一般の視聴者よりもむしろプロの方が面白がっていたようだ。これまでの作り方にとらわれず、個性を全面に出した「個を立てる」ドキュメンタリーそのものが新鮮だったに違いない。またプロだからこそ、このような問題の当事者の飾らない表情と本音を引き出すことの難しさを身に染みて知っている。そのあたりが評価の対象となったのだろう。

梁英姫はやはり今でもビデオカメラを回している。北朝鮮に帰国した親族を訪ねる旅を丹念に記録している。日本人拉致事件や密輸などで問題となった北朝鮮の貨客船・万景峰号の内部なども撮影しており、ニュース番組などで話題となった。

小型ビデオによるドキュメンタリーの第一の担い手が問題の当事者であるとすれば、第二のグループは活字や写真のジャーナリストたちである。彼らはビデオ撮影の分野では素人だが、取材という点ではプロである。ビデオカメラの操作さえ覚えれば、企画から取材、撮影、さらに構成、編集までひとりでこなす能力を身につけることができる。とくに写真の訓練を受けてきたフォト・ジャーナリストはカメラワークに優れており、ＶＪへの最短距離にあるといってよい。

もっとも一般に写真家たちはビデオを回すことにある種の抵抗感を持つ。実際、現場で写真を撮りながら、同時にビデオを操作することはやさしいことではない。写真に対する集中力がそがれ、質を落とすことになるかもしれない。そもそもなぜ写真に加えてビデオを撮る必要があるのだろうか。写真家がそのような疑問を抱くのは当然である。しかし、写真には写真の良さがあるように、ビデオにはビデオの良さがある。ビデオには音が録音されることで、戦争取材でも銃声一発で戦場の緊張感を表すことができる。また当事者の肉声を記録できる点では、歴史の証拠として写真以上の説得力を持つ。

何かを伝えたいためにたまたま写真を選んだとするなら、テーマによってはビデオの方が優れている場合もあるだろう。写真を捨てるというのではなく、ペンとカメラに加えて、ビデオという新しい道具を持つと考えることは可能ではないか。扱える道具は多い方がいいに違いない。

そのように考えるフォト・ジャーナリストたちの中から、左肩にスチールカメラ、右肩に小型ビデオをぶら下げて取材に出かける者も増えてきた。佐藤和孝はその代表的な例である。

彼はおもにイスラム地域をフィールドにするフォト・ジャーナリストで、七九年のソ連軍によるアフガン侵攻以来、十数度もアフガンゲリラの従軍取材を敢行した経験豊かなジャーナリストである。彼の最初の作品「混迷のアフガニスタン」はやはり「フリーゾーン2000」で放送された。それはソ連軍撤退後、ゲリラ同士の主導権争いで混迷するアフガンの臨場感あふれるドキュメンタリーとなった。佐藤は戦闘の最前線に何度も足を運んでいる。その画面から伝わる緊迫感は、これまでテレビの取材班が踏み込めなかったゲリラ戦の様子をビビッドに記録していた。

八〇年代、ジャーナリストたちの間では、アフガンゲリラへの従軍は世界の戦場の中で、肉体的にも精神的にももっとも厳しい取材のひとつとみなされていた。私自身も一カ月ほどの従軍取材でクタクタに疲れた経験がある。また取材にはかなりの危険が伴うため、日本の大手マスコミは本格的な従軍取材をほとんど行っていない。その意味でも佐藤の作品はアフガンの現状を伝える貴重な仕事として高く評価されていた。

その後、佐藤は旧ユーゴスラビア紛争の取材を始めた。すでにボスニア・ヘルツェゴビナではムスリム人とセルビア人との戦いは泥沼化の様相を呈していた。佐藤はここでも豊富な戦争経験を生かして、戦地に赴く若い兵士たちや戦禍で苦しむ市民たちの表情を小型ビデオで克明に記録していった。彼はファインダーを通して、ルールなき非情な殺戮を繰り返す人間の愚かな行為の目撃者となっていた。そのラディカルな視線が、佐藤の作品をたんなる戦場リポートの域をこえるドキュメンタリーとして成立させていた。彼の足掛け一年におよぶ取材の成果は、ニュース・ドキュメンタリーの枠の多いＮＨＫで放送された。ビデオ部分が九〇分、スタジオ解説が三〇分、計一二〇分という長尺のスペシャル番組である。おそらく、小型ビデオの素材がこれほど長時間のドキュメンタリーとしてオンエアーされたことは過去に例がないと思う。

「サラエボの冬——戦火の群像を記録する」というタイトルのこの作品は、現場で養われた佐藤の鋭い洞察力とジャーナリスティックな視点の確かさを見事に表現していた。

佐藤は二〇〇一年九月に米国でテロが起きたとき、アフガンに滞在しており、日本のジャーナリストたちの中でもっとも早く、もっとも多くの現地リポートを送ったＶＪとして名を馳せた。その後、イラク戦争のさいも、米英軍の空爆開始直前にバグダッドに入り、現地から生々しい映像リポートを行ったことは記憶に新しい。

「フリーゾーン２０００」を母体に羽ばたいたＶＪたちは、いま日本のジャーナリズムの最前線で活躍している。前述したシャザッド、梁英姫、佐藤和孝をはじめ、パレスチナをライフワークとする古居みずえ、北朝鮮報道で着実な取材を重ねてきた石丸次郎、日テレのキャスターとなった山本美香、それに土井敏邦や写真家の本橋成一、フォト・ジャーナリストの広河隆一など枚挙にいとまがない。その意味からも、ビデオ・ジャーナリズムの黎明期を担った「フリーゾーン２０００」の果たした役割は大きい。

2　VJを支えるデジタル革命

〝3種の神器〟がジャーナリズムを変える

二〇世紀最後の一〇年で登場したビデオ・ジャーナリズムを可能にさせた最大の要因は、テクノロジーの発達である。今では電話は言うに及ばず、電気すらないようなアフガンやイラクからも、VJたちは毎日リポートを送ってくる。

VJたちは取材に行くとき、いわゆる〝三種の神器〟を携帯する。六ミリのデジタル・ビデオカメラ、ノート型パソコン、それにインマルサット（船舶衛星用電話）である。小型ビデオで撮影した映像をパソコンで編集し、インマルサットを使って送る。まだ送信に時間がかかるとはいえ、動画をどこからでも送れるようにした技術の進歩は、まさに革命というべき変化を報道現場にもたらした。

画質は落ちるものの、個人でライブ中継を行うことすら可能である。一〇万円ほどで市販されているテレビ電話、独自で開発したビデオ・フォン、それにネットミーティングなどのインターネット用ソフトを使う方法など、ひとりで持ち運べる機材で世界中どこからでも現場リポートをできる時代がやってきた。むろん、ビデオのフォト機能やデジカメで撮った写真なら瞬時に送信できる。

戦場など中継機器（フライアウェイ）を準備できない場所では、CNNやBBCもVJと同じような機材しか持ちこめない。メディアの大小を問わず、取材条件はほぼ互角となる。「デジタル革命」は確実に進み、VJはそれを積極的に活かすことでテレビ・ジャーナリズムの最前線に躍り出ようとしている。

ハード面だけでなく、報道の質においても、ビデオ・ジャーナリストの進歩は目覚しい。日本のマスメディアは国際問題の専門家を育てようとはせず、新聞、テレビの特派員は三年ほどで任地を変わる。そのうえ経費削減のあおりを受けて特派員の数は減少傾向にあり、アフガン問題でもその地域の専門家といえる特派員はほとんどいなかった。それに比べ、長い取材経験と高い専門性を持つＶＪは際立った存在感を示すようになっている。タリバーン政権と北部同盟の戦いが続いたアフガン内戦、インドネシア全土を揺るがしたスハルト独裁政権に対する闘い、インドネシア占領下における東ティモールの独立闘争、テロ撲滅を掲げたイスラエルのパレスチナ自治区侵攻作戦、米英国のアフガン、イラク攻撃など、世界史的な事件の現場には、必ずＶＪの姿を見かけるようになった。

ここで日本におけるビデオ・ジャーナリズム（ＶＪ）の歩みを整理してみたい。外形的にみれば、今までのところ、ＶＪの発展段階はほぼ五年間隔で三つの時期に分類できると思う。

まず第一期は一九九〇年代初期の八ミリ・ビデオの時代。この時期はＶＪの揺籃期ともいえる。発表媒体はＣＳ放送局などに限られ、ＶＪの未来像の輪郭もまだ不確かなものであった。

第二期はデジタル式の小型ビデオ（六ミリ幅のビデオテープを使用）が発売された九〇年代半ばから始まる。デジタル式ビデオは映像のクオリティを一挙に向上させ、既成のテレビ局にＶＪが登場する契機となった。職業としてのＶＪが一般的に意識され始めた頃でもある。

第三期はＰＣなどデジタル機器の発達により、ＶＪがデジタル・ジャーナリズムの最前線に躍り出た二〇〇〇年代初頭である。この時期、ＶＪはニュースやドキュメンタリーの分野に新しい方法論を持ち込む一方、インターネット・ジャーナリズムへの第一歩を踏み出した。そこには未来系ジャーナリズムの主要な担い手としてのＶＪの姿がある。

振り返ってみれば、ＶＪは必ずしも順調に育ってきたとはいえない。しかし、ジャーナリズムの歴史を変える可能性を、ＶＪが秘めていることは断言できる。またそのような存在であらねばならぬと思う。

3　ＶＪの未来に向けて

新しいジャーナリズムを担う人々へ

ビデオ・ジャーナリズムには豊かな将来性がある、と述べてきた。しかし、実際にはＶＪの肩書きで仕事をしているジャーナリストはまだまだ少ない。その受け皿が少ないからだ。日本には米国で本格的なＶＪを養成してきたＮＹ１（ニューヨークワン）型のローカル・ニュース専門局はほとんど存在しない。一九九五年に開局した東京メトロポリタン・テレビ（ＭＸＴＶ）は、ＶＪを映像記者と呼び、二四時間東京のニュースを扱うニュース専門局として立ち上がったものの、経営的な判断から番組編成を総合編成へと大幅に変更し、ＶＪたちの出番はほとんどなくなった。ビデオ・ジャーナリズムの黎明期を担った朝日ニュースターも局のＶＪスタイルのリポートは削減されてしまった。駆け出しのＶＪたちの訓練の場が準備されていないことは、ＶＪを目指す人たちにとって厳しい環境ではある。

しかし、その一方、既存のテレビ局の門戸が大きく開いたことにより、実力さえあれば、プロとして仕事ができる可能性は以前よりもずっと広がっている。

今後、日本においてＶＪはほとんどフリーもしくは独立系ジャーナリストとして活動することになるだろう。それはメディア企業の社員として採用される途が閉ざされているという意味だけでなく、ビデオ・ジャーナリズムが持つ可能性はフリーという立場でこそ発揮できると思うからである。雑誌メディアの発展をフリーの記者たちが支えてきたように、テレビにおけるＶＪたちの存在はテレビの特派員ジャーナリズムを質量ともに超えていく可能性をはらんでいる。

今後の課題はやはり人材の育成という点に尽きる。大学などでもＶＪ志望の学生たちも増え、ＶＪになるためにはどのような資質が必要なのか、という質問を受けることも多い。

この場でひとつだけ確認しておきたいのは、ＶＪはジャーナリストであって、ビデオ技術者ではないということである。ビデオカメラは誰でも撮ることができる。しかしだからといって、誰でもＶＪになれるわけではない。大切なのは必ずしも技術ではない。テクニックはやればやるだけ上達する。プロとして最低限のレベルに到達するのに特別な才能が必要なわけではない。技術を軽視するわけではなく、技術以前にもっと大切なことがあるからだ。

第一になぜＶＪになりたいのかという動機づけができていなければならない。第二に持続する力があること。第三に志が高いこと。この三点に集約されると思う。

ＶＪに限らず、何かを伝えたいという気持ちがなければジャーナリストを選ぶ意味はない。自分はジャーナリストになって何を伝えていくのか。そのことを自問自答する姿勢がないと、ジャーナリストになったとしてもいつの間にか原点を見失うことになる。

何となくジャーナリストになりたいと思う人はいても、何となくジャーナリストであり続けている人はいない。ただ何となくでは途中で方向転換するはめになる。文章であれ、写真であれ、ビデオであれ、最初から完成された人間はいない。技術を習得するのに、誰でも最低数年間の訓練は必要である。何となく派はたいがいこの期間に適当な理由をつけてやめてしまう。

動機が強ければ持続力もつく。ひとつのことをコツコツと続ける能力があれば、技術の優劣をこえて仕事の成果は必ず出てくるものだ。

テーマについてもそうである。誰しも最初からライフワークといえるテーマを持っているわけではない。やはり仕事を通じて自分自身が本当にやりたいことを発見していくプロセスがある。「求めよ、さらば与えられん」である。

またVJの場合、自分のテーマや専門領域を持つことも大切な要素となる。この分野では誰にも負けない、というものがなければ仕事はこない。広く、浅くというタイプはあまり必要とされない。中国なら中国、エイズならエイズというように、地域で決めるか、テーマで決めるか。地域で決めた場合はその国の言語を学ぶ。通訳をつけない取材はフットワークもいいし、現地の人々の自然な会話をとらえることもできる。基本的にひとりで取材を行うVJにとって、言葉は大きな武器となる。

VJはいろいろな能力を要求される。企画力、取材力、編集力――。ディレクター、カメラマン、プロデューサーなどの役割をひとりでこなさなければならない。その意味ではジャーナリズムの分野でももっともオールラウンドな能力を求められる職域である。しかし、ひとりですべてを行うということは、逆に考えると、自分の仕事について誰にも依存しなくてもよいということである。自立した表現を目指す独立系ジャーナリストにとって、これほど望ましいスタイルはない。また軽量の小型ビデオを操作するという点からも、女性に有利な職業であることも付け加えておきたい。

メディアの変革を担うビデオ・ジャーナリズムは、まだ発展の緒についたばかりである。若い人たちにはこの分野で大いにチャレンジしてもらいたいと思う。

参考文献

アジアプレス・インターナショナル編『アジアTV革命』三田出版会、一九九三年
アジアプレス・インターナショナル編『アジアのビデオジャーナリストたち』はる書房、二〇〇〇年
アジアプレス・インターナショナル編『メディアが変えるアジア』岩波ブックレット、二〇〇一年
アジアプレス・インターナショナル編著『匿されしアジア』風媒社、一九九八年

COLUMN

規制緩和と国家権力

行政改革と表裏一体で進められているのが各種の規制緩和である。日本では、ジャーナリズム、言論・表現・出版の活動を直接対象にした法規はない。これは民主主義の根幹であり、日本が世界に誇りうる基本的人権の集大成である。

ただジャーナリズムを検討する上で重要なメディアである放送法、電気通信法などテレビ、ラジオ、CATV、コミュニティFM放送の許認可、運営、内容については、法律は存在する。これらのメディア企業、関係者の間からは、規制の緩和を要求する案件は枚挙にいとまがない。

これからの普及が期待されるCATVも、局そのものの開設、自主制作番組の容認、広域化と双方向サービス、第一種（電話等）電気通信事業への参入、インターネット接続サービス、デジタル放送化など、つぎつぎに法規の改正・緩和がおこなわれてきた。これにより、CATV局の経営が安定に向かい、地域の課題と取り組む「地域ジャーナリズム」として、足場を固めてきた。

広告は、ジャーナリズムの収支を改善する上で、どの社会でも不可欠のものである。広告表示については、虚偽広告、誇大広告に関する規制、内容表示、説明の適格性を求めた規制等があり、ジャーナリストにとっても無関係ではない。

活字媒体は、電気通信のような法体系はないが、逆に、広告倫理、取材倫理、記者クラブ等についての業界としての協定、コードがあり、これが読者のニーズ、社会の変化に適合しているかどうかについて議論が始まっている。とくに、取材上の人権問題、企業の非社会的行為に関する報道、名誉毀損に関する裁判などが日常を賑わしている。

裁判所の判断は、法律そのものではないが、近年頻発する名誉毀損に対する高額の損害賠償や慰謝料をメディアに課す傾向は、歴史的流れである。裁判所も、国家権力の一部であること、立法でカバーできないメディア規制を代替している面も見逃せない。ただ、メディア側が、自浄能力として職業倫理を確立しないと、国民が裁判所の判断に与してゆくことになる。

（田村紀雄）

Ⅲ

ジャーナリズムの制度とコンテクスト

第13章　政治環境とジャーナリズム

大石　裕

1　民主主義という政治環境

政治の機能に関しては、現代社会では次のようなとらえ方が一般的である。それは、社会に存在する複数の異なった意見、あるいは対立する考え方や利益を調整し、安定と秩序ある社会を作り出すことにある、というものである（阿部斉・有賀弘・斎藤眞『政治』東京大学出版会、一九六七年、七頁、参照）。社会統合の側面に力点を置く、政治の機能に関するこの種の見解は、次にはこうした機能を担うのは誰なのかという問いを導き出す。

この問いに対する理念的かつ実践的な解答の試みの一つが民主主義である。とりわけ国内政治の場合、民主主義という政治体制のなかでは、他の政治体制（例えば、全体主義）とは異なり、社会統合という政治の機能は、一般市民の同意を得ながら推進されることが想定され、かつ前提とされている。それと同時に、近代国家という単位で成立している民主主義社会では、立法・行政・司法の各領域における公的な政治エリートが、社会の統治機能の中心的存在であることが制度的に認められ、正当化されている。

こうした仕組みを備える民主主義社会の成立を先導してきたのが、主権的な国民国家の枠組みのなかで発達してきた近代の欧米型民主主義であることは周知の通りである。そこから民主主義は、国民国家レベルのナショナリズムによって強く規定された「ナショナル・デモクラシー」という特質を備えると同時に、法の支配（立憲主義）、三権分立、政教分離、代議制（議会主義）、複数の政党制、官僚制、選挙制と投票制、国民の基本的人権といった、種々の統治上の仕組みを創出する必然性を帯びることになったのである（千葉眞『デモクラシー』岩波書店、二〇〇〇年、一二六頁）。

ただし民主主義は、実際には制度面のみならず、各々の社会・文化の文脈に応じてじつに多様な展開を見せてきた。そこから各国社会の民主主義の実態を調査研究し、比較する比較政治学が生じ、さらには民主主義の多様性を説明するために政治文化に関する論議が活発化し、多くの研究成果をあげてきた。

民主主義社会と評価される先進産業社会のなかで活動するジャーナリズムについても同様であり、やはりそれぞれの社会や文化の文脈のなかで、あるいは多様な政治環境のなかで機能してきた。従って、それについて一律に論じることはできないし、単純な比較も慎まなければならない。とはいえ、先進産業社会のジャーナリズムは、少なくとも民主主義という共通の理念の枠のなかで機能し、民主主義社会という政治環境の発展に資することが標榜され、期待されてきた。それと同時にジャーナリズムは、こうした政治環境を再生産するという側面も有してきた。そこで本章では、まずは日本の政治環境について若干の検討を試み、その後民主主義社会におけるジャーナリズムの機能に関して、日本社会を主たる対象として考察を加えることにしたい。

2 日本の政治環境

日本の政治環境を描く際に、「日本型民主主義」という用語や概念が用いられることが多い。民主主義を具体化する諸制度が、他の民主主義社会と共通性を有するにもかかわらず、その現実的側面において見出される特質を総称するのが日本型民主主義であり、その点に焦点をあわせて論じてきたのが日本政治文化論である。この観点は、他の民主主義社会との比較を念頭に置きつつ、概して日本社会の民主主義の成熟度が低いことを前提条件として、換言するとそうした政治環境を所与として、様々な問題点を提示することを中心にすえてきた。すなわち、前述した「ナショナリズムに規定されたナショナル・デモクラシー」という側面を強調し、おもに批判的観点から日本の政治社会について論じてきたのである。以下の見解は、その代表的なものである。

（近代日本社会においては）上からの官僚機構による統合と下からの上昇の可能性との双方が、あいまって国民的統一性の意識を強化していった。したがって、県やムラは依然として閉鎖的同調性を示す面を残していたが、個人の意識においては、ムラ―県―国民という次第に大きな同心円をえがく形で国民的同調性が成立していた（カッコ内引用者：石田雄『日本の政治文化』東京大学出版会、一九七〇年、七四頁）。

この指摘は、政治文化論の観点から、日本の民主主義が中央優位型であり、国家が地域社会をはじめとする下位単位を巧みに包摂してきたこと、それゆえにナショナリズムと社会統合、そしてナショナリズムと政治的な動員が「成功裡」に結びつけられてきた状況について簡潔かつ適切に説明している。また、この説明は、こうした特徴を有する日本の政治文化が近代化の過程で一貫して存在し、政治制度が大きく変化した戦後も継承されてきたという「戦前・戦後連続説」に立脚している点は留意されるべきであろう。そして、この見解には政治体制や政治制度と比較して、政治文化の変化の速度が遅いこと、また政治文化を変化させることが困難であること、さらには政治文化が政治体制や政治制度の機能を規定することが含意されていると言える。

このような観点に立つ日本政治文化論に依拠すると、ジャーナリズムの機能に関しても次のような見解が提示されることになる。それは「国民的等質性に支えられて、テレビ等のマス・メディアの普及は、説得の論理よりは等質的感情を確認する道具として言葉を一般化する結果を招いた」（前掲書、九五頁）というものである。

以上のように把握される政治文化を基盤として、日本の政治環境は構成され、そのなかで実際に様々な個人や組織が政治過程や政策過程に関与してきたわけである。むろん、ジャーナリズムもそのなかで重要な役割を果たしてきた。ちなみに戦後日本の政策過程は、次のように描かれ、分類されている（中野実『現代日本の政策過程』東京大学出版会、一九九二年、八四頁、ただし一部修正、⑦を追加）。

① 政府・与党幹部政治――官邸政治、与党・大蔵省（現・財務省）幹部政治、官僚主導政治。
② 永田町政治――派閥政治、族議員政治、実力者（主に自民党実力者議員）政治。
③ 国会政治――タテマエ政治（国会や選挙戦での論争）、国対政治（与野党間の駆引き、取引きなど）。

④　エリート協調型政治――三角同盟政治（自民党幹部、幹部官僚、財界幹部が参加）、リベラル・コーポラティブ政治（自民党幹部、幹部官僚、財界幹部、労働界幹部、〔マスコミ幹部〕が参加）。
⑤　顧客志向型政治――陳情政治、利益誘導政治。
⑥　世論政治――ブーム政治（各政党、マスメディア、一般有権者が参加）。
⑦　市民参加・社会運動型政治――一般に非日常的、非制度的。

このなかで、マスメディアのジャーナリズムが政策過程に直接に登場するのは「世論政治」の領域だけである。むろん、それ以外の各政策過程においても、ジャーナリズムとそれによって喚起された世論は一定の影響力を有している。これは、後述する政治環境としてのジャーナリズムという観点の重要性を示すものである。

3　政治環境のなかのジャーナリズム

制度的側面

これまで政治環境に関して、日本の政治社会を中心に概観してきたが、以下ではそうした環境のなかでジャーナリズムが果たしている機能について、国家レベルの政治を中心に検討してみる。その際、やはり民主主義という政治環境を基本にすえ、まずは制度的側面を中心に、いくつかの観点から考察を加えることにしたい。

前述したように、社会統合は政治の重要な機能である。この機能は、政治エリートが行使する権力、すなわち支配的側面として立ち現れる。政治エリートのそうした機能の基盤となるのが、通常は国家の政治エリートによって運用されている様々な公的制度である。この点は、国家の政治エリートとジャーナリズムとの関係においても当然見られる。

こうした制度的な関係は、典型的にはジャーナリズムの自由をめぐる国家とジャーナリズムの問題に帰着する。この問題はこれまで、第一に国家の政治権力からジャーナリズムがどの程度、法的にも、事実的にも独立しているかという「国家からの自由」の問題、第二に一般の市民のニーズに応えるために、各国がいかなる方策によって、どの程度ジャーナリズムに実質的な自由を保障しているかという「国家による自由」の問題として論じられてきた（榎原猛「マス・メディア法とは何か」榎原猛編『世界のマス・メディア法』嵯峨野書院、一九九六年、一四―一七頁）。

この指摘にもあるように、国家の政治エリートは、一方では一般市民の利害の擁護や「国益」を目的に掲げ、ジャーナリズムを規制し、時には抑圧することもある。戦時中の情報統制などはその典型的な例である。ただし、それ以外の場合でも、国家の政治エリートがジャーナリズムの自由よりも、実際には自らの利害を優先させているという批判はたえない。しかし他方、政治エリートは、言論・表現の自由などを法制度的に保障し、その種の自由を抑圧する個人や組織に制裁を加えるという機能も有している。このように政治エリートとジャーナリズムの関係は両義的と言えるが、このどちらの機能に重点を置いて論じるかにより評価は大きく分かれることになる。

ジャーナリズムに対する制約

ジャーナリズムとは、日々生じる無数の出来事のなかからいくつかを選択し、取材し、編集し、報道し、また報道した出来事について解説・論評する一連の活動を指し示す。ジャーナリズムの基本的かつもっとも重要な日常業務がニュースの生産である。ニュースの生産過程を見ると、前述の国家の政治エリートとの間の制度的な関係以外にも様々な影響力が存在し、ジャーナリズムを取り巻く政治環境として作用していると見なしうる。ジャーナリズムの中心に位置するマスメディアにとって、政治環境は様々な力が交錯する空間として認識されてきた。以下はそうした諸力の状況を要約し、説明したものである（McNair, Brian, *The Sociology of Journalism*, Arnold : London, 1998, pp. 13-16）。

① 専門家の文化と組織的制約――ジャーナリズム活動の指針となる一連の専門的な倫理、特有のコード、日常的な実践。例えば、客観的な報道姿勢、ニュース・バリューなど。

② 政治的圧力――ジャーナリストが活動する際に作用する政治家や政治システムからの影響力。これには、検閲、政府による情報統制・操作、さらには「政治文化」が含まれる。

③ 経済的圧力――メディア所有、そして経済的な統制に代表される、ジャーナリズムに対する経済的な影響力。資本主義社会では、メディア市場や情報の市場が急速に発展してきたが、そうした要因がニュースなどの情報の内容に対して影響を及ぼしてきた。

④ 技術的可能性と制約――ニュース情報の収集や生産に必要な技術が、ジャーナリストの活動に影響を及ぼす。

⑤ 情報源の戦術と戦略――ジャーナリズムの言説は、ジャーナリスト以外の行為者（例えば、政治家、圧力団体の活動家、警察や労働組合などの公的組織、映画やスポーツの有名人）の情報活動によっても形成される。

ジャーナリズム内部の制約

ジャーナリズムが生産するニュースというのは、このような諸力が影響を及ぼした結果の産物として把握できる。これらの諸力のうち、ここで注目したいのは、ジャーナリズム内部に存在する「専門家の文化」である。というのも、これまでのジャーナリズム論を見るならば、ここであげられている政治的・経済的・技術的な力、そして情報源からの圧力といった諸力に対抗（ないしは反抗）する、社会を監視する専門家としてのジャーナリズムという規範的図式が存在してきたからであり、従ってジャーナリズムの「専門家の文化」もそうした図式との関連から論じることが可能だったからである。

例えば、外部からの諸力はジャーナリズムに対して、自らの意見や利害を支持するような「偏向報道」を求めたり、圧力を加えたりすることがある。ただし、民主主義社会ではそうした影響力は暗黙のうちに行使される場合が大部分である。また逆に、そうした圧力は、ジャーナリズムの側の「偏向報道」を批判し、報道姿勢の是正を求めるという形態をとることもある。

これらの圧力への対抗手段として、あるいはそれらに対する再批判の拠り所として、「客観報道（主義）」の重要性が主張されるというのが一般的な見方であろう。ここで言う客観報道というのは、「報道を行う際に自らの主張や価値観を抑制する」ことを前提として、①意見と事実との分離、②論争に関する均衡のとれた説明、③信頼ある人物に依拠することによる報道の確証、を要件とするものであり（*ibid.*, pp. 68-72）、それは「偏向報道」と対極に位置するものととらえられている。それゆえに、「私の編集方針は、なによりも事実に合致することであり、「方針」に合わせるために事実をふみにじったり、ないがしろにしない」（ウィッカム・スティード、浅井泰範訳『理想の新聞』みすず書房、一九九八年、三一六頁）といったジャーナリストの宣言が、ジャーナリズムのみならず社会全体のなかで好意的に受け容れられることになる。

「専門家の文化」としての客観報道

ところが、こうしたジャーナリズムの側に備わる「専門家の文化」が、ジャーナリズム外部にある政治環境と同様、やはり一種の政治環境として個々のジャーナリストやマスメディア組織に対し様々な制約を課す場合がある。すなわち、ここで掲げられている「専門家の文化」と「組織的制約」は、必ずしも対立するわけではなく、並存し、時には補強し合うと見ることもできる。以下はその一例である。ジャーナリストは、記事の締め切りやスクープを競うことから、通常は厳しい時間的制約のなかで活動している。その場合、ジャーナリストは、独自の取材を行うことなく、「専門家の文化」基準に照らして、公的機関の発表をそのまま報じたり（発表ジャーナリズム）、事実関係のみを「客観的」に報じたりすることがある。

さらには、こうしたジャーナリズム内部の政治環境は、政治的圧力などの外部の政治環境からの圧力とも連動して作用することもある。例えば、有力政治家が情報源となり、政治的意図をもって政局や社会問題に関する発言を行う場合がそうである。ニュース・バリューの高い（この場合は政治的影響力の強い）人物の発言を「客観的」に伝えるというジャーナリズムの「専門家の文化」は、その政治家の信念や政治的戦略と連動して、結果的にその発言を社会に広めてしまうことになる。

このような観点に立つと、「客観報道（主義）」に関しても前述したものとは異なる論じ方が可能になる。すなわち、こうした客観報道という形式が、ニュース報道の内容の豊かさを減じてしまい、政治的・経済的・技術的な諸力、そして情報源からの圧力に対する脆弱性を強めてきたという批判に説得力を持たせることになるのである。すなわち、「ニュースやジャーナリズムの活動には価値が備わり、選択作用が伴うということ、そしてその活動に深く内在するシステムの現状維持という偏向が、こうした客観報道の形式によって隠蔽されてしまう」（McNair, *ibid.*, p. 72）という見解が提示されるようになってきたのである。

以上の点に加えて、日本のジャーナリズム、とくにマスメディアに所属するジャーナリストの場合、記者クラブを通した情報入手という取材システムが確立され、新聞の場合には無署名記事がいまだ主流を占め、ニュース報道においても「無署名性言語」（玉木明）が支配的であることが、客観報道のこうした否定的側面をより強める結果になったという見解が説得力をもって提示されるようになってきた。

戦後日本の政治環境のなかで、客観報道主義を「専門家の文化」の中心にすえてきた新聞ジャーナリズムに関しては、「……保守勢力と革新勢力が鋭く対立し、そのなかで自民党の一党支配が長く続くとこの客観報道の主張は、日本の新聞の政治的日和見主義として機能することになった」（杉山光信『戦後日本の〈市民社会〉』みすず書房、二〇〇一年、二五三頁）と批判されてきた。確かに近年、日本の政党政治は激しく流動化し、制度的な政治環境も大きく変化し、それにつれてジャーナリズムの取材方式も変化してきた。しかし、日本の政治環境の基本的構図はかなりの部分維持され、それが依然としてジャーナリズムのあり方を強く規定しているのである。

4　政治環境としてのジャーナリズム

情報環境としてのジャーナリズム

これまでジャーナリズムを取り巻く政治環境について、その内部的環境も含めて検討してきた。ただし、政策過程に対するアクセス可能性、およびそれへの影響力が概して低い一般市民にとっては、ジャーナリズムはまさに政治環境の重要な一つの構成要素である点に留意する必要がある。

ＮＨＫ放送文化研究所は、五年ごとに「メディア間の効用比較」に関する調査を実施している（上村修一・居駒千穂・中野佐知子「日本人とテレビ・2000」『放送研究と調査』二〇〇〇年八月号）。この調査では、娯楽、教養、情報（余暇・生活）、報道、解説の六項目に関してメディアの効用比較が行われている。最新の調査結果では（二〇〇〇年実施）、娯楽の項目で「家族との話」が、そして教養の項目で「本」が、それぞれ第二位にあげられている他はテレビと新聞が上位を占めている。ちなみに、この調査ではマスメディアとインターネットとの比較も行われているが、この時点では新聞・テレビといった従来型マスメディアに対する評価が高くなっている。このことは、人々の情報環境における既存マスメディアの重要性の高さを示している。

そのなかでジャーナリズムの本来の機能である報道と解説に関する評価を見ると、「報道――世の中の出来事や動きをしるうえで役に立つメディア」は、テレビ六二・九％、新聞三〇・二％、ラジオ二・六％となっている。また「解説――政治や社会の問題について考えるうえで役に立つメディア」は、テレビ五一・〇％、新聞四〇・八％、ラジオ一・八％となっている。この調査結果から、一般の人々にとって、マスメディアを介したジャーナリズムが、政治領域にかかわる情報環境を形成し、構成する際に依然として圧倒的な影響力を有していることがわかる。

ジャーナリズムの政治的機能——短期的影響

政治環境を形成するマスメディア機能に関して考える場合、政治社会に対する短期的影響と長期的影響に区分する必要がある。

短期的影響としては、先に若干述べた、政策過程に対するジャーナリズムの影響が指摘できる。政策過程に対しては、そこに自らの主張や利益を反映させるために様々な権力が行使される。ジャーナリズムは、様々な問題や争点を日々報道し、解説し、論評することにより、世論を喚起し、政策過程に影響を及ぼすことが可能である。その一方、政策過程に深くかかわる政治エリートは、ジャーナリズムの報道や論調を世論の代表値であるととらえ、それに反応することがある。その場合、ジャーナリズムの影響力はより直接的と言える。

ジャーナリズムのこうした影響力については、それを「象徴権力」の一つとして把握することが可能である（Thompson, John B., *The Media and Modernity*, Polity Press : Cambridge, 1995）。ここで言う象徴権力とは、情報やコミュニケーション手段といった資源の側面で優位に立つ個人や組織、およびそれらが行使する影響力を指す。マスメディアが普及した社会では、象徴権力はその重要性を増大させる。なぜなら、それは人々が自らの頭のなかに描く「現実」、すなわち「社会的現実」を形成する力を有するからである。

一般の人々は、マスメディアを通じて、地域社会、国家社会、そして国際社会の現状を認知し、理解し、評価する場合がほとんどである。象徴権力以外の権力としては、物質的・財政的資源を有する営利企業などの「経済権力」、政治制度を作り、運用する国家などの「政治権力」、そして軍事力などの手段を有する「強制権力」があげられる（*ibid.*）。それらの権力に関する「現実」にしても、大部分の人々はマスメディアを通じてそれらについての「社会的現実」を各自の頭のなかに構築し、構成するしかないのである。従って、各人が描く「社会的現実」と、ジャーナリズムが行う報道、解説、論評が相互に影響をし合うことで世論は形成されていると言える。象徴権力としてのジャーナリズムは、このような短期的影響力を有し、政治的機能を果たしているのである。

ジャーナリズムの政治的機能──長期的影響

個々のジャーナリストやマスメディア組織は、通常は既存の政治体制や政治制度のなかで活動し、象徴権力として多大な影響力を行使している。そうしたジャーナリズムの活動を通じて、多種多様な問題や争点に関する報道・解説・論評が行われることで、政策の変化や政治制度の変革が促されることは日常的に観察できる。しかし、その範囲や程度は、ジャーナリズムの側の営利的関心に加え、象徴権力としての自らの地位や機能の維持という問題とつねにかかわっている。ジャーナリズムは、既存の政治制度やそれにもとづく政策過程の枠内で、象徴権力として社会的な公認を得ることによって、自らの影響力を確保できるという側面が存在するのである。ここに、現代のジャーナリズムのかかえる根本的な問題点あるいは矛盾が存在する。

こうした制約が、ジャーナリズムの政治的機能のうちの長期的影響に重大な影響を及ぼしているが、その点は重要である。そのなかで注目すべきは、ジャーナリズムが人々の間に共有される「われわれ」

意識の形成に寄与してきたことである。この場合、マスメディアの役割が強調される必要がある。というのも、マスメディアの大部分は一定の周期で似通ったニュースを報じるが、その結果、人々の間で他の社会の構成員と同時期に類似の情報を共有している感覚が生じるからである。これが「われわれ」意識の重要な一つの側面である。マスメディアが通常は国家を単位として活動することから、この種の意識は、国民レベルで形成されやすく、この場合、ジャーナリズムは意図するか否かは別として国家レベルのナショナリズムときわめて密接な関係を持つことになると言える。

こうした政治的機能と関連して、ジャーナリズムにはもう一つの長期的影響の側面が備わっている。それは、マスメディアを中心に展開されるジャーナリズムが、その特質のゆえに、できるだけ多くの人人に伝達する情報を認知させ、理解してもらうために、既存のステレオタイプに依存しながら報道することが多い、ということから生じる。その場合、ステレオタイプによって出来事は物語化され、またそうした物語がステレオタイプを再生産するのである。ここで言う物語とは、例えば上述した「われわれ」と「彼ら」、それに関連する「味方」と「敵」、「善玉」と「悪玉」といった物語、さらには「対立・紛争の発生・展開・終結」「成功や挫折」「原因と結果」といった物語である。

先に言及した「社会的現実」が構築・構成される場合、個々の出来事に即してそうした作業が行われるというよりも、ステレオタイプに象徴される既存の支配的価値観（とくに国家社会レベル）に依拠しながらその工程が進み、定義づけや意味づけが行われるケースが頻繁に見られる。その場合ステレオタイプは、出来事を描写する際に用いられるニュースの言葉や映像によって具体化される。このようにジャーナリズムの活動は、既存のステレオタイプや物語、さらには支配的価値観を再生産するという機能を担っている。この点に、政治環境としてのジャーナリズムが有する長期的影響の一つの重要な側面が見て取れるのである。

5 今後の研究課題

ジャーナリズムの仕事は、現在の出来事を報じることにある。そうしたコミュニケーションが積み重ねられて、出来事は記録され、社会の記憶は作り上げられる。しかし、日々生起する出来事を報道し、解説し、論評するという作業のなかで、そうした記録や記憶の社会的重要性は、ジャーナリズムのみならず一般の人々の間でも忘れられがちである。とくに、映像という「事実」に依存するテレビ・ジャーナリズムと一般の視聴者の間でその傾向は顕著だと言える。

こうしたジャーナリズムの活動と、その受容のされ方の現況を見ると、ジャーナリズムは、政治の何を、どのように語ってきたのかという問題、そして何を語ってこなかったか、なぜ語ってこなかったのかという問題が浮上する。この問題に取り組むためには、ある出来事を調査研究の対象として取り上げ、具体的に調査を行うことが重要である。その際、本章で述べてきた二つの視点、すなわち政治環境のなかのジャーナリズムと政治環境としてのジャーナリズムという視点は、一つの手がかりになると思われる。戦後日本の政治社会を対象とするそうした作業の蓄積が、象徴権力としてのジャーナリズムのみならず、戦後日本の「民主主義」を再考する契機となるはずである。

参考文献

大石裕『政治コミュニケーション――理論と分析』勁草書房、一九九八年
大石裕・岩田温・藤田真文『現代ニュース論』有斐閣、二〇〇〇年
駒村圭吾『ジャーナリズムの法理』嵯峨野書院、二〇〇一年
新聞報道研究会編著『いま新聞を考える』日本新聞協会研究所、一九九五年
Street, John, *Mass Media, Politics and Democracy*, Palgrave : Basingstoke, 2001

第14章　市民社会とジャーナリズム

阿部　潔

1　「ジャーナリズム」の縁遠さ

言葉の身近さ／実体の遠さ

ジャーナリズムという言葉を聞いたことがない人は、おそらくいないだろう。テレビや新聞が社会問題や時事問題を取り上げるとき、そうした報道はジャーナリズムの実践であるとみなされる。また、新聞記者やテレビ記者、ニュース番組のキャスターや事件ルポライターなどを、私たちはジャーナリストと呼んでいる。ジャーナリズム／ジャーナリストという言葉は、私たちにとって身近なものにほかならない。

こうした「ジャーナリズム」に対して人々が抱く漠然としたイメージは、大学生の就職希望ランキングでマスコミ・ジャーナリズム志望が常に上位を占めることから分かるように、立派な／カッコイイ／憧れるといった肯定的なものである。しかし他方で、取材対象のプライバシーを無視した報道を目にするとき、私たちはジャーナリストの傲慢さ／はしたなさを痛烈に非難したりする。こうしたことから、

「ジャーナリズム」に対する私たちのイメージが、極めて両義的であることが窺える。

ところで、こうした「ジャーナリズム」の中身自体は、私たちの日常とはどことなくかけ離れたものとして受けとめられているのではないだろうか。つまり、その言葉が身近なものであるにも拘わらず、その内実はさほど身近でないことが、ジャーナリズムと私たちとの関係の特徴のように思える。例えば、政治家の汚職や腐敗をスクープした報道は、たしかにジャーナリズムの実践であると受けとめられる。だが、多くの人々にとって、政治スキャンダルの告発は遠くの世界の出来事であり、自身の日常生活に引き付けて考えることは難しいに違いない。いくら立派なジャーナリズム活動であっても、そのことで身近な問題が解決されたり、日々の生活が快適になったりする経験を持つ人はごく少数に限られるだろう。つまり、ジャーナリズムはマスメディアが果たすべき重要な活動と認められているものの、その内実は多くの人々にとって遠い存在なのである。いわば、ジャーナリズムの実践と私たちの日常生活とは、かけ離れたものになっている。こうした「ジャーナリズムの縁遠さ」は、現代社会を生きる人々の多くに共有されていると思われる。

「言論の自由」の空々しさ

こうした縁遠さのために、マスメディアが「言論の自由の危機」を訴えても、必ずしもそれが人々の共感を呼ばないという今日的な状況が生まれている。例えば、個人情報保護法が国会の場で議論され始めたとき、新聞をはじめ各種メディアは、それがメディアの表現の自由を脅かすものであるとして批判の立場を鮮明にした。個人のプライバシー保護の名のもとに表現の自由を抑圧する悪法として、個人情報保護法案に異議を申し立てたのである。だがしかし、そうした批判は読者や視聴者の共感や連帯を必ずしも生み出さなかった。その理由の一つは、メディアが訴える言論の自由の危機が、多くの人々にとって身近で切迫したものに感じ取られなかったからであろう。逆にいえば、言論の自由によって保障されてきたメディアのジャーナリズム実践が、私たちの日常と密接に関わるものとして受けとめられていなかったのである。だからこそ、「言論の自由を守ろう」をスローガンに掲げたメディア各社の個人情報保護法反対キャンペーンは、広範な人々の支持を得ることが難しかったのである。

民主主義本来の姿からいえば、メディアの表現の自由は、人々の「知る権利」に応えるべく保障されているはずである。だが、さまざまなスキャンダルや不祥事が引き起こしたメディア不信のため、いくらメディアが「言論の自由の危機」を唱えても、その危機意識が読者や視聴者の琴線に触れることがない。こうしたことから、多くの人々にとって、メディアの表現の自由ならびにそれに基づくジャーナリズム報道が、縁遠くときとして空々しいものになってしまっていることが窺える。

だがしかし、こうしたジャーナリズムと私たちとの関係のあり方は、けっして必然的なものではないはずである。つまり、いつの時代にも／どこの社会においても、マスメディアが担うジャーナリズム実践が、人々の日常生活からかけ離れているわけではない。むしろ、両者が密接に関わり合っている状態こそが、民主主義の健全な姿ではないだろうか。

ここまでの議論で、現代社会における「ジャーナリズムの縁遠さ」を確認した。以下では、そうした縁遠さがどのような背景のもとで成立しているのか、そこにどのような問題が潜んでいるのか。さらに、縁遠さを乗り越えていく可能性はどこにあるのか。そうした現代のジャーナリズムを取り巻く社会の条件について考えていく。その際に、一見すると遠回りに思えるかも知れないが、近代的なジャーナリズムが生み出された「市民社会」に立ち返って、議論を始めることにしよう。

2　「市民社会」という視座

「市民社会」とは何か

市民社会（civil society）を一義的に定義づけることは難しい。なぜなら、市民社会のどの側面（経済的・政治的・文化的）に焦点を置くかによって、「市民社会とは何か」との問いへの答えが変わってくるからである。ここでは、先に本章での問題意識として提示した「ジャーナリズムと日常生活との関連」というテーマを論じていくうえで重要だと思われる「コミュニケーション」という視点から、市民社会について考えていく。つまり、市民社会はそれに先立つ封建社会と比較して、どのような新しいコミュニケーションを生み出したのか。そして、市民社会において成立したコミュニケーションのあり方は、どのように現代社会へと受け継がれているのか。そうした社会におけるコミュニケーションのあり方を中心に、市民社会について考えていく。

市民社会の誕生

市民社会が誕生するのは「近代」においてである。より具体的には、イギリス革命やフランス革命に代表される「市民革命」を経て、市民社会は成立した。その担い手は言うまでもなく、当時の新興勢力であったブルジョアジーであった。ブルジョアジーは、絶対王政下での封建主義的な身分制度（アンシャン・レジーム）を打破すべく、経済的な財力のみならず政治的な権力をも掌握しようと試みた。その際に彼らが準拠した価値理念が、「普遍的な人間性」である。つまり、生まれや身分に関係ない「平等な人々」という理念に訴えかけることで、ブルジョアジーは、王族や貴族に対抗して自分たちの正統性を主張したのである。

「王権神授説」という考え方が典型的に示しているように、絶対王政における王の権力の根拠は超越的なものであった。別の言葉でいえば、王の正統性は人々の関与を超えたところにあるとされたのである。それに対してブルジョアジーは、社会における支配の正統性を超越的にではなく現世的に根拠付けることを唱えた。つまり、何が正しいのか／何が望ましいのかは、神から与えられるものではなく「人間」自身によって決定されるべきであることを、ブルジョアジーは「平等な人間」との理念に基づいて主張したのである。ここには、封建社会と近代社会とを隔絶する「正統性の根拠」の大きな違いが見て取れる。

このように普遍的な人間性を価値理念として掲げ、旧体制を打破すべく革命に立ち上がったブルジョアジーたちが作り上げた新たな社会こそが、近代的な市民社会にほかならない。そこでの人間関係は、フランス革命の三つの理念（自由・平等・博愛）が象徴的に表しているように、対等な者同士の自由な連帯によって特徴付けられるものであった。市民社会に生きる人々は、少なくとも理念においては、自由で平等であることが保障されたのである。

現代への継承

こうした市民社会の理念は、私たちが生きる現代社会にも受け継がれている。個々人の自由と平等は日本国憲法によって保障されている。また、教育や労働の場においても、出身地や性別によって人々を区別＝差別することは法律によって禁じられている。

もちろん、私たちが生きる今の社会には、さまざまな差別が根深く残っている。その意味では、いまだ人々の自由と平等は実現されていない。しかしながら、憲法をはじめとする法制度において、少なくとも理念としては「平等な人間」が掲げられていることは、疑いようのない事実である。そうした「平等な人間」という発想自体は、歴史的に見ればブルジョアジーを担い手とした近代市民革命においてはじめて生まれた。そうした理念を体現した社会こそが、市民社会であった。そうした点に鑑みれば、私たちが暮らしている現代社会は、市民社会の末裔であると言える。つまり、私たちが日常的に享受している自由や平等という価値理念は、市民社会があってはじめて現実のものと成りえたのである。

「市民」という言葉

ところで、現在の私たちはどのような意味合いを込めて「市民」という言葉を用いているのだろうか。そうした言葉の使い方から、市民社会のどのような特徴を見て取ることができるのだろうか。

例えば、最近では地方選挙のときなどに、「市民派の候補」とか「市民派の議員」という言葉をよく耳にする。「市民派」を名乗る政治家たちが実際にどのような人々であるのかは、その名称だけからでは判断できない。しかしながら、有権者である私たちが「市民派」という言葉からイメージするものには、一定の傾向や共通性があると思われる。それは、既成の政治政党に属していないことや、特定の組織や団体の利害を代弁するものではないこと、などである。つまり「市民派」という言葉から喚起されるのは、既存の政治権力から自由であると同時に、特定の企業や業界と結びついた市場での利害関係に左右されない、という二重の自由である。また、「市民派」が代表=代弁する人々を指し示す言葉として、しばしば「生活者」が持ち出される。ここでの生活者とは、いわゆる「政治家」とも「企業家」とも異なる、日々の生活を送る「普通の人々」のイメージにほかならない。このことからも、「市民派」が党派性や利害から自由な存在として受けとめられていることが窺われる。

こうした「市民派」という言葉が喚起するイメージは、実のところ市民社会の本質を言い当てている。なぜなら、市民社会の特徴は、国家の領域（政治）とも市場の領域（経済）とも異なる独自の社会領域が存在する点にあるからである。つまり、権力がものをいう政治とも、財力が支配する経済とも異なる「社会の場」においてこそ、市民たちは「平等な個人」という理念のもとに連帯することができる。そして重要なことは、こうした平等な人々による自由な関係は、市民社会独自のコミュニケーション活動によって支えられている点である。次に、そうした市民社会におけるコミュニケーションの特質について考えていこう。

3　「市民社会」におけるコミュニケーション

公共圏の誕生

市民社会におけるコミュニケーションの特徴とは、何であろうか。結論を先取りしていえば、自由・平等な人々のあいだで理性的かつ批判的な討論が成立したことである。先行する絶対王政時代では、王の発言は「神の名において」超越的に正当化された。それと対照的に、市民社会での人々の発言は「理性の名において」現世的に正当化されることが求められた。そこでは理性に訴えることで、議論が成立したのである。こうした市民社会のコミュニケーションについて、J・ハーバーマスの『公共性の構造転換』での議論に則しながら考えていこう。

市民社会では、国家とも市場とも異なる領域が生み出された。そうした社会空間では、従来とは異なる新たなコミュニケーションが立ち現れた。「誰が言ったか」ではなく「何が言われたか」が、そこでは重要となる。発言の「正しさ＝正当性」は、話者の地位や権力によってではなく、あくまで発言内容の合理性や説得性によって決められる。だからこそ、コミュニケーションを交わす人々は、社会的な地位とは無関係に「平等な人間」として互いに関わり合うことになる。

当時の新興勢力であったブルジョアジーは、こうした普遍的な平等性という理念を足場として、自分たちの主張を打ち出していった。王や貴族が自らの正統性を擁護するのに「神」を持ち出したのに対して、ブルジョアジーは「万人」を根拠として対抗した。なぜなら「神の名において」正しいとされた旧秩序は、実際には現世の多くの人々を苦しめるものだったからだ。ブルジョアジーは、普遍的な人間性に訴えかけることで、王侯・貴族といった一部の特権階級にのみ利益をもたらす封建的な社会制度を批判したのである。

それでは、封建秩序に攻撃を加えたブルジョアジーは、どのようなコミュニケーションを生み出したのだろうか。具体的にどのような場において／どのような形で、それは実現したのであろうか。

ブルジョアジーによって担われた新たなコミュニケーションの具体例を、ハーバーマスは市民社会成立当初のコーヒーハウスでの自由な討論に見出している。当時のコーヒーハウスは、人々が地位や財力を括弧に入れたうえで、互いに自由・平等な立場でコミュニケーションを交わす社会的な空間であった。そこでは、政治的な問題や時事的な話題をめぐって批判的な議論が自由闊達に交わされた。人々は「私人」の立場から「公的な事柄」について熱く語り合っていたのである。こうした社会的な意味空間を、ハーバーマスはブルジョア的な公共圏（独：Öffentlichkeit, 英：public sphere）として捉えた。

ジャーナリズムの不可欠性

こうした公共圏が成立するうえで、メディアのジャーナリスティックな活動が不可欠であった。そのことをハーバーマスは、歴史的事実に基づき論証している。当時の政治新聞は、時事問題をめぐるさまざまな意見や立場を活字にして伝えていた。そして、コーヒーハウスでの人々の議論内容は、これら政治新聞に取り上げられることで、より広範な人々に伝えられた。と同時に、人々が政治新聞を読むことで、コーヒーハウスでの議論がさらに活況を呈していった。ここには、政治新聞というマスメディアを媒介にして、コーヒーハウスでのコミュニケーションが時間／空間を超えて拡がっていく様が見て取れる。このようにメディアによるジャーナリズム活動を通して、ブルジョア的な公共圏が発展していった点をハーバーマスは重視するのである。

政治新聞が果たしたこのような歴史的役割から、市民社会における人々の「表現の自由」を確保するうえで、いかにジャーナリズム活動が重要であったかが窺い知れるであろう。公的な事柄をめぐる理性的な討論を目指したコーヒーハウスでの人々の語らいは、政治新聞に媒介されることでその批判性を深めていった。絶対王政に対抗するうえで必要不可欠であった個人の「表現の自由」は、メディアが担った「言論の自由」と深く結び付いていた。個人とメディアそれぞれの「自由」を目指したコミュニケーションを通じて、市民社会は「理性の名において」築き上げられていった。

ここには、人々の日常生活に根ざしたコミュニケーション実践とメディアを媒介としたジャーナリズム活動との密接な結び付きが見て取れる。ハーバーマスが指摘するように、市民社会に生きる人々は「活字を読む公衆（reading public）」として、批判的な発言の担い手に成りえたのである。そしてジャーナリズム活動は、そうした読書する公衆＝市民に公的な事柄をめぐる情報を提供するとともに、そうした市民のコミュニケーション実践に支えられることで、批判的言論の装置として機能した。このように市民社会におけるマスメディア＝政治新聞は、人々の「表現の自由」を実現すべく自らの「言論の自由」を掲げてジャーナリズム活動に従事していた。そうしたジャーナリズムと人々の関係は、社会における民主的なコミュニケーションの範例として理解できる。

しかしながら、こうした両者の姿は、市民社会の末裔であるはずの現代社会を生きる私たちの日常とは、あまりにもかけ離れている。現在では、一方でメディアの言論活動は人々には縁遠く感じられ、他方でジャーナリズムは人々の根深いメディア不信に直面している。どうして事態はこうも変わってしまったのだろうか。ハーバーマスが示した「公共性の構造転換」という視点から、そうした問題について考えていこう。

4　「市民社会」の変容

国家と市場の再融合

ハーバーマスは、市民社会成立当初の「自由主義段階」から「組織化された段階」へと資本主義が発展するにつれて、公共圏が変貌していく過程を描き出している。それによれば、市民社会において分離されていた国家と市場の領域は、資本主義が高度化していくなかで再び融合されてしまう。一方で国家による経済政策というかたちで「政治の経済化」が起こり、他方で企業組織などが自己利益を反映すべく政治に介入することで「経済の政治化」が生じる。その結果、かつての国家と市場の分離は形骸化していく。ハーバーマスはこうした政治と経済が再融合する動きを、市民社会の「再封建化」として批判的に描き出した。

国家領域と市場領域の区分が曖昧になることによって、両者とは異なる社会領域として存在していた公共圏も大きく変貌していく。一方で、市場における利益追求ばかりを目指すマスメディアは、人々のセンセーショナリズムに訴えかける「イエロージャーナリズム」の色合いを濃くしていく。他方で、国家の介入や統制のもとに置かれた言論活動は、大衆からの合意調達を目的とする広報活動の側面を強めていく。こうして国家と市場それぞれの論理に支配されたマスメディアが生み出すコミュニケーションは、かつてのブルジョア的公共圏に見出された理性的で批判的な討論とは大きく様変わりしてしまっている。そこでの人々は、「活字を読む公衆」として批判的な言論の担い手となるのではなく、マーケティングやプロパガンダのターゲットとして支配や操作の対象に堕してしまっている。かつて批判的コミュニケーションが紡ぎ出される磁場であった公共圏は、現在では情報操作による巧みな支配が遂行される場へと、その姿を変えてしまった。ハーバーマスは、こうした動きを「公共性の構造転換」として批判的に述べたてたのである。

コミュニケーションをめぐる危機

このように構造転換した公共圏の姿は、実のところ私たちが日常的に目にしているマスメディアと人人との関係のあり方そのものである。日々夥しい量の情報が、テレビや新聞・雑誌を通して私たちに浴びせかけられている。だが多くの場合において、そうした情報は人々の批判意識や理性的な討論を生み出すことはない。次から次へと話題を変えながら、その度ごとに視聴者/読者の欲望を喚起していくマスメディアの働きは、政治・時事的な問題への興味や関心を醸成するのではなく、より個人的で安逸な快楽へと人々を誘っていく。そこでの私たちの姿は、ハーバーマスが批判を込めて描き出した「消費する大衆（consuming mass）」にほかならない。

おそらく多くの人々は、自分たちがマスメディアによって支配・管理されていると殊更に意識することはない。しかしながら、かつて市民社会での公共圏において「市民」が果たしていた役割と比較するとき、現在の「豊かな社会」に生きる私たちは、コミュニケーションの主体としての自律性を明らかに失っている。しかも、そうした「自由の喪失」を喪失として意識させないほどに、現在のマスメディアを介して発揮される支配のメカニズムは巧妙なのである。公共圏は「構造転換」することで、その批判性を奪われてしまった。だが、それを人々に殊更に感じさせないまでに徹底して、コミュニケーションは管理されてしまっている。こうした現代社会の状況のなかに私たちがいることを確認すると、冒頭で指摘した「ジャーナリズムの縁遠さ」にも納得がいくであろう。合意調達やセンセーショナリズムをもっぱらとする現在のマスメディア実践のなかで、ジャーナリズム活動それ自体も変貌を遂げてしまっている。近年、テレビ番組におけるニュース報道と娯楽志向のワイドショーやバラエティ番組との境界が曖昧になっていることが指摘されている。そこから窺い知れることは、現在ではジャーナリズム自体が、政治や社会への批判や批評を目指したものではなく、むしろ視聴者に消費される「商品」に成り下がっている、という厳しい現実である。

このように考えてくると、人々の日常生活とジャーナリズム活動とがかけ離れているという事態が、単に人々の政治への関心の低さやジャーナリストの資質の問題として片付けられないことは明らかであろう。社会に広く分かちもたれている「ジャーナリズムの縁遠さ」は、市民社会の末裔である現代社会の構造的な危機を物語っている。公共性が構造転換を遂げてしまった高度資本主義社会では、批判的なコミュニケーションが交わされる社会的な空間が欠落している。そうした事態は、市民社会が理念として掲げてきた自由・平等の危機にほかならない。こうした構造的で制度的な問題に目を向けないかぎり、ジャーナリズムの再生や復権を構想することはできないであろう。別の言葉でいえば、私たちの日常生活実践とメディアのジャーナリズム活動との結び付きを取り戻すためには、小手先の改革ではなく、より構造的な視点からの変革が必要なのである。

それでは、デジタル・ネットワーク社会の可能性が声高に唱えられる昨今の状況において、ジャーナリズムと人々の関係には、どのような変化の兆しが見られるのだろうか。市民社会的なコミュニケーションが復活する可能性は、そもそも存在するのだろうか。最後に、そうした点について考えていこう。

5　デジタル・ネットワーク社会の可能性と課題

インターネットの現実

インターネットに代表されるデジタル・ネットワークは、従来からのコミュニケーションのあり方を劇的に変えていく可能性を秘めている、としばしば指摘されてきた。たしかに、電子メールが日常的なコミュニケーションの手段になり、ホームページを利用した情報のやり取りが当たり前である現在の状況は、わずか一〇年前には考えられもしなかった。一対一、一対多、多対多といった多様なコミュニケーションを双方向的に実現するインターネットの普及によって、マスメディアが担ってきた不特定多数を対象とした一方向的なコミュニケーションは相対化されつつある。

例えば、これまでマスメディアからの情報を受け取るだけであった多くの人々が、今ではホームページやBBSを利用することで、マスメディアに対して批判や意見を述べたてることが容易にできる。こうした新たなメディアを用いた活発なコミュニケーションは、ハーバーマスが指摘した「公共性の構造転換」という状況を、再度転換していく可能性を秘めているように見受けられる。つまり、マスメディア企業や組織ではなく個々人を担い手とした新たなコミュニケーション実践を通して、理性的で批判的な言論活動が社会のなかに再び芽生えることが期待されるのである。そうした意味では、デジタル・ネットワーク社会は「新たな市民社会」の成立を私たちに約束してくれるように思われる。

だがしかし、インターネットの現実に冷静に目を向けるならば、事態が必ずしも期待されたように進行していないことは一目瞭然であろう。一方において巨大資本の電子ネットワークへの参入は、新たな市場をめぐる激烈な競争の場へとインターネット世界を変えつつある。また他方で、テロへの警戒から過剰なまでにセキュリティ確保を重視する国家は、警察権力の強化によってインターネットを管理し監視することに躍起になっている。こうした点に鑑みれば、インターネットという新たなコミュニケーション領域にまで、「公共性の構造転換」が広がっているとすら言えよう。たとえ新たな情報技術が開発されたとしても、そのことで自動的にコミュニケーションの批判性が取り戻されるわけでないことを、近年のインターネットをめぐる現実は物語っている。

インターネットの可能性

それでもなお、インターネットがもたらすコミュニケーション変革のなかに可能性を見出すことは、けっして無意味ではないだろう。ジャーナリズムと人々との関係に照らして、インターネットの潜在性について考えてみよう。

インターネットにおけるコミュニケーションでは、従来のマスメディアに見られた送り手／受け手の区分が曖昧になっている。少なくとも技術的には、メディアの利用者は誰でも情報の送り手になることが保障されている。インターネットのホームページでは、日々の些細な出来事を綴った日記から、自分の趣味について熱く語ったもの、さらに政治的・思想的な意見を書きなぐったものまで、ありとあらゆる情報発信が試みられている。もちろん、そうした情報発信すべてをジャーナリズム活動とみなすことは到底できない。だが、ネットのなかで積極的に情報発信する人々の姿には「ジャーナリズムの縁遠さ」を超えていく可能性が垣間見られる。

個々人が自由かつ容易に情報を発信できるようになれば、これまで特権的に情報発信を担ってきたマスメディアの地位は、当然ながら揺るがされる。これまでジャーナリズム活動は、どことなく立派な／偉いことのように思われていた。それに対して、インターネットにおける情報発信は、もっと身近で日常に根ざしている。ネットを活用した自由な情報発信がさらに広がっていけば、これまでマスメディアが一手に引き受けてきた伝統的なジャーナリズムのあり方自体が「脱神話化」されるに違いない。つまり、なにもマスメディア企業や組織だけがジャーナリズムの担い手である必要などないことが、自ずと明らかになるのである。さらに、ジャーナリズムの実践を諸個人のささやかな情報発信をも含み込んだかたちで「市民のもの」とすることができれば、構造転換した公共圏を再び批判的な言論の場へと変革していく道筋が開けてくるに違いない。

ジャーナリズムの脱神話化

こうしたジャーナリズムの脱神話化は、なにも既存のマスメディアの働きを否定するものではない。

そうではなく、これまで特権的・独占的にマスメディアが掌握してきたジャーナリズムを、より多元的で日常に根ざしたものに組み換えていくことが必要なのである。

例えば、次のような事態を考えてみよう。自分が暮らす地域にゴミ処理施設が建設されることに不安と疑問を抱く一人の市民が、環境保全や汚染物質の危険性に鑑みて施設建設に反対する意見をインターネットの掲示板に書き込んだとする。それを読んだ人々のなかで、同じようにゴミ処理施設の問題に直面している人が支援やアドバイスを綴った書き込みを加えていく。やがて多くの人々を巻き込みながら、掲示板を舞台としてゴミ問題を真剣に考える言論の場が形成されていく。そうしたインターネット内での議論の盛り上がりを受けて、テレビや新聞・雑誌がゴミ処理施設建設問題をニュースとして取り上げる。そして今度は、マスメディアの報道に触発されるかたちで、ゴミ問題に悩む各地の住民がインターネットなどのメディアを介して自分たちの意見を表明していく。

このようにインターネットとマスメディアそれぞれにおける言論活動が相互に媒介されることで、ゴミ処理施設建設の可否をめぐるコミュニケーションは、より多元的で重層的なものへと展開していく。そこには、人々の日常生活から乖離することなく、同時により大きな社会問題の批判へと拡がっていくジャーナリズム活動の萌芽が見て取れる。

こうした多元的／重層的なコミュニケーションは、けっして夢物語などではない。現実のインターネット世界において、それは既に生まれつつあるのだ。インターネットがもたらす双方向の情報発信という技術的な可能性を、従来のマスメディア型ジャーナリズムを脱神話化し再市民化するような方向で実現することができれば、デジタル・ネットワーク社会を「新たな市民社会」として築き上げていくことも不可能ではないだろう。

新たな「市民社会」に向けて

一方で、どことなく縁遠く感じられがちなジャーナリズム活動を、個人の情報発信を含んだ身近なコミュニケーション実践へと「引き下げる」こと。他方で、そうした身近なコミュニケーションを、それが自分だけの世界に閉塞することがないよう、社会や他者と関わりを持つべく相互に「結び付ける」こと。こうした課題が果たされたとき、現在多くの人々にとってどこかしら空々しく遠くの世界の出来事のように感じられる「ジャーナリズム」は、日々の生活に根ざしたコミュニケーションの実践として新たな姿を現すはずである。そのときはじめて私たちは、単なる技術的可能性ではなく社会的現実態としてのデジタル・ネットワーク社会＝「新たな市民社会」の実現に向けて、大きな一歩を踏み出すことができるに違いない。

参考文献

阿部潔『公共圏とコミュニケーション』ミネルヴァ書房、一九九八年
ジェームズ・カラン、阿部潔訳「マスメディアと民主主義——再評価」J・カラン、M・グレヴィッチ共編、児島和人・相田敏彦監訳『マスメディアと社会』勁草書房、一九九五年
花田達朗『公共圏という名の社会空間』木鐸社、一九九六年
ユルゲン・ハーバーマス、細谷貞雄・山田正行訳『公共性の構造転換　第二版』未來社、一九九四年
ユルゲン・ハーバーマス、河上倫逸・耳野健二訳『事実性と妥当性　上・下』未來社、二〇〇二年、二〇〇三年
林香里『マスメディアの周縁、ジャーナリズムの核心』新曜社、二〇〇二年

第15章　ジャーナリズムインフラとしての広告

伊藤洋子

1　メディアの産業化と広告の産業化

通信業と広告業との連携

現在日本の広告業界トップの地位にある電通は、一九〇一（明治三四）年に日本広告株式会社として誕生し、同時に電報通信社と切抜通信社という通信社を併設しスタートした。その後通信社を日本電報通信社として独立させ、広告会社をこれに合併して、広告・通信兼営の日本電報通信社（電通）が誕生した。一九〇七（明治四〇）年のことである。

広告・通信業を兼営することにより、広告の収益で通信を支え、通信は広告のバックボーンとして発展し、電通は急成長を果たしていく（後に通信部門は同盟通信社に譲渡され、電通は広告専業となった）。

広告代理業と通信業の兼営というのは当時けして珍しいものではなく、その先達としては一八八二（明治一五）年に福沢諭吉が創刊した『時事新報』がある。欧米の新聞界の経営構造を熟知していた福沢は、広告収入の確保は新聞活動の外部勢力からの独立につながるとの認識から、広告収入を重視した。

それは当時の「大新聞」の主流をなしていた新聞が、政党、政府のいずれかに支援されており、これら外部すなわち政治勢力からの独立を期することを目的に、広告部門を重要視したのであった。このように、『時事』を有力な広告メディアとしても育てた福沢の影響により、草創期の広告代理業が誕生し、発展していったという経緯がある。

福沢の〝外部勢力からの独立〟経営のために広告を重視するという理念は、広告業と通信業の兼営形態をもたらしたが、明治から大正期にいたるころには、広告主の弱点をつかんで通信部門が脅し、これによって広告取引に結びつけるといった、理念を逆手にとるような広告代理業者が出現することにもなった。

広告代理店の業績をはかるメディアの扱い量

一八九五（明治二八）年、日清戦争が終わった年に誕生した博報堂は、教育雑誌への広告取次営業からスタートし、雑誌『太陽』の大ヒットで当時隆盛を誇っていた博文館の雑誌や新声社（後の新潮社）の雑誌『新声』などの入り広告から、出版社が新聞へ出稿する出版広告に進出し、一般商品へと扱いを拡大し成長した。一九一〇年から約三〇年間におよんで博報堂は、『東京朝日』の一面全面を買い切って出版広告で埋める、という広告政策を成功させて業界上位に進出、その名声を高めることとなる。

一八九〇（明治二三）年創業の萬年社（一九九九年倒産）は、当時、広告重視の経営戦略をとって『大阪朝日』に追いつけ追い越せを悲願としていた『大阪毎日』の専属代理店としてスタートした。当時の萬年社は『大阪毎日』と「萬年社ハ大阪毎日新聞紙上ニ掲載スベキ広告文ヲ蒐集シ之ヲ大阪毎日新聞社ニ紹介スルヲ以テ営業ス」という条文を第一条とする契約書を交わしていたという。しかし、萬年社は

『大阪朝日』とも取引を開始し、さらに地方紙との取引も拡大して成長していった。

広告界の黎明期の広告媒体は印刷媒体に限られ、その中で新聞は最も有力なメディアであり、新聞の扱い量が広告代理店のランキングを左右した。

大手広告代理店の以上のような誕生とともに、黎明期の広告市場は媒体（新聞の広告スペース）の扱いを巡る過当競争に陥り、値引き合戦の激化を招く。なかでも急速な成長を遂げた電通の値引き取引はすさまじいものであったとの記録がある。

取引が決定づけた広告界の体質とポジション

日本の広告界の位相、性格を最も決定づけたのは、広告取引の形態にある。新聞や雑誌の広告スペースを広告主に取り次ぐということで発展してきた広告代理業は、その売上を媒体社に収め、そこから得る手数料（マージン）を広告取引の柱としてきた。この取引形態は戦後ラジオやテレビが出現し、広告界を近代化へと大きく変えていった現在にいたるも引き続いているものである。

長年、広告代理店及び広告代理業と呼ばれてきたゆえんは、このような広告界の業態を物語っている。今日、広告会社という呼称が一般化しつつあるが、このような取引形態が標準となっているところから、とかく広告主からは、広告会社はどちらを向いて営業しているのか、しょせんは媒体の代理店ではないのか、といった声が起こりがちとなる。

そのような取引において、広告主の広告コピーを考え、デザインをし、といった仕事は、広告営業に付随するサービスとして無償で行われてきた。

また広告産業の草創期から今日にいたるまで、最も力のある存在は大手広告主企業である。広告取引料金の格差は当然のごとく大手の有力広告主に有利であった。

広告業界の成長・繁栄によって、福沢諭吉が広告を重視した理念、〝外部勢力からの独立〟が貫かれていったかというと、否定的にならざるをえない。政府、政党からの独立では、戦前、戦中の報道を振り返らざるをえず、戦後から現代においては、大手広告主企業への〝配慮〟という形で、〝見えざる外圧〟はこれまでさまざまに指摘されてきたところだ。それは、大手広告主企業のスキャンダル報道はできるだけ小さく扱う、企業名を出さない、できれば扱わない、といった記事の自粛を促す直接的な働きかけや、資金や政治的〝力〟を有する者へのメディア企業の自主規制ともいえる影響である。

2　メディア産業の下支えとして

マージン・ビジネスへのこだわり

日本の広告産業を語るについて、その性格・体質を理解してもらうには、以上のような歴史的な成り立ちを知っていただかなくてはならない。ここで「日本の」といったが、広告会社がメディアの広告スペースの売り上げ手数料（＝マージン、現在は約一五％を標準としている）を経営の柱としているあり方は、アメリカからはじまり日本もその影響を受け、かつては世界標準としてきたものであった。

このマージン・ビジネスを、欧米では広告主の要求の多様化によるマスメディア以外の扱いが増えるに従い、調査や広告制作、マーケティング関係費は業務に見合った広告会社の報酬（フィー）として切り離す、フィー制度へと転換してきた。

この過程で、媒体手数料は一ケタ単位となり、広告主の要求に応えるフィー・ビジネスを成立させてきたのである。いまでは欧米の広告界では一五％手数料は過去のものとなっており、いまだメディアからの手数料一五％を柱とする、マージン・ビジネスを主たる取引形態とする日本のケースは、世界的にも希有な存在となってきている。

広告業の優劣を決定したメディアとの関係

日本の広告業界が一五％の手数料にこだわる背景はいろいろあろうが、一、二挙げてみると、一つは広告会社によるメディアの広告スペース「買い切り」が挙げられる。メディアは広告スペースを取引代理店に一定量買い切らせることによって、広告収入の安定化を図ったこと。対する広告代理店にとっては、自社の裁量により営業できるスペースを持つことで、売り手市場にあるときは安定した利権となり、逆に不況などで買い手市場にあるときは負担となる反面、媒体に〝恩を売る〟構造ともなる。

買い切り制度とは既得権であると同時に、媒体社に対して安定した広告収入を保障する特約でもある。扱った広告料金は一定期間内で納め、たとえ広告主が倒産などで不払いを起こしても、広告代理店が支払いは保障するというように、媒体社にとっての広告代理店とは広告営業の代理店であるばかりでなく、金融機関的な存在となっているのだ。

二つめに挙げておかなくてはならないのは、この「金融機関」としての広告代理店の存在である。広告代理店が媒体社と取引関係を結ぶとき、決められた一定期間内に広告スペースの売上金を納入するという、重要な取り決めがある。多様な産業や団体との取引を前提とする広告は、業界や企業ごとにあまたの取引条件に左右される。ときには経営の行き詰まりや倒産などによって、支払い延期、または売上料金の回収不能といった事態も生じる。このような煩雑でときにリスキーな資金の流れを引き受けて、媒体社の経営を安定的に支え、報道機関としての主体性を損なわず、本来の使命遂行の下支えをしていくという大義、つまりジャーナリズムインフラとしての広告を担う、大義名分が広告業の金融機能として課されている。ここに媒体社と広告代理店のマージン・ビジネスの根幹があるといってもよい。

しかし、媒体社がメディア産業として拡大し、本来のジャーナリズムの脆弱性が指摘され、広告の倫理性、弊害が問われる今日、こうしたビジネスの根本が問われてくるのではないだろうか。

「買い切り制」というもたれあい

新聞は戦後も、高度経済成長期の広告費がぐんぐん伸びていく時代のトップの広告メディアであり続けた。その新聞メディアを支える一方の広告会社も成長していった。が、このような状態に影がさしだす。二〇世紀最大のメディアといわれるテレビが、一九六〇年代以降急成長し、七五年にはついに新聞の広告費を追い抜き、以後、一位テレビと二位新聞の格差は広がる一方で今日にいたるのである。となるとしだいに新聞の買い切りは代理店にとって負担となり、代理店の経営を圧迫し、不況の今日では、代理店そのものの存続をも危うくするものとなる。

テレビが隆盛を誇るようになると、買い切り制は番組提供枠ごと広告会社が買い切るというものが多くなってくる。特に、視聴率のよい時間帯は、電通をはじめ大手の広告会社による買い切り枠が多く、ある広告会社の一社買い切り枠の場合、その番組枠のＣＭ編成は放送局の意思より代理店の仕切りが優先するのが実状であるという。

例えば債務者に対する脅迫、暴行事件で社会問題にまで発展した商工ローンのＣＭは、九九年三月ころから問題視され、夏には被害者弁護団から放映中止の申し入れがなされた。この当時特に問題視されたのが、商工ローン最大手の「日栄」（後に「ロプロ」と社名変更）が「サンデープロジェクト」「ニュースステーション」「報道特集」などの報道番組のスポンサーになっていたことだった。弁護団の一員である宇都宮健児弁護士は当時雑誌のインタビューでこう答えている。

「（報道番組のスポンサーになることで）自分たちの問題をテレビでとりあげにくくさせると同時に、そういう堅い番組を提供することで、『信用のおける業者』というイメージをつくりあげ、それを商売に利用していたのです」（『放送レポート』一六三号、二〇〇〇年）。

この商工ローンのCMは同年一一月になって「日栄」に強制捜査が開始されたことをきっかけに、テレビから姿を消す。問題企業のCMを容易に打ち切れなかったのは、一つには値引きのない〝おいしいスポンサー〟であったこと、そしてもう一つ、広告会社の買い切り枠となっており局の意を通しにくかった、という事情がある。

このように広告会社が一社で番組枠を買い切ることは、ときに局（メディア）の主体性そのものの危うさを露呈することになる。自社のイメージ浄化手段に信頼性の高い報道番組を利用し、そのためには取引条件（価格、支払いなど）の不利をあえて受け入れる「力」が、広告会社を動かし、メディアを屈服させ、コマーシャリズムがジャーナリズムを〝汚染〟するという悪しき構図が描かれていくことになる。

3　ジャーナリズムという〝商品〟価値は信頼性

利用されるメディアの信頼性

なぜこのような社会的に問題となる企業が報道番組のスポンサーになりたがるのだろうか。企業イメージを浄化するには、信頼の高いメディアや番組を利用することが手っ取り早いからである。そのためにメディアのジャーナリズムは侵犯されやすいということを、上記の事例は語っているのだ。

広告主としては、視聴率や販売部数をメディアの評価データとして重視するが、ときにはそれ以上に重視されるのが、媒体の「信頼」度であり、読者・視聴者層の支持である。信頼性の高いメディアとしては全国紙・ブロック紙などの新聞と、テレビの報道番組が筆頭に挙げられる。その中でテレビは、信頼度以上にその影響力の大きさゆえに、広告メディアの標的とされ、報道への〝ゆらぎ〟と社会に投げかける問題を生じることが少なくない。

二〇〇二年、通信販売の「ジー・コスモス・ジャパン」が会員三万人から巨額な資金を集めた詐欺事件では、CMを放映した日本テレビとテレビ朝日が被害者から媒体責任を追及され、損害賠償を求める訴訟を起こされた。他にもCMや広告を掲載したテレビや新聞、雑誌などが詐欺商法などの被害者から訴えられるケースが目立ってきている。いずれも媒体責任を問うものである。これはメディアが有する商品価値とは、その信頼性にあるということの、裏返しの証明といってよい。

特に、公正・中立を建て前とし、事実を正確に伝えるものとしての報道は、ジャーナリズムの基本として、読者・視聴者との信頼関係で成り立つ「商品」なのである。

メディアと広告主、各々の言論・表現の自由が問われる意見広告

ジャーナリズムの信頼性、主体性を問われるものとして、「意見広告」というジャンルと、記事スタイルの広告（記事体広告といわれる）を考えてみたい。

意見広告とはいうまでもなく、商品広告とは異なり、ある個人や企業・団体の主義主張や、対立する

イデオロギーに向けて発する意見、思想や言論の自由市場である。ここで悩ましいのは、では商品広告は意見広告とはいわないと言い切れるかというと、必ずしもそこにはっきりと線引きはできない。が、ここではまず、以上のような範疇を指すこととする。

意見広告でどうして媒体の信頼性が問われるかといえば、広告市場に思想・言論の自由市場を解放するということは、メディア自身が思想・言論の自由を確固として保ち、信頼の基本であるメディアの主体性を確保するジャーナリズムとしての意見・姿勢を貫いているか否かが、意見広告という市場を拓いていくには、ことさら重要だと思われるからである。

つまり、編集権としてメディアの言論・表現の自由が確保され、広告を出す側の言論・表現の自由を約束してこそ成り立つのが、意見広告という〝もうひとつの広告市場〟だと思うからである。

しかも意見とはどだい個人である。個人の意見すなわち少数意見を尊重する姿勢がメディアにはこの場合特に求められなくてはならない。市民運動の一環として賛同者を集め、意見広告を出すということが活発に行われるのも、それは個々人の集合体としての意見の表明にほかならない。

ジャーナリズムの衰弱が招く市場

ところが、意見広告として頻繁に出てくるものに、政府や省庁のいわゆる「国」が税金によって出稿する意見広告がある。例えば原子力発電や自衛隊など、意見が大きく分かれるものを、圧倒的な資金力（とはいえこの場合は税金だが）で一方的に展開することに対して、資金力のないもう一方の側に「反論権」も認めないというのは、少数意見の圧殺にもなりかねない。

しかし、反論権については未だ媒体側はいっさい認めず、新たな広告資源として意見広告を解禁し、その反面、内容のチェック、表現変更要請など、過剰ともいえる介入をしているのが実状である。

それでも、相次ぐ表現規制法案やイラク戦争などに向けて、市民の側からの意見広告は活発になされてきている。中には「反対　イラク武力攻撃　瀬戸内寂聴」(『朝日新聞』二〇〇三年三月四日)というまさに個人の意見広告が出されたのも最近の傾向を反映しているといえるだろう。

そこには市民の側のメディアに対する批判、ジレンマが見て取れる。メディアがいうべきこと、伝えるべきことをしていない、だから私たちが、といった思いがふつふつと伝わるのである。このような意見広告が成立する背景を稲葉三千男は「意見広告をめぐる取引が成立する(媒体社と提供者とのあいだに編集権をめぐる共通理解が成立する)のは、新聞の言論性、意見性、ジャーナリズムが衰弱しているからである。その新聞社が、市場独占を確保し、さらに強化しようとして、営利主義(コマーシャリズム)の鉄則を順守するから」であり、さらにこのような新聞メディアの今日性は「言論市場の独占をめざして〝不偏不党〟をタテマエとしているから、だから意見広告のメディアとして選ばれると同時に、その新聞はみずからの〝不偏不党〟性を多少とも放棄せざるをえない。ここが意見広告のジレンマである。〝不偏不党〟だからこその意見広告が、その〝不偏不党〟を掘り崩す」と指摘する(『宣伝会議』一九七六年七月号)。

ジャーナリズムの主体性が試される意見広告

稲葉が指摘した時代から約三〇年後の現在では、〝読売・サンケイ路線〟が保守化・右傾化を鮮明にする一方で、相変わらず不偏不党、公正・中立、客観報道をタテマエに揺らぐ他の新聞が対置するという環境下で、意見広告が活発化している。意見広告の活況が必ずしもジャーナリズムの脆弱さに帰するばかりではないが、現状の新聞ジャーナリズムのありように、意見広告を出さざるをえない市民心情が反映されていることは否定できない。市民の発意がもうひとつのジャーナリズムとして意見広告となり、対して政府や省庁など「国」は政策推進の啓蒙ジャーナルとして、原発やイラク戦争、言論表現規制法案や有事法制などをめぐるイデオロギー対立の武器として、意見広告を展開していることが見て取れる。

しかしその武力はとなると、大量破壊兵器と迫撃砲ほどの大差がある。少数意見を尊重するという名分が意見広告に道を開いたメディア側にあるなら、また、意見広告をもうひとつのジャーナリズムとして尊重するなら、この目も眩むばかりの格差に対して、反論権の道も閉ざすべきではない。

メディアに対する規制や批判が高まる中で、一方にジャーナリズムの衰弱が指摘されている現状では、意見広告は活発化せざるをえないだろう。となると、これを受け入れるメディアの受け入れ条件なるものが気になってくる。いかなる意見であろうとも受け入れるのか、はたまた自社の思想・信条に合致しないものは拒否するのか。それとももうひとつのビジネスとして受け入れていくだけなのか……。

意見広告とは、他者（広告主）責任による意見ジャーナリズムであり、つまり自分は免責される〝肩代わりの〟意見ジャーナリズムでもある。どう受け入れようとも、直接的な責任は免責されようとも、本編ジャーナリズムへの影響は免れない、そのような広告なのである。受け入れるからには、メディアはそれなりの「覚悟」が要る（はずである）、それほどにジャーナリズムとしての主体性が試される広告なのである。

4　タイアップが招くジャーナリズム喪失の道

編集を侵略する記事体広告

ジャーナリズムのインフラとしての広告を考える場合、逆に、広告のインフラとしてのジャーナリズムという認識を、広告主も広告産業も持つ必要があるのではないか。

そこで気になってくるのが、タイアップや記事体広告と呼ばれる広告のスタイルである。かつて井上輝子を代表とする女性雑誌研究会が行った労作『女性雑誌の日米墨比較研究』（一九八五年）は、日本の女性誌の記事体広告の多さを改めて証明した。これによって裏付けられたのは、女性誌の批評性・批判性の欠如である。広告誌面の多さである。

ジャーナリズムの信頼性とは、事実を正確に伝えること、広く深い取材力を有すること、客観報道というタテマエに依存せず的確な批判性を持っていること、強者及び権力に対する矜持が保たれていること、そして問題提起、あるいは的確な解説性ということになろう。これらを総じてジャーナリズムの意見、姿勢は伝達され、信頼は構築されていく。

女性誌のみをあげつらうわけではないが、まずは女性誌に焦点をあてて考えてみたい。

そこには井上たちの調査が示すように、タイアップや記事体広告が非常に多い。これが顕著になったのは、一九七〇年以降の一部雑誌群が広告収入を見込んで、大量発行の競争に踏み込んでいってからではないか。七〇年前後の日本の広告費は、眩いばかりの高度経済成長率をさらに上回る勢いで伸びていた。広告収入に依存してマスプロ・マスセールを目論む雑誌は、大手出版社を中心に次々と生み出されていく。

中でも、雑誌広告費の大手広告主、化粧品、トイレタリー、ファッションなどは、女性誌の得意先であり、雑誌広告費全体の五〇%を占める。このおいしい市場になだれ込んだ女性誌が生み出したのが、編集（エディトリアル）と広告（アドバタイジング）の相乗り、「アドバトリアル」であった。広告主と編集のタイアップによる記事体広告である。

この手法に目覚めることによって、女性誌をはじめとするマスプロ雑誌は、編集ジャーナリズムの世界をコマーシャリズムに開放してしまったのだ。この結果、化粧、ファッションという女性誌のいちばんの売りである企画・記事から、批判性を欠き、正確性を削ぎ、信頼性の要を失ってきたのではないか。かつて山川菊栄は雑誌『改造』で当時の婦人雑誌をして「ただ舌ざわりをよくするためにサッカリンを惜しげもなく使っただけ」の「サッカリン料理」の雑誌とこき下ろし、このような雑誌のあり方が、女性を奴隷状態に閉じ込めていると、厳しい批判を浴びせた。それは一九二二年、大正一一年のことであった。以来半世紀を経て戦後の新世代を狙って、マスプロ・マスセール市場を築いてきた今日の女性誌は、編集技術と印刷技術の成長にあずかって、より巧みに女性をコマーシャリズムの奴隷状態に閉じ込めているといえる。

視聴者の目を眩ますタイアップ

さらにメディアの主体性もまた、コマーシャリズムに隷属することによって失われていく。

新聞においても、記事体広告というスタイルに、著名人や記者によるものがある。そこでは、ときに記者によるルポや協力が見られる。この場合、広告主は個人の名声ではなく、「記者」という肩書きを求める。新聞が長年築いてきた信頼を体現する記者を利用するのである。

安易な記者の「協力」は、記者の筆を鈍らせ、公正・中立、正確性、そしてなによりも大切なジャーナリズムとしての意見、批判性を喪失していくこととなるのはいうまでもない。

テレビにおけるタイアップはさまざまある。ドラマの小道具、ロケ地、人気のグルメ番組は口に入れたとたんに「おいしい!」という決り文句を発する。その裏側には、企業や店の〝協力〟があることを視聴者は見抜いている。が、より大がかりな番組の企画・制作からその番組を企業の広告やプロモーションに利用していくようなタイアップは、視聴者の関知する範囲を越えて取り込まれていくこととなる。

特に気になるのは、視聴者の目に見えるタイアップよりも、視聴者には窺い知れないものである。例えば、かつて一大ブームを引き起こした「酢」は、広告会社・電通とメーカーの周到な準備のもとに、民放番組に持ちこまれた「成果」であった。

このようなタイアップによる番組づくりは、ほぼ一〇〇%を広告費でまかなう民放テレビばかりではなく、NHKもまた例にもれない。NHKを商業主義へと傾斜させたといわれるのが、一九八二年のNHK特集「第三の波」である。当時のベストセラー、アルビン・トフラーの同名の著書をモチーフにした番組は、日本電気丸抱えというNHKとしては初のスポンサーつき番組といえるものであった。当然そこには広告会社が介在する。番組はそれだけでは終わらず、放映日当日朝刊の『朝日』『読売』『日経』では各紙全一五段で「だれもが、すでに『第三の波』のしぶきを浴びている」という日本電気の企業広告が掲載され、併せて番組が告知された。トフラーの理論とNHKというコマーシャリズムの〝聖域〟=信頼性、を存分に生かした企業プロモーションであった。この経験はこれを扱った広告会社・東急エージェンシーの大手柄となり、以後、NHKは一般CMこそ放映しないが、広告会社との関係をさまざまに広めていく。

意見広告をもうひとつの意見ジャーナリズムに道を開いていくものとすれば、タイアップや記事体広告（もちろんこのスタイルの広告は意見広告にも多用されている）はジャーナリズムの精神に浸透していく作法であり、読者・視聴者を眩惑する商法である。

このことがいかにメディアの信頼性をおとしめ、ジャーナリズムを脆弱なものに導いていることか。広告関係者の間からしばしば聞かれるのは、マスメディアが効かなくなったという嘆き、批判である。そこにはインターネットをはじめとするかつてない多様なメディアの出現があることは否めない。が、メディアそのものの信頼性、魅力をおとしめたのは、メディアの多様化のみに帰することはできないのではないか。

ジャーナリズムのインフラとしての広告とは、広告のインフラとしてのジャーナリズムの原点を損なったとき、最も大きな痛手を食うということを、改めて認識するべきだろう。

問われるメディアの主体性

二〇〇二年の日本の広告費は五兆七〇三二億円（対前年比九四・一％）である（電通推計）。その中で、最大の広告媒体であるテレビ（広告費一兆九三五一億円）ではいまさまざまな課題が後を絶たない。例えばサラ金広告。消費者金融（サラ金）の過剰貸付が社会問題となっている中で、サラ金大手四社（武富士、アコム、プロミス、アイフル）の広告費は七五三億円（〇一年）に達し、うち四〜六割がテレビ広告に投下されているという。大手サラ金プラス銀行系サラ金の広告費は、テレビだけで五〇〇億円に達する（〇三年現在）。

このサラ金ＣＭがテレビで〝解禁〟されてきたのは、一九九八年から九九年にかけて、すでに述べた商工ローンが社会問題となり、テレビのＣＭ放映中止の要請がなされている時期である。当時から商工ローン以上に問題視されていたサラ金企業を一部上場を免罪符に、不況の救い主とばかり取り込んできたというのが実態であった。そのあげくが、過剰貸付問題でことさら悪質なヤミ金がワイドショーで取り上げられることはあっても、同じく出資法違反や業務に問題が指摘されてきても、大手サラ金は刑事事件で立件されないかぎり報道されないという、コマーシャリズムに屈したメディアのありようを雄弁に物語ることになった。

サラ金の大手がテレビに出稿する際、出稿の目途として一社当たり年間六〇〇〇～七〇〇〇ＧＲＰを露出量とするという。ＧＲＰ、視聴率の総計である。ＣＭ出稿の基準として用いられる視聴率は、広告収入を稼ぐ唯一の目途である。

テレビ局はこの視聴率をめぐって、過剰な競争を繰り広げている。視聴率至上主義といわれる体質はテレビ界の骨の髄まで染み込んだものである。視聴率によって、ＣＭ取引価格が上下し、局の経営に直接影響するからである。

その視聴率をめぐって「事件」は起きた。近年最大の視聴率を誇る日本テレビのプロデューサーによる、視聴率モニター世帯の買収工作事件である。これは、起きるべくして起きたともいわれる。

インターネットが普及し、そのユーザーは五〇〇〇万人を突破した（二〇〇三年四月ビデオリサーチ調査）。このインターネット普及はまたどんどん進化する携帯電話の大普及にあずかるところ大である。テレビより新聞よりインターネットに時間を明け渡す若者が少なくない。広告メディアとしても当然、この分野に熱い視線が注がれる。これに対抗するには、くどいようだが、メディアは読者・視聴者の信頼を回復するしかない。

広告制作者の梶祐輔はアドバタイジング＝広告と、プロモーション＝販売促進とは地続きにあって国境を分かつもの、という。その広告とは「長期にわたって商品が売れつづけるために絶対不可欠な信頼関係をつくるもの」であり、プロモーションすなわち商品を売ることとは違うという。が、日本のテレビＣＭは目先のことしか考えないプロモーションＣＭが主流となっていると、指摘する。

ということはアドバタイジング＝広告が脆弱になっているということである。企業の論理とジャーナリズムの論理は、なかなか一致するものではない。ましてやプロモーション＝販売促進の論理とは真っ向から対立するものである。広告とジャーナリズムの指向性が互いに合意できるのは、「信頼関係」を尊重するということである。

二一世紀を目前にして、広告界はグローバル資本の参入という、かつてない大きな波に洗われた。これを受けて、電通や博報堂は大規模競争へと備えるべく、メディア購入の基盤を整えた。今後は、外資も国産資本も入り交じっての、メディアの買い付け力という、新たな規模による競争が展開されていくことだろう。このような時代にいたって、メディアはますます主体性が求められる。ジャーナリズムの信頼性を利用するなら、その信頼を持続させ、発展させるところにこそ、メディアというコミュニケーションの乗り物を分かち合うことが許されるというものだろう。

参考文献

桂敬一・服部孝章・須藤春夫・伊藤洋子編『21世紀のマスコミ３　広告』大月書店、一九九七年

桂敬一・服部孝章・須藤春夫・伊藤洋子編『21世紀のマスコミ4　出版』大月書店、一九九七年
山本武利『広告の社会史』法政大学出版局、一九八四年
梶祐輔『広告の迷走』宣伝会議、二〇〇一年
スチュアート・ユーウェン、平野秀秋・左古輝人・挾本佳代訳『PR!――世論操作の社会史』法政大学出版局、二〇〇三年

COLUMN

団体

ジャーナリズムになんらかの形でかかわる団体機関が日本にも数多く存在する。その性格、活動態様はさまざまであるが、時に、ジャーナリズムの動向に影響を与え、時に、ジャーナリズムへの批判機能を発揮しつつ、ジャーナリズムと伴走する組織として無視できない。まず、ジャーナリズムの主体としてのマスメディア――新聞、雑誌、放送――における業界団体。日本新聞協会、日本雑誌協会、日本民間放送連盟は、その名が示すとおり、それぞれのメディア内のすべてもしくは大多数のニュース機関を加盟社とする公式団体であり、「編集委員会」、あるいは「報道委員会」という下部組織において、取材・報道上の問題やルールを議論するシステムをつくっている。たとえば、新聞協会の編集委員会は、第二次世界大戦後から今日まで、日本の「記者クラブ制度」に関する基本的な考え方、方針を一貫して策定してきた。さらに、取材・報道の自由を妨げると受けとれるかのような公的・あるいは法的規制の動きに対してそのつど反対の意思表示を明らかにしてきた。いわば、ジャーナリズムの内部における共通の慣行（ルーティン）を確立する一つの場であるとともに、社会の関心が注がれる問題について当該メディアの意見と意思を集約する場としても機能している。

メディアの労働組合もかかわる。新聞労連、民放労連と略称されているマスコミ労働者の組織が、ジャーナリズムとジャーナリストの行動について発言

する機会は少なくなく（たとえば、一九九七年の「新聞人の良心宣言」）、また、日本ジャーナリスト会議、マスコミ市民会議、メディア総研といった通称で知られているジャーナリスト、市民、労働者主体の団体が、固有のメディアを通じて日常的に問題を提起していることも見逃すべきではない。それらは、メディア・クリティークを専門的、定期的に行うジャーナルがきわめて乏しいこの国にあって、貴重なジャーナリズム批判の社会的回路といってよいだろう。

ジャーナリズム倫理、もしくはマスコミ倫理にかかわる団体として、「日本マスコミュニケーション倫理懇談会全国協議会」は大変特異である。既存のマスコミ諸領域――新聞、通信、出版、放送、映画、レコード、広告――の個別メディアが、マスコミュニケーション倫理における水準の向上を図る、という理念のもとにメディア横断的に倫理問題を話し合う機関として、一九五五年に設立された。日本各地区に地区協議会が設けられて議論の機会があり、そのうえで毎年、全国大会を開いて、当面のマスコミ倫理に関するトピックについて意見交換をおこなう。ジャーナリズム倫理から広告倫理まで、結論をまとめたり、見解を発表したりすることがこの団体の目的ではなく、メディア現場の当事者の対応実態や考え方を開陳しつつ議論することに主眼がおかれている。

放送倫理に関しては、二〇〇三年七月、これまで活動していた倫理関連団体を統合し、あらたな第三者機関として発足したＢＰＯ（放送倫理・番組向上機構）をあげなくてはならない。この機構は、規約によれば、「放送事業の公共性と社会的影響の重大性に鑑み、言論と表現の自由を確保しつつ、視聴者の基本的人権を擁護するため、放送への苦情、特に人権や青少年と放送の問題に対して、自主的に、独立した第三者の立場から迅速、的確に対応し、正確な放送と放送倫理の高揚に寄与すること」を目的としている。

ところで、東京を拠点として日本およびアジア各国の情報を自国や国際社会に発信する海外のニュース・メディアは少なくない。また、一時的、短期的に日本取材のために来日する外国ジャーナリストも増加傾向にある。フリーランスの記者を含めそうした外国メディアに対して、国内の取材のための便宜・サービスをおこなっているのが「フォーリン・プレスセンター」という団体である。

（林　利隆）

第16章　ジャーナリズムと経済・企業

関沢英彦

1　取材対象としての経済・企業

比重の高まる「経済・企業ニュース」
ある日の朝刊を開いてみよう。各頁に、総合・政治・国際・経済・スポーツ・暮らし・社会といった目印がついているはずだ。

取材対象は面によって異なる。経済面の主役は企業である。企業の業績・人事・決算、企業合併・倒産、新商品の紹介、各業界の景気動向、政府やシンクタンクの経済予測、株価・為替・長期金利などのマーケット情報の記事が載っている。

各国の経済がからみあい一体化が進む。市場を通して世界中の出来事が、日本経済を直撃する。市場の動きに任せる規制緩和の流れもある。企業は生き残るために人員整理や合併という手段を進めている。

一般紙の読者にとっても、経済記事は身近で重要なものになってきた。分野別に情報への関心度を質問すると、政治や経済の情報への関心が高まっている（表16-1）。

不況のもとで、企業は新製品・新商品の発売を絞り込んでいる。消費意欲の減退もある。従って、新製品・新商品への関心度は低下している。投資・貯蓄への関心も横ばいである。

一方、政治にまつわる情報、そして経済全体に関わる情報への関心は高まっている。その傾向は女性において顕著である。

政治の情報への関心度は、男性が四六・八％（一九九六年）から五二・三％（二〇〇二年・以下も同様）へと五・五ポイントの上昇であるのに対して、女性は二二・〇％から三六・九％へと一四・九ポイント高くなっている。経済動向・景気の情報についても、男性の関心度が五七・八％から六〇・五％へと二・七ポイントの伸びなのに対して、女性は三二・八％から四〇・四％へと八・六ポイントの上昇を示している。

表16－1　関心のある情報分野（それぞれ関心があると回答した人の率）

	1996年	2002年
政治	34.8%	44.7%
経済動向・景気	45.1%	50.6%
企業・市場・ビジネス	18.7%	20.9%
新製品・新商品	29.2%	22.5%
投資・貯蓄	14.1%	13.2%

出典：博報堂生活総合研究所「生活定点調査」（首都圏・阪神圏20～69歳・有効回収数2000人・訪問留置法）

性・年代別に「政治の情報」に最も関心が高いのは男性六〇代（七三・二％・〇二年・以下も同年）である。「経済動向・景気の情報」は男性五〇代（七五・〇％）。「企業・市場・ビジネスの情報」は男性三〇代（三九・二％）となる。「新製品・新商品についての情報」は男性二〇代（三一・九％）、「投資・貯蓄の情報」は女性六〇代（一六・〇％）の関心が高い。

経済ニュースは、一般紙、経済専門紙、業界紙等の新聞だけに載っているわけではない。新聞以上に詳細な情報を届けてくれる専門誌も多い。新商品や利殖の情報に関する専門誌もある。テレビの経済ニュースも充実してきた。衛星放送系の経済専門チャンネルは、刻々と変化する経済動向を教えてくれる。インターネットは、経済・企業の動きを知るのに有効な手段である。企業のホームページから瞬時に詳細データを取り寄せることもできるようになった。

経済・企業を「報道・解説・論評」する

ジャーナリズムの役割は、「出来事Eが起きた」という報道だけに止まらない。必要に応じて「出来事Eの背景はXである」「出来事Eの意味・評価はYである」といった解説と論評にまで踏み込む。

経済面が扱う素材は、数量的なデータにあふれている。「売上高は一二〇億円」「前年比一二・三％増」といった形で具体的に語ることができる。政治面・社会面では、選挙結果・世論調査を除くと数量データが乏しいのと対照的だ。

経済・企業を巡るジャーナリズムでは、数量データをどの程度読み込んだかという差が大きい。最近の経済雑誌は、数量的な公開データを解析して評価ランキングを作り、特集記事を生み出している。

経済についいては専門知識がないと理解できない用語やデータも多い。だが、その根底に流れるものは、貨幣という媒体によるコミュニケーションである。株式市場においては、未来をどう見るかという多様な思惑が株価に収束する。一般の財における価格も売り手と買い手の「沈黙の対話」によって形成される。経済・企業を巡るジャーナリズムとは、貨幣によるコミュニケーションを、言語によるコミュニケーションに変換する作業でもある。逆に、ジャーナリズムの見解が市場の変動幅を増幅することも少なくない。

ところで、政治面は、首相、大臣、政治家、官僚などが取材源だ。政治・行政の分野でも広報官を設置するなど、広報活動は盛んになってきた。だが、いまでも、政治面においては個人への取材の比重が大きい。

一方、企業の場合は窓口が広報部に一本化されており、組織と交渉することから取材は始まる。広報部は企業を取材するジャーナリズムにとって便利な仕組みである。企業側からすれば、その企業にとって好意的な情報がメディアに載ることを願って設置している。

広報とジャーナリズムの関係

広報は、パブリック・リレーションズ、PR（ピー・アール）、コーポレート・コミュニケーションとも呼ばれる。企業・行政・NPO・大学などの組織が、組織の構成員、外部の人々などの利害関係者（ステークホルダー）たちと、情報を共有しながら良好な関係を築くことをめざす活動を指している。

広報の中でも、とくにパブリシティは、ニュース素材を提供することで、メディアに企業や組織のニュースが載るように努めることを意味する。記者クラブにおける記者発表、資料配付、自社だけの記者発表会、一つのメディアだけへの情報提供（リーク）、複数メディアへの説明会などのプレス発表が中心になる。自社の企画展やイベントなどに招くことで報道を期待する場合も多い。

雑誌などに対しては、ペイド・パブリシティという形で、企業が対価を払って商品の掲載を依頼することもある。新製品をさりげなく記事頁で、ファッション写真のように取り上げてほしいといったときに行われる。

しかし、基本的に広報活動は、広告とは異なってメディアに代金を支払うことはない。記事素材がほしいメディア側と、自社の記事を載せたい企業側の「駆け引き」の中で成立する。基本的にジャーナリズムは、企業の主張をそのまま載せることはない。記事に取り上げないことも多い。掲載されたとしても、辛口の批評が付け加えられてメディアに登場する。

広報に依存することはジャーナリズムの精神に反するという考え方もある。自主的な取材でなく、企業側からの情報提供を利用することは、ジャーナリストとしての主体性の放棄に当たるというのだ。現場の記者たちにすれば、数多い企業すべてに目配りをすることは難しい。相手からの働きかけを最終的に判断するのは、記者の側だから問題はないということになる。

ちなみに、記者クラブという制度自体が、クラブの設置先からの「発表」という形でのパブリシティの場ではないかという議論も成り立つ。広報についてのみ否定面を論ずることはできないということになる。

世の中が複雑になる中で取材先は増えていく。だが、記者の数は限られている。短時間に情報を集める方法として、記者クラブでの発表制度や企業の広報活動が定着してきた面もある。

取材先からの整理された情報提供に記者たちがのみこまれないためには、距離をおいて全体を見通す歴史的視点が求められる。現場の記者は、つねに「現在」に密着し報道する。その背後に「過去」からの経緯を踏まえながら、矛盾や問題点を指摘していく経験豊富な専門記者を布陣させることも必要だろう。

2　ジャーナリズムと経済・企業の緊張関係

ジャーナリズムの「平常モード」と「緊張モード」

ジャーナリズムは経済・企業を取材する。企業側からすれば、ジャーナリズムが取り上げてくれることで、その存在感を高めることができる。また、経済に関わる情報を多くの人々に送り届けることで市場経済は円滑に動く。両者は相互依存の関係にある。

一方、ジャーナリズムと経済・企業は、根底において緊張関係を免れることはできない。デモクラシーについて再考する著作の中で、老練な政治学者はその複雑な状況を次のように表現している。「デモクラシーと資本主義経済の関係は、たとえて言えば、喧嘩を繰り返しながらも結婚生活を続けている夫婦のようなものである」（R・A・ダール、中村孝文訳『デモクラシーとは何か』岩波書店、二〇〇一年、二二八頁（Dahl, Robert A., *On Democracy*, Yale University Press : New Haven, 1998, p. 166)）。

時にいがみ合い、対立するのだが互いに必要としている。資本主義経済のもとでこそ、デモクラシーとその監視役であるジャーナリズムは発達する。だが、一方では資本主義経済がデモクラシーやジャーナリズムを阻害するという側面もある。そうした事態を防ぐために規制や介入が行われる。「民主的な国家の場合には、政府が広範囲にわたって、市場経済のもたらす有害な影響に修正を加えるための規制や介入を行なわなければ、資本主義市場経済は決して存続できない（あるいは長期にわたって存続することはできない）」（前掲書、二四三頁（原著 p. 176)）。

ジャーナリズムは、デモクラシーにとっての番犬である。政府の規制や介入に疑義を挟むが、同様に経済や企業の動きが公共の利益に反すると考えられるときは、警鐘を鳴らす。その結果、新しい法律が作られたり、行政による規制や介入が行われることもある。また、公共の利益を害したと見なされた場合、報道され糾弾されることで、社会的な制裁を受ける個人や組織も少なくない。

企業の広報担当にとって、ジャーナリストは時にはニュースリリースを記事にしてくれる有り難い存在である。だが、いったん事件が起これば、両者は鋭い緊張関係に立つ。

ジャーナリズムは、憲法二一条一項によって保障される「表現の自由」を背景に活動している。刑法二三〇条の名誉毀損の罪についても、「公共の利害に関する事実」を「専ら公益を図る」ために報道する場合、「真実であることの証明」があれば罰せられることはない（刑法二三〇条の二）。デモクラシーにおけるジャーナリズムの占める位置はそれほど重い。

広報自体、平常時におけるパブリシティのような活動よりも、危機的な状況において、いかに企業は振る舞うべきかを考えるリスク管理によって、その立場を確立していった。

ジャーナリズムは、いわばフットワークの軽いボクサーである。通常は、リズム感良く跳びはねながら取材対象にジャブを入れる。そして、相手に隙が見えたとき、いいかえれば矛盾や問題点を発見するとパンチを繰り出す。「平常モード」のときと「緊張モード」では、ジャーナリズムの見せる顔つきは変わる。

いうまでもなく、大事件の場合はすべてのメディアがリングに上がって、事件を引き起こした（とみなされる）個人・組織・企業・政府を叩きのめす。「第四の権力」と評される衝撃力がそこにはある。

雪印乳業食中毒事件に見るジャーナリズムと企業

一万四八四九人の発症者を出した二〇〇〇年の雪印乳業食中毒事件は、ジャーナリズムと企業の緊張関係を印象づける出来事であった。

事件の第一報が新聞で報じられたのは、二〇〇〇年六月三〇日の朝刊。各紙の一面に「雪印乳業の大阪工場製低脂肪乳で、二〇〇人を超す人々に食中毒が発生。回収を急いでいる」という趣旨の記事が載った。同日の夕刊では「発症者は一二〇〇人を超す」と事件は一気に拡大する。

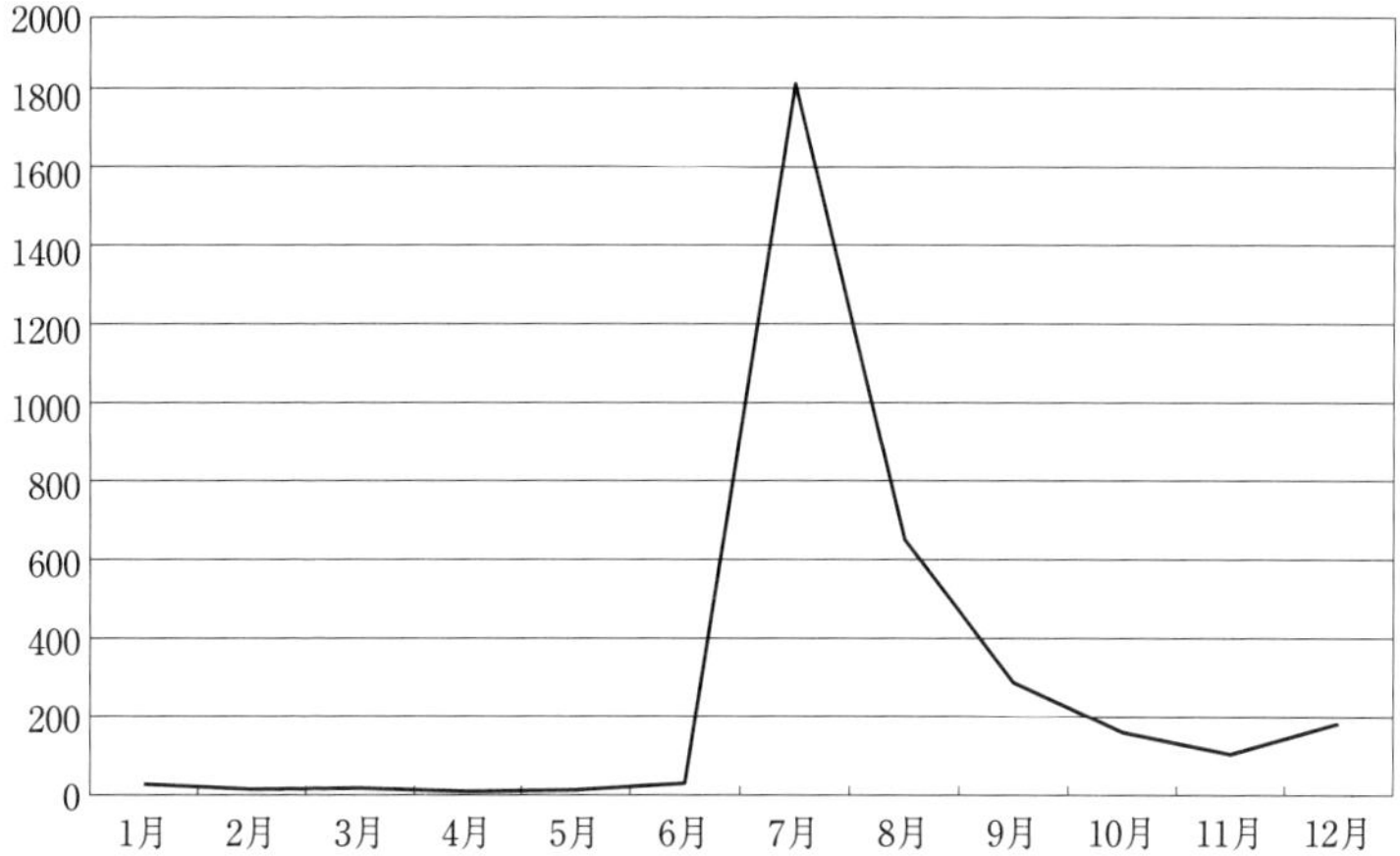

図16－1　雪印乳業の記事出現頻度月別推移（2000年）

二〇〇〇年における「雪印乳業」の記事出現頻度（日経テレコンによる朝日・毎日・読売・日経四紙の全国版・地方版。以下の記事分析も同様）をまとめてみると、一月三七件、二月二七件、三月二七件、四月一二件、五月一八件、六月三六件、七月一八一七件、八月六六九件、九月二九四件、一〇月一七〇件、一一月一〇九件、一二月一八六件という推移である（図16－1）。

一月から三月までは、雪印乳業スキー部・アイスホッケー部の活躍が記事の大半を占める。四月の訪れとともに冬季スポーツの報道は消えて、出現頻度は低下。離乳食・粉ミルク・生乳・加工乳・ヨーグルト・コーヒー飲料・野菜飲料などの商品情報が下支えをする。その他、会社人事・決算数字・新卒採用情報などの記事も載っている。六月に入っても月末まで「平常モード」は続く。

二〇〇〇年前期における雪印乳業の記事は、通常のジャーナリズムと企業の関係を示している。企業業績・人事・採用といった会社自体の情報、新製品などの商品情報、その社独自の付加情報（スポーツ選手の活躍・イベント開催・消費者調査発表など）が企業の発信する基本情報である。

二〇〇〇年時点の雪印乳業にとって、ジャーナリズムとの「平常モード」の関係は六月三〇日に崩壊する。翌七月の新聞記事の出現頻度は一八一七件に跳ね上がる。これは一月から五月までの月平均二四件の約七五倍である。新聞だけでなく、テレビやラジオのニュース・ワイドショー・週刊誌・月刊誌・インターネットなどでも食中毒事件は広く報じられる。

七月二日に「大阪工場の製造ラインのバルブから黄色ブドウ球菌が発見された」という事実が明るみに出た。

三日・四日になると社説が取り上げる。三日付では「CMを自粛」の記事も載っている。四日の記事見出しには、「故意」「ウソ」「隠す」「虚偽」「信じられない」といった単語も並ぶ。事件自体に加えて、対処の仕方への不信がジャーナリズムに高まっている。

六日・七日は「社長が九月には辞任へ」という報道が中心になる。事件が明るみに出て一週間。「牛乳販売店の苦境」といった部分にも触れるゆとりが出てくる。一〇日には「食中毒の原因はバルブ汚染ではなかった」という記事が載る。

一一日には「なぜ食中毒が増えているのか」という冷静な視点からの解説も現れる。バルブの汚染に替わって、返品を再利用していたことへの批判の記事が多くなる。一二日・一三日には「今回の事件は他人事ではなく、どの企業にも危機管理が必要だ」との論調が出る。

一四日には「雪印乳業の運動部が活動を自粛」という記事。二九日には「二ヶ月早めて社長退任へ」という報道がされる。事件発覚から一カ月目の社長辞任である。

その後、八月一九日に「雪印乳業北海道大樹工場の原料用の脱脂粉乳に問題があった」という記事が掲載され、原因究明が進展する。当初の「大阪」から「北海道」へと事件の「現場」は拡大していく。

食中毒事件の取材に当たった読売新聞大阪本社の社会部次長は、大阪で事件が起こると、「長期間にわたって大きな扱いで報道合戦を展開する傾向がある」と指摘し、「大阪で起こらなかったら、ここまで雪印は追い込まれなかったのかな、と思ったりした」と述懐している（中村弘「『食品不安』を招いた不信の数々――雪印乳業の食中毒事件を取材して」『新聞研究』五九〇号、日本新聞協会、二〇〇〇年、八六―八七頁）。

一〇月二三日、白馬のサマージャンプ大会での同社・原田雅彦選手の活躍が報道される。雪印乳業についての肯定的な記事は四カ月ぶり。冬季スポーツの記事は廃部予定のアイスホッケー部を含めて増えていく。

だが、商品についての前向きの論調は、二〇〇〇年の終わりまでは現れなかった。例外は、一二月一三日の日本経済新聞朝刊に出た「新飲料を共同で企画、雪印・ネスレ提携第一弾」という翌年の両社の合弁会社設立に向けた記事だけである。一二月には二〇〇〇年を振り返るという形で、改めて事件が取り上げられ、記事の出現頻度は高まる。

以上、雪印乳業食中毒事件の第一報が報道された六月三〇日を挾んで二〇〇〇年の同社についての新聞報道を見てきた。ジャーナリズムと企業における「平常モード」の関係が、「緊張モード」の関係へと転換したときの状況変化はあわただしい。各メディアは全力で取材し、事態は刻々と変化する。事件当事者の対応によっても報道のトーンは変わる。

島津製作所・田中耕一氏のノーベル賞受賞

ジャーナリズムと企業における「平常モード」から「緊張モード」への関係変化は「事件」の発生によって引き起こされる。その際、「事件」の性質には二方向が考えられる。公共の利益を害するときと増進するときである。

前者の場合、ジャーナリズムは取材相手を叩きのめすほどの集中砲火を浴びせる。一方、後者において、ジャーナリズムは、取材相手が疲弊するほど引き回す「多幸症（euphoria）のパーティー好き」のような存在に変貌する。いずれも「事件」によって「取材の集中現象」が起きる点では変わりはない。島津製作所の田中耕一氏が「寝耳に水」という形でノーベル賞を受賞したときは、後者の典型である。

二〇〇二年一〇月一〇日の朝刊各紙の一面は、二〇〇二年ノーベル化学賞を島津製作所の田中耕一氏が受賞したことを伝えた。

二〇〇二年における「島津製作所」の記事出現頻度（日経テレコンによる朝日・毎日・読売・日経四紙の全国版・地方版。以下の記事分析も同様）をまとめてみると、一月一六件、二月一一件、三月二四件、四月一四件、五月二六件、六月一六件、七月一〇件、八月五件、九月二八件、一〇月三五六件、一一月一三〇件、一二月二〇七件という推移である（図16－2）。田中氏のノーベル賞受賞が伝えられた一〇月は、一月から九月までの月平均一七件の約二一倍の記事が紙面を飾った。

通常の記事内容は、雪印乳業とほぼ同じ構成である。企業業績・人事・採用といった会社自体の情報が大半だ。二〇〇二年三月期連結決算を伝える記事にある通り、企業業績はかんばしくなかった。経常赤字四一億円であり、上場以来初の無配となっている。

新製品などの商品情報は、一般消費者向けの商品を作っている企業ではないので、技術情報という形

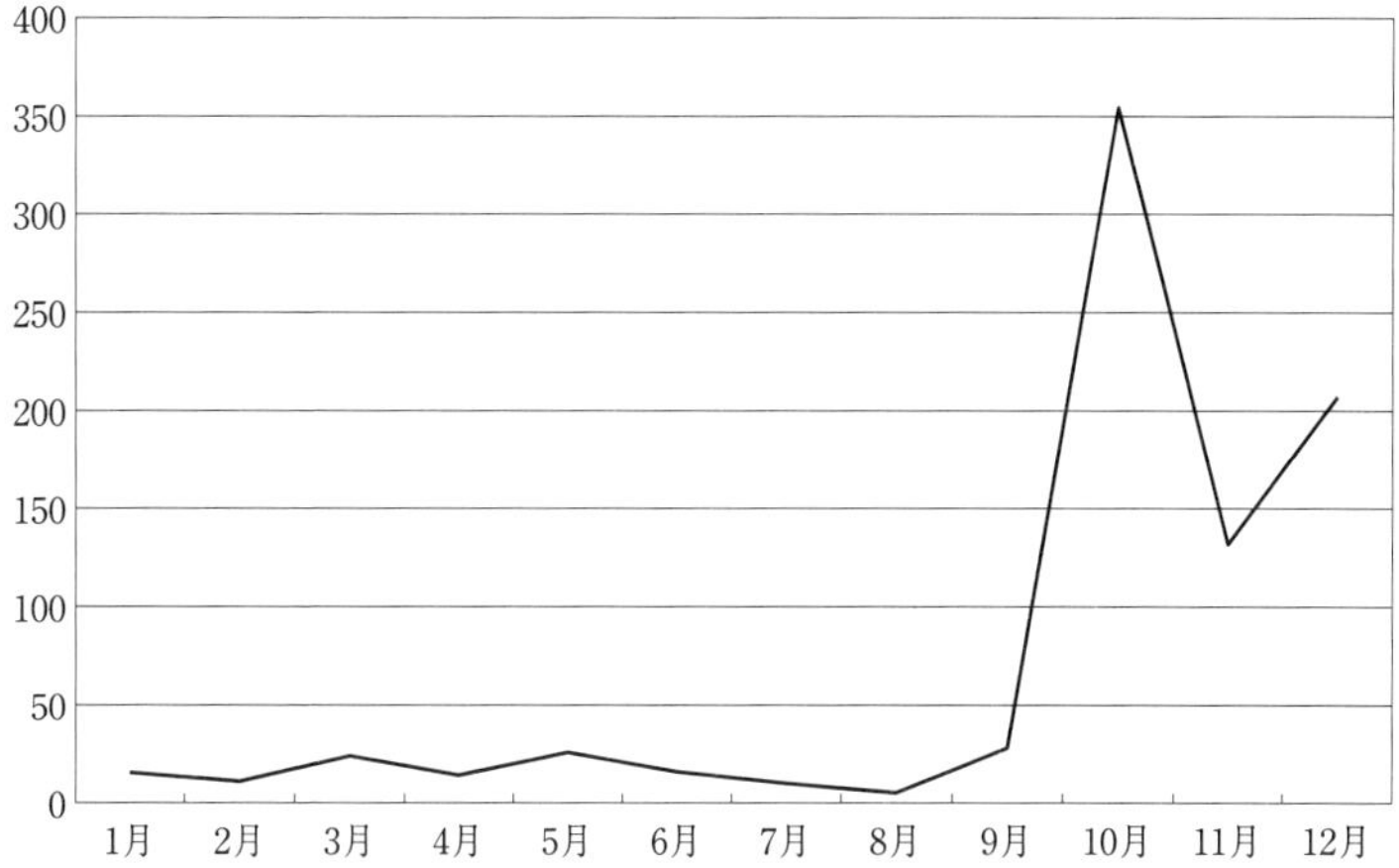

図 16－2　島津製作所の記事出現頻度月別推移（2002年）

になる。記事からは、バイオ技術に特化しようとしている姿勢が見て取れる。島津製作所の場合、その社独自の付加情報（スポーツ選手の活躍・イベント開催・消費者調査発表など）としては、テニス・バドミントン・野球といったスポーツ選手の活躍が主であった。

一〇月一〇日以降の紙面は、牧歌的な「平常モード」は消えて、一気に「緊張モード」に変化する。緊張とはいっても公共の利益に反する問題ではないから、敵対的な厳しさはない。だが、格好の取材対象が現れたので、ジャーナリズムは好奇心の塊と化している。取材現場の熱気が「平常モード」には見られない記事の張りを生んでいる。

一〇日の記事見出しは、田中耕一氏の人となりについての記述が多い。「控えめ」「作業着」「主任さん」「職人」といった庶民性のある人柄とノーベル賞を対比させている。また、「寝耳に水」「妻もびっくり」という形で意外性を強調する。一一日・一二日も「黙々と」「特許報酬一万円」「第一志望のソニーに落ちた」といった過去の姿と、「主任から五段飛び」「役員待遇」といった受賞による身辺変化が組み合わされる。

一〇月一一日以降一一月下旬に至るまで、ジャーナリズムと共振しながら高まっていく社会の興奮が報道される。各団体が競い合うようにノーベル賞に見合う栄誉を田中氏に授けようとする。連日のように「京都市民栄誉賞」「各学会名誉会員」「東北大客員教授」「仙台市田中耕一賞創設」「京大客員教授」「文化勲章」「東北大名誉博士号」「富山県名誉県民」「富山市名誉市民」「宮城県県民栄誉賞」「愛媛大客員教授」「京都府特別栄誉賞」といった見出しが並ぶ。

島津製作所についての記事も増える。以下のような趣旨の報道が一〇月半ばから一一月末まで続く。「ノーベル賞記念研究所を創設する」（一〇月一五日）。「東大に寄付口座」（一八日）。「株式がノーベル賞のおかげで一・五倍に高くなる」（一九日）。「今回の報道を広告効果に換算すると八億円」（二五日）。「社内の共同研究者四人にも一〇〇万円の報奨金」（一一月六日）。「ノーベル賞で三億円の増収」（二〇日）。

田中耕一氏は一二月五日にノーベル賞の授賞式出席のためにストックホルムに出発。一六日に帰国するまでは現地報道となる。帰国した田中氏は疲労気味であり、「自分の布団で寝たい」という感想が各紙の見出しになる。二〇〇二年の後半に島津製作所と田中耕一氏を襲ったジャーナリズム旋風は、一二月三一日の富山への里帰りの記事で終わる。富山駅には「一〇〇〇人の市民が出迎えた」という。

3　経済活動の原動力としてのジャーナリズム

「差異」を増幅していくジャーナリズム

メディアによって経済・企業に関する「報道・解説・論評」が送り届けられる。受け手となるのは、市場の場でいうなら生産者と消費者である。生産者の場合はジャーナリズムの活動によって、自社の次の戦略を組むことができる。

一九七〇年代以降、アメリカを手本にした商品開発などが一段落し、石油危機の対処や技術の軽薄短小化などについて国内企業の動きを把握することが求められるようになる。国内の業界・企業情報・商品動向を伝えるジャーナリズムの重要性は高まっていった。

八〇年代に入ると市場は成熟の度合いを高める。趣味嗜好の異なる細分化された人々（分衆）に個別対応して商品開発を行う必要が増加する。経済・企業を巡るジャーナリズムは、ライフスタイルや商品の細かい差異についても取り上げるようになる。

「利潤は差異から生まれる」（岩井克人『ヴェニスの商人の資本論』筑摩書房、一九八五年、五八頁）。伝統的な資本主義形態を超えてしまった現代において、差異とは「他の企業とは異なったモノを売ること、他の企業より安くモノを作ること、他の企業より早くモノを運ぶこと」（前掲書、七〇頁）によってもたらされる。

その際、消費者にとっては「この商品はここが違う」と示唆する情報が重要な役割をはたす。生産者の場合は技術的に微細な差異でも認識されるが、一般の消費者からすれば同一に見えてしまうからだ。広告やジャーナリズムからの情報は、商品を先回りして消費者に「差異のイメージ」を定着させる。企業間の技術水準が似てくると、商品における物性的な差異が減少する。メディア間を共振しながら増幅する商品についての情報が、その商品の差異性を高め、消費者の関心を高めていく。

「バウリンガル」の「情報としての差異」

ジャーナリズムの発信する情報が商品の新奇性（差異）を増幅していく。その過程を追うために、二〇〇二年九月二七日に発売されたタカラのバウリンガルの事例を取り上げてみよう（以下の記事分析は日経テレコンの全紙検索による）。

「バウワウ（犬の鳴き声）とバイリンガル」を組み合わせた商品名、「犬語翻訳機」という機能説明は、それだけでジャーナリストに強い第一印象を与えた。現実に商品が登場する一年前から報道が開始される。

発売直後の二〇〇二年一〇月初旬には、ハーバード大学系のパロディ科学誌から「イグ・ノーベル平和賞」を受賞するがこの影響力は大きかった。商品の物性的な差異、消費者の反応などの事実が十分に報道されるより前に「人と生き物の平和的共存に貢献」「平和賞受賞」のニュースが駆けめぐる。「情報としての差異」が共振し増幅していく状況は、一一月一一日発売の『タイム』誌によって「二〇〇二年最高の発明品」の一つとして取り上げられたという事実が国内各紙で報道されることで一層進行する。

発売一カ月後くらいから出現する「出荷量引き上げ」「大ヒット」「品切れ」という見出しも商品への好奇心を強める。経済・企業に関わるジャーナリズムは、報道内容もさることながら「市場が動いている」という「疾走感」自体に意味がある。さほど関心がなかった人たちも「みんなが買っている」と思うと動き出す。

一二月以降になると「機械の手助けがないとコミュニケーションできないのか」といった形で、バウリンガルの問題点を指摘する記事が出る。これは、ジャーナリズムによって流行が生み出されるときに欠かせない「踊り場」である。一定量の肯定的な報道に続いて、否定的な報道・論評が出ることで、現象は社会的な広がりを持つに至る。

バウリンガルは二〇〇二年のヒット商品番付に入る（『日経流通新聞』二〇〇二年一二月一〇日）。二〇〇三年三月時点では三〇万台の「犬語翻訳機」が活躍しているという。

ジャーナリズムとしての「深い差異」

現代のジャーナリズムはそれを担うメディア自身、大半が民間企業として競い合っている。経済・企業・商品の「最新の差異」をいち早く発見し報道すること自体が、そのメディアにしか生み出せない「情報の差異」を誇示することにつながる。

取材対象の側に通常とは構造を異にする「深い差異」が現れると、ジャーナリズムは活気づく。先に触れた雪印乳業食中毒事件、島津製作所・田中耕一氏のノーベル賞受賞、新商品バウリンガルはそうした例である。

ジャーナリズムとしては、取材対象の側に「深い差異」を探そうと日夜懸命である。しかし、「事件」「ヒーロー」「ヒット商品」を待っていても、そう頻繁に現れるものではない。たとえ出現しても、各報道機関がいっせいに取材対象に群がることで、「深い差異」は短期間に「浅い差異」に化してしまう。情報が飽和する時間は短くなっている。受け手側が飽きてしまったとき、情報のギャップ（差異）は実質的に消失する。

情報が満ちあふれる中で「深い差異」を維持するには、取材対象側の差異だけでなく、取材側の差異の追究も求められる。先に触れたように経済・企業についての情報は、マクロ経済数字、企業の財務諸表、商品シェア、ブランドイメージ、消費者意識など、大半が公開データの中から取り出せる。数値データとして蓄積されている情報を解析する力があれば、情報としての「深い差異」を生み出すことができる。今後、経済・企業を巡るジャーナリズムは、こうした「埋もれた宝」をもっと活用していくべきだろう。

経済・企業を巡るジャーナリズムが独自の視点を持つためには、その守備範囲を広げてみることも効果的である。

すべてが市場の論理で動くようになってきた現在、例えば、戦争さえも民営化が進んでいる。アメリカの経済雑誌『フォーチューン』誌（二〇〇三年三月二四日号、三〇―三八頁）は、「ペンタゴンの民営軍隊」と題して、アメリカ軍の食事・洗濯・兵士の補充・武器の調整やプログラミングを請け負っている下請け企業の実態を取材している。軍隊の「コアコンピタンス」は闘うことだから後は「アウトソーシング」をした方が効率的という考え方の問題点を記事は探っている。「戦争ビジネス」という副題を持つこの記事は、イラク戦争の前後に現れた報道の中でも批評性の点で群を抜いている。

経済・企業を巡るジャーナリズムは、戦争、政治、国際関係、環境問題、教育、犯罪、家族、少子高齢化といった経済以外の分野にも取り組むことが増えるだろう。すべてが市場の中で競合している。自らの差異を売り物にして、競争相手に打ち勝とうとする。商品化された社会を逆手にとって、他分野にも経済的な視点から切りこんでいく。それはジャーナリズムを活性化させることにつながるはずだ。

参考文献
浅見克彦『消費・戯れ・権力』社会評論社、二〇〇二年

猪狩誠也・上野征洋・剣持隆・清水正道・城義紀『コーポレート・コミュニケーション戦略』同友館、二〇〇二年
岩井克人『ヴェニスの商人の資本論』筑摩書房、一九八五年。ちくま学芸文庫版、一九九二年
R・A・ダール、中村孝文訳『デモクラシーとは何か』岩波書店、二〇〇一年

COLUMN

メディア産業の構造

マス・メディアは概して産業論的な視点よりも社会制度論的なそれから語られる場合が多い。しかし近年マス・メディアは産業の様相をますます深め、メディアの構造やメカニズムを考えるためには、政治的、社会文化的分析はもちろんのこと、経済的分析が必要となってきている。

メディアはそれぞれ非常に異なるように思われるが、いくつかの特徴を共有している。たとえば、互いに異なるしかも競争する新聞、ＴＶなどのメディアは、ナショナルなメディア制度内に存在し、さらにメディアはナショナル、ローカルといった地理的カテゴリーによって構成されるだけでなく、その生産物は地理的に組織される市場と密接な関係をもっている。ナショナルなメディア制度は、たいていの場合私的要素と公的要素からなる混合的制度であって、ナショナルなメディア政策原理に従い組織されるため、各国のメディア制度は固有の制度的外観を示すのである。また、ひとつの市場は「同じ商品やサービス、あるいは代替可能性の高い商品あるいはサービスを、消費者の同じ集団に提供する売り手から構成される」（ピカード）とすれば、一般的に市場は、場所、人間、収入のタイプ及び生産物やサービスの性質によって定義され、メディアと地理の相違はしばしば異なるメディア市場の存在を明らかにする。こうしてメディアを横断する特徴に着目する議論は、非常に異なるように見えるメディアを一つの構造として考察することを可能にするのである。限られた紙幅のため、ここではいくつかの論点に絞ってメディアの産業構造的側面を概観してみよう。

第一は市場である。メディアの市場は通常、消費者のための市場と、広告のための市場とに分類することができる。これら二つの市場はメディアの二つの収入源を意味し、各メディアの特徴や活動を説明する変数になる。またそれぞれの市場依存度の違いはメディアの経済的分析の手段となるだけでなく、非経済的分析にとっても非常に重要となる。たとえば、広告への依存度が高まればそれだけ、メディア内容の独立性が低下する可能性を指摘することができるだろう。また二つの市場は相互の活動に影響を与える。新聞の部数増加は、一般的により大きな広告収入をもたらし、その減少は逆の効果をもつ。

第二に所有と統制の問題がある。誰がメディアを所有するのか、統制するのか、その権力はどのように行使されるのかの問題は、メディア生産物の内容に大きな影響を与える。メディアが異なれば異なる所有形態が存在し、所有の権力は異なる方法で行使される。営利企業、民間の非営利団体そして公的セクターの三つの所有のカテゴリーが存在し、さらにチェーン、コングロマリットあるいは独立所有のカテゴリーも重要である。編集統制は所有から切り離されるし、そうであるべきという古典的な仮定は「教会と国家」の壁が浸食されつつある時、メディア構造の中でプロフェッショナルな自立がどのように担保されるのかの問題を惹起する。

第三の問題はメディア間の競争と集中である。公共性に自らを位置づけるメディア論は、多様性を重要視する。自由な競争は果たしてメディア生産物の多様性を保証するのか、それとも独占ないし寡占をもたらすのだろうか。こうして競争に関しては二つの相対立する立場が存在する。ところで競争には、同じメディア内の競争、異なるメディア間の競争、そしてメディア企業間の競争が存在するが、とりわけ異なるメディア間の競争は生産物と広告の代替可能性を巡って展開する。たとえばニュース商品は、新聞でもTVでも利用可能であり、この代替可能性はメディア間競争の重要な焦点となる。他方同じメディア内は、さらに高い代替可能性が存在するから、メディアの集中は深刻な問題となる。集中には水平的集中と垂直的集中があるが、前者は同じ市場内のメディアの合併の過程に、後者は生産から流通へ、ナショナルからローカルへの地理的に拡張される所有に関係する。クロスメディア所有に関する公共政策はこの論点を対象化したものであり、多様性をいかに保証するかが常に眼目となる。ナショナルにだけでなく国際的にも進行するメディア集中の傾向は、新たな公共政策上の難問を生じさせている。メディアの経済的側面は他に多くの問題をはらんでいるが、究極の論点は、メディアはまさに公共の利益と直接的な関わりをもつが故に、他のいかなるビジネスとも異なることにある。

（大井眞二）

第17章　読者・視聴者とジャーナリズム
――ジャーナリズムに向き合う「私たち」の諸問題

藤岡伸一郎

1　読者・視聴者＝「私たち」の変化

送り手、受け手の不思議な体験

一九九五年一月一七日、午前五時四六分。大地は酷烈に揺れた。

戦後五〇年目の年。人びとが営々と築き上げてきたまちが、その形をなくした。近代都市の悲痛な歪みの真只中に身をおいたとき、足許から虚無が襲ってきた。

地の巨大なエネルギーのディスチャージ（放出）からではない。人びとの営為の度しがたい軽薄さから、それはくる。数多くの生命が奪われ、人びとは行き場をなくし、生活が無に帰した。自然の力によって、と、すべてそうとはいいきれない人為の影が、被災地のそこここに色濃くあった。

阪神・淡路大震災（兵庫県南部地震）は、一瞬のうちに私たちのつくりあげてきた社会というものを打ち砕いた。長年にわたってつくりきたその〝近代〟社会は、もう少しマシなものだと思われていたに違いない。しかし、自然は、人為の実に無残な現実、見事な虚構を顕わに見せつけてくれた。

その〝近代〟社会、人為の社会に、情報・メディア、あるいはジャーナリズムが積極的に与してきた。その正体もまた一瞬のうちに露呈する。未曾有の大震災を伝えるさまざまなメディア、飛び交うあまたの情報、一大報道の津波に溺れそうになりながら、被災地の現場で振り返った。ここに至るこの国の社会づくりに、はたしてメディア、ジャーナリズムが何をなし、何をなし得てこなかったのか。

そして、こう問い質すべき、そんなメディア、こんなジャーナリズムしか持ちえなかった私たち市井人＝読者・視聴者（オーディエンス）の関わるべきこととは何であったのだろうか――。

大震災に見舞われたまち、淡路・阪神間は、取材報道にあたった多くの記者・レポーターたちに不思議な感覚を抱かせた。とくに、阪神間に住む地元メディアの記者たちに、それは強かった。

まち中、至るところが取材現場であった。記者たち自らも大小、軽重の違いはあれど被災者の一人ひとりでもあった。現場の真只中で取材し、帰宅すればその現場の被災者として壊れた家屋を片づけ、灯りを水を食料を待った。ラジオ・テレビ、新聞に耳目を集中する一人のオーディエンスでもあった。自らの取材レポートを現場のなかで目にし耳にする。自分は伝え手（送り手）なのか、読者・視聴者（受け手）なのか、判然としない感覚に見舞われている。

取材報道する自らの視座が、無意識のうちに被災者＝オーディエンスにあった。なんのことはない、さまざまな報道は自分と自分の身のまわりに向けられていた。こんな現実的な感覚は普段そう多くあることではなかった。

普段、それこそ読者・視聴者であることに暗黙の了解を抱いていた多くの人びとも、その被災地で（取材）現場を、記者・レポーターたちと共有、共存していた。さまざまに伝えられるひとつひとつの事柄に自ら関わっていることを実感している。

いわゆる送り手と受け手が織り成す、しかるべきジャーナリズム（作用）のひとつの姿、形、像がそこに立ち現れた。新しいジャーナリズムの世界がそこから拓《ひら》ける、始まるかもしれない予感を胸にした。しかし……。

読者・視聴者（オーディエンス）を「私たち」という言葉でくくっておこう。私たちの側からいま一度、ジャーナリズムとの関わりを考えてみようと思う。

つくり手とテレビ・メディアの変化

「視聴者、といってしまうと顔が見えてこないんですが……。番組を見ました、自分は変わりました、頑張ってください、一緒に頑張りましょう、なんていってくれる人たちの顔を思い浮かべながら（番組を）つくってます。」

すぐれたテレビ・ドキュメンタリー作品をつくり続ける一人の女性ディレクターはこういった。ある座談会の席上、「ところで、番組をつくるとき、皆さんは視聴者をどのように意識されていますか」との、司会者の問いかけに答えて。

別のディレクターはこうもいう。テレビ・ドラマに新境地を拓こうと挑む一人だ。

「視聴者を意識するってことは、マス＝多数派を意識しろってことですよね。視聴率を意識しろという話。たとえば三〇％の人を満足させる、わかりやすさを考えろってこと。でもボクは、意識するというのであれば、あとの七〇％の人たちは何を見たいと思っているのか、その人たちのなかにひょっとしてボクのつくったものを見たい人がいるんじゃないか、というふうに考えたいですね。」

もう一人。社会派のドキュメンタリーから劇場公開映画に手を広げるテレビ・ディレクターの彼は

「自分が取材させてもらっている被取材者のことは徹底的に考えますが、視聴者の眼ということはまったく考えていません」と、きっぱりこういう。

「それよりももっと自分に向けてつくっているんです。……放送局の人のなかにも、『視聴者には、そんなんじゃわかりませんよ』という人が実際にたくさんいるんです。そういう文脈での〝視聴者〟を意識すること自体に問題があると思います。漫然としたマスを意識すると（つくるものに）どんどん毒がなくなってきて、漂白された健全さみたいなものになってしまうんです。」

三十代半ば、油の乗りきった現場第一線のテレビ・ディレクターたちの、こうした言葉に、テレビが、番組のつくり手たちがひと昔前とは変わった、いや大きく変わりつつあることが読みとれる。

変わらざるをえなくなった。かつての大量生産・大量消費の経済社会を背にしたテレビ成長期とは、いまは大きく違う。視聴者をマスではくくれない時代となってすでに久しい。時代の変化のなかで「私たち」が変わった。趣味嗜好が個別化し、分散し、老若男女それぞれにテレビに求めるものが違ってきた。産業・経済はまた多品種少量生産へと構造変化し、私たちの多様な消費欲求に応じ、またそれを促していくようになった。テレビ番組のつくり手たちも「私たち」と同じ消費者、視聴者。彼らも変わらざるをえなかった。

テレビ・メディアの変容も大きい。ＮＨＫ、民放地上波テレビだけがメインの時代を経て、一九八〇年代半ばからはＣＡＴＶ（ケーブルテレビ）が本格化、多チャンネル化に向かい、呼応するように通信衛星（ＣＳ）、放送衛星（ＢＳ）を利用した衛星放送時代が進展。今やＣＳデジタル〝超〟多チャンネル時代を迎える。さらにはＢＳもデジタル多チャンネル放送へ、そして地上波も二〇〇三年一二月一日、デジタル化へと歩を進めた。

多彩な専門チャンネルが「私たち」のものとなった。テレビ番組（ソフト）の選択肢が大幅に増えている。つくり手たちはそんななかで「私たち」をマスではくくれなくなった。かつてとは違った形で「私たち」と向かい合っている。彼らにとって「私たち」はあくまでも対象だが、新しい時代の新しい対話を求めていることは間違いない。

雑誌・新聞にみる読者との対話

テレビ・メディアのこうした多様化、多チャンネル化は、私たちにとって、新聞や書籍・雑誌といった、すでにある活字メディアの世界の、いわば〝出版化〟の流れだとみることができる。

一般総合日刊新聞のようなチャンネルもあれば、さまざまなジャンルの総合雑誌、専門雑誌のテレビ版といったチャンネルが、それこそ書店の店頭よろしく目の前に並ぶ。私たちはそれらのなかから好きなチャンネル、見たい映像ソフトをチョイスすることができる、というわけだ。テレビを前にして私たちが〝読者〟的になるということ。

雑誌の世界のつくり手たちは、すでに一九七〇年代後半から「私たち」読者をマスでくくること、いってしまえば大発行部数をめざすことから脱しようとしている。多品種少量生産を旨とし、多様な読者欲求に応えるさまざまな斬り口をもった新しい雑誌が数々登場してくる。

「われわれは、こういう読者がいるはずだ、彼らに向けてこういう雑誌をつくろうなんて考えてはいません。われわれがつくりたい雑誌をつくる。その中身や企画の斬り口に『よしよし、これだ！』と思って買ってくれるお客さんが読者なんです。」

雑誌編集長は言葉を違えて、こういうふうに読者を、「私たち」のことをいった。〝雑誌の時代〟といわれ、細分化された新しい雑誌が次々に創刊され、旧来からの歴史を誇る雑誌もリニューアル、〝変身〟する。雑誌の寿命も短くなった。〝読者〟に飽きられた雑誌、いや、つくり手の毎号の企画力、斬り口にパワーのなくなった雑誌はどんどん消えていった。

一部の総合週刊誌やコミック誌を除いて、雑誌出版の世界は、いまも移り気で多様、個別な欲求を抱える読者を相手にしている。雑誌のつくり手たち自身も、そうした読者の一員。テレビ、映像文化の多様化の真只中にいることは違わない。消費生活においても多様な商品群に囲まれている。読者をどう獲得していくか、その読者とは（雑誌にとって）何なのか、つねに自他ともに対話が欠かせなくなってきている。

同じ活字メディアでも新聞の読者は少し違う。厳密にいえば、新聞のつくり手たちからみる読者と、雑誌のつくり手たちからみた読者。そして、新聞というメディアに向かい合うときの「私たち」読者と、雑誌のそれとの違い。

一般論だが、新聞のつくり手たちにとって読者は相変わらずマス、である。新聞の多くが宅配制度のもと、定期的に朝夕読者の手許に届けられる印刷メディアであり、伝統（発行継続性）による慣習的な、そしてある一定のエリアを広くカバーするメディアの性格上、雑誌とは異なる。

テレビ（放送）メディアに近い〝公共の仕事〟を背負っているが、上述したテレビのつくり手たちの対視聴者意識の変化が、新聞の対読者意識には現れにくい。それはひとつに新聞の多様化が阻まれている――逆にいえば、多様化しないところで新聞というものが存在するという見方もできる――からである。

「私たち」新聞の読者は、テレビとも、雑誌とも違ったイメージで新聞メディアを日常に位置づけているようだ。報道・評論・解説メディア、あるいはジャーナリズム機関なのかもしれない。ならば、新聞のつくり手たちはそういう読者として「私たち」を対象化している。

それでもなお、報道の形、時代の記録の方法、すなわちジャーナリズムというものの機能や作用というものが、かつてとは同じ状況下にあるわけではない。新聞のつくり手たちもまた「私たち」を細部でとらえかえそうとしている。大震災報道はその意味でも彼らの意識を大きく揺り動かした。

2　メディア・リテラシーと「私たち」の視点

ジャーナリズムと向き合う

テレビも雑誌も、そして新聞も、つくり手たちは「私たち」視聴者・読者と本来的には同じ地平にたちながら、メディアをはさんで「私たち」をそれぞれに対象化し、意識する。メディアの変容、私たちを取り巻く社会環境の変化、時代の流れのなかでいま、それらがひと昔前とは質的に違うものになりつつあること、そうならざるをえない状況について触れておいた。メッセージの送り手と受け手との間にある関係を、「私たち」受け手を主語にして考えてみようとするとき、まずもって避けがたい前提であるからだ。

つくり手たちは、そしてこれまで以上に、対象とする「私たち」からの反応や対話を必要としていることも強調しておきたい。

対して、ならば「私たち」はつくり手たちやメディアにどう向き合っているというのだろうか。「私たち」は彼らに対して何者であり、どういう立場にあり、どういった自由や責任を持つ主体であるのだろうか――本題の中心へと入るその前にもうひとつ、そこで扱うジャーナリズムというものについて確認しておかねばならないことがある。

「乏しい資料で大きなジャッジを迫っているのが、日本のジャーナリズムでしょ。多くの民衆がデシジョン・メイキングに参加できる形で、豊富な資料を提示する、それがジャーナリズムだし、ジャーナリストの役目なんじゃないですか。」

フォト・ジャーナリストの岡村昭彦（一九二九―八五）が開口一番、強い口調でこういったのを鮮明に覚えている。彼の晩年にインタビューしたときだ。

人びとがデシジョン・メイキング（意思決定）すべきとき、そこに多様で豊富な判断材料が提示されていなければならない。それも岡村の言葉を借りれば、「歴史のジャッジに堪えうる証拠能力の強い」材料・資料。それらを刈り採り、掘りおこし、記録し、整え、提示することがジャーナリズムというものだと、言を尽くす。この国にはそれがない。乏しい材料で、ものごとの大きな判断を迫って済んでいるのが実情ではないのか――強烈なプロフェッショナル精神と批判眼に裏打ちされ、彼のやってきたことをもって明言する「ジャーナリズム」、それは他のどういった識者の定義、解説などより、そのとき腑に落ちた。

確認しておきたいのは、ジャーナリズムは作業であり作用であるということである。丸山眞男流にいえば、それは「ある」のではなく「する」ものである。民主主義と同じものだ。私たちが意識し、行為していないとそれは形だけのもの、お題目にすぎない。

メディアは構造である。養老孟司的に表現すれば脳にあたる。対してジャーナリズムは脳の作業、作用だ。〝こころ〟にあたる。とするなら、「私たち」は、そうした構造（メディア）や〝こころ〟のあり方（作用）に対してどう向き合えばいいのか、なんとなくみえてこよう。

いま豊富な判断材料が提示されているかどうか――少なくとも「私たち」は、そこを積極的に意識し、行為しないことには、ジャーナリズムは「ある」わけにはいかないことはもちろん、「する」ことを放棄したままとなる。

メディア・リテラシーとおとな

メディアの働き、その作用といったものに対して「私たち」はあまりよく知っていないのではないか。いや、よく知らしめられてはこなかったようだ。メディア自身、自ら多くを語ってこなかったし、教育課程でもリベラル・アーツとして広く深く取り扱ってきてはいない。中学・高校教育ではことさらである。よく教わったという記憶は誰にも薄い。

教科書（たとえば中学校「公民」、高校の「現代社会」など）の関連章節の記述を過去にさかのぼって調べたことがある。ジャーナリズムの社会的な働きについての短いさまざまな解説は、どれをとっても舌足らず、理解しにくい。もっとも「社会科指導要領」、たとえば「中学公民」のまとめの部分にはこうある。

「……また、国内及び国際政治が、情報操作によって動かされる危険性があり、とりわけ現代社会ではテレビというメディアの果たす役割が大きい。そして、マスコミの情報を批判的に分析した上で、自分としての考えを持つことの大切さに気付かせたい。」

指導教師の認識と腕しだい、なのだ。

近年、「メディア・リテラシー」という新たな視点が叫ばれている。先にみたように、メディアの多様化、時代状況の大きな変化を背にして、改めて「私たち」とメディアの関係をとらえなおそうという議論、運動なのだが、もともとは子どもたちへの教育的イシューとして浮上してきた。

リテラシーとは「読み書き能力」のこと。カナダ・オンタリオ州教育省が編んだ教育用ガイドによれば、メディア・リテラシー教育とは「メディアがどのように機能し、どのようにして意味をつくり出し、どのように組織化されており、どのようにして現実を構成するのかについて、子どもたちの理解と学習の楽しみを育成する目的で行う教育」である、という。

メディアの働きについての知識を身につけ、メディアから受けるメッセージに対してクリティカル（批判的）な理解を深めることをサポートしていこうというもの。しかし、考えてみれば、こういう視点は子どもたち、教育という場面だけのものではなく、すぐれて正しいおとなたちの課題、私たちの資質向上のために必要なことではないか。メディア・リテラシー議論はそういう展開をみせる。

メディア対批判的「私たち」という二項対立図式でとらえていこうというものでもない。たとえば放送メディアと向き合うとき、「メディア・リテラシーの射程は、送り手と受け手が互いに連関し合い、それぞれが表現者、受容者、使用者としての全体像を回復することで、放送文化の論理をきちんと保ちつつ、多チャンネル化、デジタル化を受け入れていこうというものだ」（水越伸「放送人とメディア・リテラシー」『月刊民放』一九九八年九月号）。

メディアの働きを知る、リテラシーはまずもっておとなの「私たち」に課せられている大きな課題である。そこを見据えておかないことには、子どもたちに正しい教育もできるわけはない。

かつての「Vチップ」導入議論の陥穽《かんせい》もそこにひとつあった。

「V」はバイオレンスの頭文字、チップはマイクロチップ。そのVチップと名づけられた素子をテレビ受像機に組み込み、かたやテレビ局の側では送り出す番組に、文字どおり〝暴力度〟の強いものから弱いものまで格づけ（レイティング）シグナルを付す。視聴者があらかじめテレビにランキング信号を入力しておけば、それ以上の〝暴力度〟の強い番組はテレビに映らない――といった仕組みで、おとなたち（親）が子どもたちに見せたくないと判断する番組を主体的に選別する装置。カナダが先行、アメリカでも新しい受像機にVチップを組み込んでおくことが法律で義務づけられた。

日本でも一九九六―九八年にかけて、このVチップの導入が検討、議論されている。ひとまず「導入は見送り」となったが、テレビ多チャンネル時代に、テレビと子どもたちをどう考えていくか、つくり手たちも含めた私たちおとなが問われ続けている。

3　新しい「私たち」の向き合い方

「Vチップ」問題と新・視聴者運動

一方的に流されているテレビ暴力場面や品位品性を欠くとされる番組から子どもたちをガードしよう、それも受け手の「私たち」一人ひとりが自主規制、意思決定しようというのだから、「Vチップ」は〝民主的〟ではある。親として視聴者として子どもに対して一定の責任があることは自明なのだが、この仕組みは制度的であること、実行面や、なによりメディアの側になんらかの表現規制を強いてしまうことなどから問題は根深い。

Vチップ議論でなお見落としてならないことは、「私たち」おとなの視聴者が（子どもたちにとって）テレビ番組は〝悪〟や〝害毒〟なんだという前提にたちすぎてはいまいかということである。まして多チャンネル時代に入り、どんなプログラムが大量に垂れ流されてくるかわからない、警戒せよ、子どもを護れ、といった意識が働きすぎてはいないだろうか、という点である。

「テレビから子どもを護れ、ではなくていま子どもからテレビを護らなきゃいけないんじゃないか」と、ある放送人は皮肉をこめてこう話した。「テレビは子どものためのものになってしまって、おとなが見る番組がないじゃないか。テレビはわかりやすいもの、つまりみんなが見て共通項だけで感じとれるものだけを押しつけてくることになりはしないかと思うからです。」

テレビ的なるもの、テレビの主体性を位置づけていくことが大事だと説く。欠かせぬ視点ではある。テレビは〝害悪〟を垂れ流す、そういう前提から俗悪番組追放、ワースト番組糾弾を軸にした「視聴者運動」が、かつて盛んであった。いつの間にか影を潜めてしまうのも不可思議だが、それにともなって「テレビとは何か」といった本質議論も絶えて久しい。視聴者のテレビ批判はどんな形でもあったほうが〝健全〟だろうし、「私たち」の責任でもあることに変わりない。

いわば市民運動的な視聴者運動は、いま形を変えつつある。たとえば「報道の自由を求める市民の会」（事務局塚本みゆき）は、一九九三年のいわゆる「椿事件」を契機に市民有志が結成、同事件に関わる放送への行政介入に対して反対、郵政省など当局に放送の自由を訴えては、返す刀で放送メディア界に主体的な自覚を促した。その後の「TBS坂本弁護士ビデオ問題」（九六年）、ペルー公邸人質事件でのいわゆる「人見記者事件」（九七年）など、とかくのテレビ報道〝不祥事〟件に際しても、向かう姿勢を崩していない。

俗悪、害悪を訴える視聴者運動とは本質的に違う新しい動きだ。前者のほうはもっぱら一部の新聞や週刊誌などが声高に感情的に、「私たち」の声として〝代弁〟、盛んに商品化しているようだ。

それはそれであっていい。ただし、つくり手たちが「私たち」をひとくくりに、強引に規定してかからない限りにおいてだ。「私たち」はさまざまである。

視聴者のテレビに対するこんな新しいひとつの動きは「誰のための報道の自由なのか」、いいかえれば「ジャーナリズムは正常に機能しているのか」という問いかけに通じている。ニュース報道、調査報道、その取材活動とメディアの提示は、それを行いうるある組織、機関に大きく委ねられている。そこが十分に力を行使する、すなわち「私たち」に役目をきちんと果たしうる正常な、自由な形が内外に整っているかどうかが問題となる。そこを見守っていく必要がある、というのが「私たち」の向き合い方のひとつだ。

ともすれば、メディアという〝第四権力〟は間違った方位をとりがちとなる。報道被害者も絶えない。いい返し、反論する組織・機関に属さない立場の「私たち」は、なおさらメディアの自由と役割、責任の所在を監視していかねばならない。

「誰のための報道の自由か」という問いかけはそういう意味で古くて新しい「私たち」の課題となっている。そしてこういう問いかけがいまもつづいている——。

「私たちマスコミの非常に発達した社会で生活している者が時に思うことは、これだけ種々のメディアが乱立していながら、いったいどれだけの人がそれを自分たちの発言の場として利用できているだろう」(「訳者あとがき」ジェローム・A・バロン、清水英夫他訳『アクセス権』日本評論社、一九七八年)かというものだ。

「メディア・アクセス」と発言の場

報道・言論の自由を憲法で保障されながら、実際にはほとんどの人がこの自由を享受していない。メディアを開かれたものにし、私たちがそれにアクセスする権利を保障すべきだとする「メディア・アクセス」論が、クローズアップされたことがある。

詳細は専門文献（参考文献参照）に譲るが、「私たち」の発言の場としてのメディアを考えることは、もうひとつの向き合い方だ。

自分でつくったビデオ作品を、早い者勝ち、検閲なしが原則で放送してくれるテレビ局がある。アメリカのケーブルテレビ（CATV）のパブリック・アクセス・チャンネルは「市民による市民のための」チャンネル。わいせつな作品は独自の審査委員会などが判断するが、その他は思想、内容で拒否されることはない。ケーブルテレビ会社は番組に対していっさい口出ししない。制作機材も貸してくれれば、作品づくりの指導もOK。ただし商業目的、コマーシャルは禁止。ケーブル局のあるまちに住んでいることの証明だけがアクセスできる条件。

ケーブルテレビの多チャンネル性、地域独占的な事業形態もあって、とくにアメリカでは住民がアクセスできるよう求める市民運動が長くつづいた。メディアの公共性をめぐって議論、運動も紆余曲折を経て自由と権利が勝ちとられた。

世界各国さまざまに、こうしたパブリック・アクセス・チャンネルが形を違えて制度的に保障されている。日本はその点、〝後進国〟といわざるをえないが、市民参加型のコミュニティ自主放送チャンネル、自主番組も各地のケーブルテレビに多い。

「私たち」の発言の場ということでは、かたや時代はインターネット、ウェブの世界が広がっている。

そこには〝発信する〟私たちがいる。情報源にストレートにアクセスしうる手段と方法をもちあわせた私たちは、これまでとは違った視聴者・読者たる「私たち」である。情報公開制度のもとで、本来ならば報道機関が組織を挙げて告発すべき権力の不正を、執拗に突いているのも「私たち」だ。

そういう主体として、それでもなお問われるのは、ジャーナリズムというものに対してどう向き合うか、である。新聞ジャーナリズム、テレビ・ジャーナリズムの現在に「私たち」は何を、どう発言し、私たちのものとしていくか、だ。突き放し、対象化し、現象面だけにとらわれてはならないだろう。

近年、いわゆるメディア規制三法案（個人情報保護法案、人権擁護法案、青少年社会環境対策基本法案）をめぐって、議論が沸騰した。報道規制、メディアの表現規制を招くおそれから、メディア界はこぞって反発。フリーライターをはじめとする表現の世界に携わる多くの人びとも抵抗を示した。

住民基本台帳法（いわゆる住基ネット）や最近の「国民保護法制」ともども、こうした国家の大きな法規制の動きに棹さしているのは、ジャーナリズムの諸力の減衰であろう。しかし、その流れを底で支えているものこそが「私たち」である。ジャーナリズムへの信頼と期待を捨てず、社会的役割を正しく認識し是非を問う、その姿勢が弱まったときに「天に唾する」ことになる。

ジャーナリズムはつねに正しく私たちに作用、機能しているわけではけっしてない。濱田純一東京大学社会情報研究所教授は「ジャーナリズムにとって、ある意味で『逸脱』は、病理でなく生理と考えるべきである」と、あるところにこう書いている。

「すなわち、厳密な規範の枠内だけでメディアが活動しているのでは、メディアがその役割を適切に果たし得ないことが少なくない。むしろ、規範を越えて取材をし、あるいは報道することで、その社会的使命を初めて全うしうることもあると考えるべきである。そうした『逸脱』は、国民に対してメディアが十分な説明をなしうるときにはじめて、正当性を獲得できる。」

ジャーナリズムは「逸脱」する。「私たち」もまた間違う。逸脱する。多様なものの見方が失われ、自由な発言が疎外され、集団的意思にばかり依存するとき、いわば「大衆の暴力」を行使してしまう。私たちの社会、ジャーナリズムにとってそれがもっとも危惧《きぐ》される。

私たちがクリティカルな理解を深めなければならないのは、まずもって「私たち」に対してである。主体的な個としての「私」とメディアとの新しい、いや基本的な関係にまなざしを向けること。この先、しかるべきジャーナリズムの作用はそこからしか生まれてこない。

参考文献

菅谷明子『メディア・リテラシー』岩波新書、二〇〇〇年
ジェローム・A・バロン、清水英夫他訳『アクセス権』日本評論社、一九七八年
津田正夫編『テレビジャーナリズムの現在』現代書館、一九九一年
児島和人・宮崎寿子編著『表現する市民たち』日本放送出版協会、一九九八年
民衆のメディア連絡会編『市民メディア入門』創風社出版、一九九六年
斎藤精一『雑誌大研究』日本工業新聞社、一九七九年
NHK総合放送文化研究所編『テレビ・ジャーナリズムの世界』日本放送出版協会、一九八二年
天野勝文他編『岐路に立つ日本のジャーナリズム』日本評論社、一九九六年
色川大吉編『心とメディア』小学館、一九九七年
J・カラン、M・グレヴィッチ共編、児島和人・相田敏彦監訳『マスメディアと社会』勁草書房、一九九五年
徳山喜雄『報道危機――リ・ジャーナリズム論』集英社新書、二〇〇三年

第18章　ジャーナリズム文化
――マイノリティ、女性

田中東子

1　近代ジャーナリズム――二項対立的な形成とその限界

ジャーナリズムの倫理を問い直す

この章では、いくつかの例外を除いては、これまで近代ジャーナリズム論の主題として語られてこなかった視点に基づいて、「ジャーナリズム論」の再考を試みる。こうした試みは、古くはテレビが登場し、ポピュラー・ジャーナリズムの問題が出現したことによって、そして近年ではグローバル化やデジタル化によって、ジャーナリズム文化やジャーナリストをとりまく環境が大きく変貌し、近代ジャーナリズムの立脚点が再検討されるようになりつつある現在の議論の流れの中に位置づけられるだろう。

このように、ジャーナリズムが対象とする社会領域の拡大と変動によって、またそれを担う主体の変容と拡散によって、近代ジャーナリズムの理念が再審問される必要があることを、多くの研究者が述べている。とりわけ「ジャーナリズムを論じるあまりにもジャーナリスティックな視点や概念が、事柄の問題性を摘出あるいは照射することを妨げる場合のあること」（林利隆「思想としてのジャーナリズム」放送文化研究所編『放送学研究』四八号、一九九八年、二〇三頁）といった指摘は、これまでその視点や概念の外部として放逐されてきた視点に立って近代ジャーナリズムを再考する意義を示している。

本章では、近代ジャーナリズムが重点的に語ることの少なかった、二つの視角を明らかにしながら議論を進めていく。その視角は、「ポスト・フェミニズム」の思考と「ポスト・コロニアル」の思考に依拠している。これらの思考様式に依拠することで、近代ジャーナリズムとその土壌となるジャーナリズム文化をこれまで構成してきたいくつかの概念が、男性中心主義に基づいてきたこと、そして社会的マイノリティや〈他者〉の視点を周縁に配置する権力のマトリクスの中で成立してきたことを明らかにしたい。

ジャーナリズムを支える文化と人々は、実際にはある特定の社会的価値や社会的位置取りに基づいて構成されていると考えうる、閉鎖的な共同体の存在を前提とすることで成り立っている。それにもかかわらず、そうした共同体の閉鎖性という前提への言及なしに、そこで流通している倫理を普遍的な価値であるかのように考えてしまうときに、ある種の暴力性が出現する。そうした暴力性は、ある言語集団や社会集団の内部において支配的な諸概念や価値判断と、メディアにおいて主流の言説構成や問題構制との一致（accord）もしくは適合（fit）といった現象が、これまで問題とされてこなかった点にも現れている。

このような一致は、ジャーナリストたちがその文化や界の中で無意識的／慣習的に身につけてきた選別感覚のようなものに基づいて生み出されている。それは、自分たちとは異なる位置に立つ人々の視点を排除することで成り立つ感覚であるにもかかわらず、ジャーナリストたち自身はそれをいちいち認識したりはしないほど、自然なものとして身体化されてしまったような感覚である。上述した二つの視角に基づく議論は、専門的職業であるジャーナリストのこのような慣習的実践と、男性的「市民」像をモデルとして成立してきた近代メディア制度の共犯の構図を問い直す手がかりとして有効である。

このような選別感覚について考えてみることは、彼ら（時には彼女ら）を糾弾するのが目的ではなく、むしろP・ブルデューが『メディア批判』の中で述べているように、「意識化によって、このメカニズムの支配力から人々が相互に自らを解放する可能性を提供すること、……そして、普及の手段を（ほとんど）独占している、ジャーナリストの間での具体的な行動プログラムを提案すること」（ピエール・ブルデュー、櫻本陽一訳『メディア批判』藤原書店、二〇〇〇年、一三九頁）をまずは目的としている。

従って、二一世紀という新しい時代のジャーナリズムを取り巻く変化を見据え、またこれからジャーナリストとして身を立てようとする人々――とりわけ、自分たちが「マジョリティ」の一員であることにほとんど疑いを持っていないような人々――とともに考える方法を模索するために、本章は書かれている。

二項対立的な形成

現在「ジャーナリズム」という名で知られる活動の原型が出現したのは、おそらく近代市民社会の成立と期を同じくしているといえるだろう。一九世紀以降、評論と客観性と事実の正確な伝達を重視しながら、ジャーナリズム界やジャーナリストという職業は編成されてきた。

その一方で、その外側にはつねに、センセーショナリズムや商業主義を重視するジャーナリズムの別の潮流が存在していたことも、否定できない。ジャーナリズムの活動の規範は、つねに相反するこの二つの潮流のうち、倫理的には前者をよしとしながらも、産業としてのそれは後者への欲望を隠しきれないまま、形成・維持されてきているといえるだろう。

だが、ここで注目したいのは、近代ジャーナリズムを編成するこの二つの潮流が、あらゆる近代的な社会編成にはらまれる二項対立的な思考様式との相同性を含んでいる点である。例えば林香里は、「タブロイダイゼーション」という概念の検討を通じながら、近代ジャーナリズムの中で、「センセーショナリズム」や「商業主義」といった潮流が女性化の産物として構成されながら悪しきものとして批判され続けてきた一方で、「評論」や「客観性」を提供する言論活動は男性的特性とされる諸価値と結び付けられ、しかもその結合ゆえに、後者の潮流が近代ジャーナリズムの中心的で正統な価値であり続けてきた点を明らかにしている（林香里『マスメディアの周縁、ジャーナリズムの核心』新曜社、二〇〇二年、六九頁）。

こうした二項対立に基づく思考様式は、メタフォリックな男性／女性の切り分けと節合されることによって、一方は、界の中心・正統なものとして自己を保証し、他方は界の周縁・非正統なものとして前者の同一性を支えるための外部として構成されている。つまり、正統なるジャーナリストたちが近代的な「市民」の代弁的発言者とされているときに、その形象はつねに「男性」をモデルとしていたのであり、そのような規範的「市民」モデルからの逸脱者・落伍者・脱落者たちは、必然的に「女性」的な価値や性質とされるメタファーの烙印を押されて否定的に定位されてきた。

ポスト・モダン的視点から解釈するならば、「タブロイド」などの非ジャーナリズムも、「女性」という非男性も、ともに近代市民社会が想定してきた「市民」像の他者であり、〈（男性的な）ジャーナリズム〉という、無意識的にまた無条件的にジェンダー化された同一性を保証し、また維持するための外部として、存在してきたとも考えられるのである。

2 「ポスト・フェミニズム」の思考

メディア・セクシズム批判

このように、「男性」をモデルとして中心化されたジャーナリズムの倫理とその生産物であるが、一九七〇年代の女性解放運動や、文化的な領域へのフェミニストたちの介入という出来事を経て、より多くの女性研究者や書き手たちが、ジャーナリズム界から排除されてきた女性ジャーナリストの立場や、新聞やテレビでの女性表象についてメディア・セクシズムという視点から分析を重ねるようになってきた（井上輝子・女性雑誌研究会編訳『メディア・セクシズム』垣内出版、一九九五年、田中和子・諸橋泰樹編著『ジェンダーからみた新聞のうら・おもて』現代書館、一九九六年など）。これらの研究と批判の蓄積を踏まえて、今日ようやく、ジャーナリズムを論じる際の重要な視点として、メディアと女性の問題が一分野を築きつつある。

中でも、ジャーナリストたちを拘束している諸倫理の、とりわけ「客観性」や「事実性」といった言葉のもとでこれまで行われてきたセクシズムや男性中心主義の発露を、フェミニストたちは批判の対象に据える。例えば小玉は『ジャーナリズムの女性観』と題される著書において、新聞各紙の綱領を検討している。そして、各綱領が言及している公正や不偏不党といったものが、「言論の機会を与えられない人たち、つまり、考えはあっても表明する機会も手段ももたない多くの一般人たち、そして、人口の半分を構成する女性たち」（小玉美意子『〈新訂版〉ジャーナリズムの女性観』学文社、一九九一年、一一頁）の存在を見落としている点を指摘している。

数多くのフェミニストによるジャーナリズム批判を踏まえ、S・アランは、「真理をジェンダー化する／生成する」という論文の中で、「客観性」や「事実性」の概念をジェンダー論的な見地から検討するためにフェミニストの研究によって与えられている視点を、三つにまとめている。

一点目は、「客観性」をジャーナリストの理想として支持し続けながら問題の解決に努める立場である。この立場に立つフェミニストたちにとって、「現実に起こっていること」を主観的にゆがませることを許容し続けている男性的な規範、価値、信念こそが問題である。従って、報道には本来ジェンダー的な差異などあってはならず、正しい報道を心がけることによって、ジェンダー的に中立な報道が可能になると、彼女たちは主張する（Allan, Stuart, "(En)gendering the Truth : Politics of News Discourse," in *News, Gender and Power,* edited by Cynthia Carter, Gill Branston and S. Allan, Routledge : London, 1998, p. 121）。こうした立場は、リベラル・フェミニズムの認識とも相同性を持っている。

こうした立場に基づいて、メディア・セクシズムの問題の解決方法を論じる場合、その主張は必然的に、オンブズマン制度やメディア・カウンシル制度のような、中立的な第三者に、「客観性」の裁定を委ねるという方向に導かれる。そしてそのような第三者制度や機関に、ジェンダー的な中立性を要求していく法的・制度的な整備が要求される。

また、報道が厳密に「客観的である」「公平である」ためには、「具体的な事実」を私情を交えることなく集め加工するための専門的な能力を、ジャーナリストたちが培うことが必要条件となる。ジャーナリストの専門性の根源的な追求である。「現実世界の〈真理〉は、これらの事実を通じて発見されうるし、かくしてニュース報道がリアリティを鋭く反映しさえすれば、〈偏向した〉ジャーナリズムを避けることができる」（*ibid.,* p. 121）というわけだ。

こうした方向での議論は、今後も頑固に続けていく必要があるだろう。だが、注意しなければならないのは、はたしてジェンダー的に中立な視点というものがありうるのか、という点である。私たちは社会的な教育や訓育を通じて、あるジェンダーを帯びた身体として日々構築されていくのであり、つねにある特定の、そして性的にしるしづけられた社会的位置を占めることを通じてしか、語ることはできない（ここで言及している「性的なしるしづけ」というのは、もちろん二元論的な性差に限定されてはいない）。

また、今日のように情報化やデジタル化が進んだ社会においては、ジャーナリストの専門性の追求だけでは、問題を完全に取り除くことはできない。もはや、多種多様な媒体を介して「情報」「知識」「言論」を流通させているのは、一部の専門家だけではない、ということを私たちは日々体験している。

更に、報道内容の客観性や公平性を維持し、そしてより大きな専門性と中立性へと向かおうとするその欲望こそが、「公認されたソース」（制度的なスポークスマンや「当局」や専門家の発言）が供給している「社会的現実の定義」へとメディアをいっそう向かわせるよう、強力に作用してもいるということを指摘する論者もいる（Hall, Stuart, et al., *Policing the Crisis: Mugging, the State, and Law and Order*, Macmillan: London, 1978, p. 58）。つまり、公認されたソースという、実際にはある特定の社会的位置を占めることで権限を付与されている制度や人物から発生する見識や情報に依拠することによって、客観性や中立性が保証されていると主張するメディア言説の欺瞞性の問題である。

それゆえ、これらの点を批判的に読み解くための別の分析枠組みが必要とされ、アランは、フェミニズム的介入による別の視点を提起する（Allan, S., *ibid.*, p. 122）。それは、「客観性」のジェンダー的特異性を強調するよう努める立場である。この立場は、「性的差異」という所与の性差を維持しており、そこから派生する女性的理解と男性的理解の間には本質的な違いがあると主張している。この視点によれば、女性だけが、社会的集団としての「女性」の立場を代表するために話すことができるのであり、「客観性」や「事実性」は、所与のニュースの報道において男性の価値と女性の価値が均衡かつ平等に表明されることによって保証されると、彼女たちは考えている。

この立場に基づくならば、男性と女性のジャーナリストを平等に雇用するような報道組織を追求することによって、そして同時に報道の生産に関わる諸実践での変化を通じて、「客観性」や「公平性」は達成されると考えられる。これは、今日、日本社会で重要な課題だとされている「男女共同参画」的なモラルである。

こうした立場に基づく批判は、報道記者を構成するメディア産業構造のジェンダー的偏りや、男性ジャーナリストによって書かれたメディア・テクストの内容分析などを通じて、これまでジェンダー的に偏りのある社会構造やニュース内容を可視的なものとし、変化させるために、数多くの成果を挙げてきた（小玉美意子『〈新訂版〉ジャーナリズムの女性観』学文社、一九九一年。小玉美意子・岩崎千恵子「メディア産業におけるジェンダー構造とジャーナリズムの新たな地平」『マス・コミュニケーション研究』四五号、三嶺書房、一九九四年）。

ポスト・フェミニズム

しかし、それだけでいいのだろうか。「女性」というカテゴリーへの固執は、また別の視点や立場を排斥してしまう可能性をつねに持っているとは考えられるのではないだろうか。例えば、エスニシティ、セクシュアリティ、ハンディキャップなどの、社会的なマイノリティの諸問題を考えてみるならば、以上の二点の立場に加えて、また別の視角からジャーナリズムの問題を検討する必要が出てくるのではないだろうか。フェミニズムの視点を印籠のように掲げるのではなく、別の「他者たち」の声との交差を通じて社会的な現象や権力関係を考察しようとするのが、「ポスト・フェミニズム」の立場である。

アランもまたこうした観点から、フェミニズムによって開示されうる第三の立場に言及していく（Allan, S., *ibid.*, p. 122）。それは、「客観性の社会的構築論」ともいえるような立場である。この視点では、「客観性」や「事実性」という概念の成立可能性そのものを俎上に上げ、それらの成立がイデオロギー的でそしてそれゆえジェンダー化された社会的生産の諸条件から切り離されることができないことを可視化させようとする。それらの概念は、すでに述べたように理性、論理、合理性という普遍的で有効な基準であると宣告された（そして、男性性と結合した諸価値であると暗黙の内に認識された）領域の「外側」として存在し続けている女性の経験を巧妙に排除することを通じて、これまで成立してきたといえるからである。

「客観性の社会的構築論」は、「ニュースは社会的に構築されている」というこれまで何度も指摘されてきたパラダイムに内在する分析の視点である。それはニュースを、ある特定の社会的位置を占めることによって生産された出来事の記述であり、その位置を制定している社会的なルールに基づいて行われる編制や選別の結果として生産された言説のかたまりであるとする。「メディアは本質的に／自然に、報道価値のある出来事を、透明に報道しているのではない」（Hall, S., et al., *ibid.*, p. 53）という主張によって、すでに述べたような、アランによるフェミニズムの第一の立場が内包する素朴さは、再検討されることになる。

ジャーナリストたちは、自分たちの専門性によって保証される知識や経験に基づいて、ある出来事を、これまで積み上げられてきた社会的な（制度的な）「意味のマップ」の中に配置し、定義づけを行っていく。その場合、多くの専門的ジャーナリストたちが、読者としての私たちがみな、同じ「意味のマップ」に基づいてニュースを読んだり見たりしていると考えている。

だが、このような前提は、「私たちがみなおおむね社会に対して同じ利害を持ち、社会においておおむね同じくらいの権力を共有しているはずだ」（*ibid.*, p. 55）という誤認に導く。これこそ、「客観性」や「事実性」という概念が、時に批判を受けながらも隠し続けていた「ヘゲモニー」の力——相手の発話のポジションを奪うことで、「別の意味のマップ」の存在を不可視化し、さらには沈黙をやんわりと要請しながら合意を形成する権力の発動——なのである。

このように、ニュースや報道の社会的構築性として、七〇年代以降、イギリスのメディア文化研究の文脈で行われてきた研究の潮流と重なり合いながら、次のような分析の視点が可能になりつつある。社会において、「知」は不均衡な権力空間——「権力の幾何学」の中で生産されているという認識から分析を始める立場である。この立場に依拠するフェミニストたちにとって重要なのは、所与の事例において「真理」や社会的現実や客観的事実として数えられるものが、社会を定義する構造的条件や定義する権力を持つ社会的な位置を占める人々によって決定されている点を明らかにすることだろう。

このような視点に基づいて考える場合、「客観性」や「事実性」は、人々の合意を担保に一時的に成立しているにすぎないということになる。また、不均衡な権力空間の中で生産される「客観性」や「事実性」といった価値を共有しえないような人々が、つねに存在しているということについても考えざるを得なくなる。このような見識とともに、ジャーナリズムをめぐる法的・制度的問題や職業的専門性を論じることには、幾許かの有効性があるだろう。

3　マイノリティ、他者、ポスト・コロニアル

マイノリティとは誰か

ジャーナリズム界において支配的な「意味のマップ」を軸にしつつ、ジャーナリストたちがニュースを生産するために行使しているヘゲモニーの力に対して、他方ではそこで参照される「意味のマップ」とは調和できない人々、もしくはそのマップから排除されてきた人々の声も絶えず社会の内部に存在し続けてきた。そもそもジャーナリズム界に参入し、そこで声を発することを許認されるポジションに身をおくことが特権的であるからこそ、私たちはその倫理感や責任、専門性を問題にしてきたともいえる。

これら、「意味のマップ」を共有しえない人々、もしくはそのマップから振り落とされてしまう人々を、これまで私たちは「マイノリティ」と名指してきた。この言葉は通常、「少数派」ないしは「少数者」という意味に理解されている。しかし、「マイノリティ」と名指される人々は、数量的な「少なさ」とは無縁であることも多い。本章のサブタイトル「マイノリティ、女性」という集合化がまさに表わしているように、社会のおよそ半数を占めている「女性」もまた、時に「マイノリティ」として扱われるのだから。

とするなら、このような場で語られる「マイノリティ」とは、いったいどのようにして決定されるのだろうか。メディア表象を通じて、またジャーナリストの記述を通じて、マイノリティとマジョリティとの境界線は引かれている。その線引きの基準としてしばしば持ち出されるのは、人種やエスニシティに関するものや、ジェンダーやセクシュアリティに関するものである。弁別的に差異を決定するとされ

るこれらのカテゴリーは、ジャーナリストたちによって選別され、反復的に「マイノリティ」をしるしづける記号として作用する。

だが、一度マイノリティとして名指された人々は、つねにどの言説空間においても「マイノリティ」であり続けるのだろうか、同時にマジョリティの一員として名指される人々も、あらゆる空間において「マジョリティ」であり続けるというのか。

ここでは疑問形を装うことで、「マイノリティ」概念の一般化に異議を挟んでいるが、実際、「ジェンダー」と「社会的少数者」のしるしが交差した地点で「マイノリティ」の本質的決定という試みは、崩れ落ちることになる。「あらゆる一般化は女性の問題を導入すれば揺らいでしまうことを、フェミニストなら（誰でも）知っている」（G・C・スピヴァク、上村忠男・本橋哲也訳『ポストコロニアル理性批判』月曜社、二〇〇三年、五三一頁）と、G・C・スピヴァクが語っている通りに。

ポスト・コロニアルの視点

「意味のマップ」を共有できない人々の声は通常、思考の外部として放置される。だが、思考の外部に排除された人々の問題を、スピヴァクは、「ネイティヴ・インフォーマントの（不）可能性」という言葉を用いることによって、かろうじて言語化することに成功している。そうした人々がメディア・テクスト上に表象されるとき、多くの場合「マジョリティ」の側に立ち続けるジャーナリストによって暴力的な定義づけや一方的な記述にさらされ、支配的な語りのモードにおける「客体」として定位される（これは、「他者性」としてのマイノリティの主体化である）。

他方、彼／彼女たち自身に発言の機会が与えられたとしても、不均衡な権力関係の中で行われるその発言は、慣習的で支配的な語りのコードに則った形で再生産されることのほうが多いのではないだろうか（これは、マイノリティの「失語症」として説明される）。「客観的な対象としてのマイノリティ」として記述されるときにも、「主体として語るマイノリティ」として自らを記述するときにも、彼／彼女たち固有の発話の場所がなく言葉が足りないという状態――つまり「二重に抑圧された状態」を、スピヴァクの言葉は上手く捉えている。

前節でも見てきたように、「客観性」「不偏不党」「公平性」「事実性」といった諸概念は、二項対立の一方の項として形成され、他方の項を排除することによって、自らを中心的な価値として位置づけてきた（客観：主観、不偏：偏向、公平：不公平、事実：虚構……といった二項対立の目録を思い浮かべてみればいい）。そうした思考様式の背景には、メディア表象を通じて社会的に蓄積される価値判断の基準への緩やかな同意、もしくは社会的な「意味のマップ」への出来事の配置を通じた「正常」と「異常」、「中心」と「周縁」という線引きの反復がある。その線引きのただ中で表象されたり、声を上げるためのポジションを獲得したりすることについて、私たちが考えようとするときに、スピヴァクの「ネイティヴ・インフォーマントの（不）可能性」という言葉は助けになる。

新しい社会運動や女性運動、反人種差別運動、ラディカル民主主義をめぐる議論の深化と社会的な活動の活性化、また人々の移動、グローバル化、文化接触、移動によって引き起こされる所与のカテゴリーの揺らぎ、といった社会的現実の変化に応じて、様々な概念やフレームが問題含みであることが徐々に明らかにされてきている。こうした問題は、これまで排除されてきた二項対立の「他方」の側の視点に基づいて支配的な価値や中心的な概念を思考し直すという、ポスト・コロニアル的思考によって、再点検されるようになってきた。例えば、人種、ジェンダー、セクシュアリティ、ナショナリティなど

──「マイノリティ」と「マジョリティ」を隔てるときに持ち出されるあれらの「お決まりのカテゴリー」である。

新しい〈表象＝代表〉の息吹

差異化の口実とされる諸概念や諸カテゴリーの再検討が行われる一方で、自分たち固有のルールと言葉に基づいた発話の場所を創り出すための試みも、絶えず実践され続けている。なぜなら、「情報」「知識」「言論」は、特定の誰かによって、もしくは社会的に「マジョリティ」として存在している主体‐位置を占める人々によって、独占的に所有されることはありえないからである。

私たちは、自分たち自身の生活や社会的プロテストなどに必要な「情報」「知識」「言論」を、支配的な言論の隘路を縫うようにしながら、これまでも様々な形で生産し、流通させてきた。その結果、それらの生産物の周囲には、時間や空間を超えてコミュニティーが形成されるようになる（「ミニコミ」を、ミニマル・コミュニケーションの略語として解釈するだけでなく、ミニマル・コミュニティーの意味として考えてみることも可能であろう）。

そもそも、一九世紀に市民社会の成立に伴って、新しい「情報」「知識」「言論」への需要の拡大が、その生産機構と生産者たち（ジャーナリズム界とジャーナリストたち）を不可避的に生み出したとするならば（谷藤悦史「市民社会、メディア、ジャーナリズムそして公共サービス・メディア──市民社会とメディア、ジャーナリズムの歴史と展望」放送文化研究所編『放送メディア研究』一号、二〇〇三年、一一〇頁）、社会環境や生活場が拡大し変容するにつれて、ジャーナリズム界やジャーナリストたちは、つねに新しい生産者たちの参入にさらされているともいえるのではないか。実際、いつの時代であれジャーナリズム界を支えているのは巨大企業による報道組織だけではなく、新規参入してくる小さなコミュニティーでの言論活動なのかもしれない。

もちろん、これは言うほど簡単なことではない。ジャーナリズムの生産物において、主流の見解や主流の問題設定の枠付けがヘゲモニーを握っている以上、これらの小さなジャーナルやミニコミの記述は、そうした枠付けへの「肯定」か「否定」か、という解答に引き寄せられざるをえないかもしれない。そうした枠付けから離分しながら（身を引き剝がしながら）書くということは、現実には困難である。

それでもなお、私たちの周囲では、つねに新しい「情報」「知識」「言論」が、日々誕生しているのであり、そうしたメディアの中にこそ、オルタナティヴな視点に基づくジャーナリズムの別のやり方が、見え隠れしているともいえる。

例えば、近年ではセクシュアル・マイノリティのための本格的な言論雑誌が発刊されている。セクシュアル・アクティヴィズムのサイトでは、個別的なイシューに関する評論や、実践的・社会的活動に関する様々な情報が掲載され、古典的な意味での「ジャーナル」――「市民のなしうる記録活動」（鶴見俊輔編『ジャーナリズムの思想』筑摩書房、一九六五年、八頁）の記述――に回帰するような活動や、日常的な市民生活から発生する政治的な議論が活発になされている。そうした新しい空間には、確実に、民主主義の新たな息吹が存在しているといえるだろう。

また、数多くのエスニック・ジャーナルの出版やエスニック放送の存在などもある。これらのメディアには、「一般の新聞・雑誌にはまず載っていない情報」（白水繁彦編著『エスニック・メディア』明石書店、一九九六年、二〇頁）が独自の情報ニーズに基づいて掲載され、また一般のメディアが決して取り上げないようなテーマに関する意見が表明されたりもする。これらの活動は、同時代の社会空間の中で、「意味のマップ」には様々なバージョンが同時に存在しているということをはっきりと示してくれる。

そして、ＣＡＴＶやインターネットテレビなどの新しい情報発信ステーションの場では、大企業マスコミにはなかなか入り込めない多くの「女性たち」が、生き生きと活躍している。そうしたマイナーなメディアで活動する制作者やジャーナリストたちは、研究会やフォーラムを開催しながら、オルタナティヴなメディア状況を生み出すための取り組みを続けている。それらの新しいメディアは、ある時にはその新奇性をウリに商業的な場への参入を図り、またある時には、マスコミが報道しないような情報をリアルタイムに全世界に発信し、また全世界から発信された情報を受信することを可能にしている。

混迷を深める市民社会、グローバル化や新しいメディアによるネットワークの拡大によって変容しつつある市民社会において、これまでその言論を抑制されてきた人々の「もっと自分たちの声を」という叫びが十分に表明できるような言論の空間を創っていくための方法について、これらの事例は教えてくれるのではないか。新しいジャーナリズムは、つねに新しい集団やグループの形成を通じて誕生するのであり、そこには今あるものとは異なる視点、代替的なまなざし、新しい代表＝表象の息吹があるといえる。

〈選別感覚〉を問い直す

いささか駆け足であったが、急激に変容する現代社会において、ジャーナリストの倫理を再考するための手がかりとなるような視角を概観した。それは、次の二点を再検討するためである。

正常と異常、真理と虚構の境界線を引くための感覚の生産を担っているのだという自覚と責任を、ひとりひとりのジャーナリストがもっと強く認識すること。そして、ジャーナリストの倫理感覚や道徳感覚とされるものを、より先鋭化すること。

どの時代でも新たな視角の参入が問題となる以上、社会的な出来事に対する、ジャーナリストの〈選別感覚〉はつねに問い直され続けるべきだろう。一枚の「意味のマップ」にのみ固執して出来事を選別・配置・意味づけるのではなく、複数の「意味のマップ」の存在を意識し、文化や社会の異種混交性を基準に思考するような柔軟性の獲得を、ジェンダーやマイノリティについての考察は示唆しているのではないか。

これは、ジャーナリズムがその倫理観に基づいて目指す「客観性」や「事実性」の脱構築の実践である。そして、ジャーナリストによって動員され続けてきた支配的な概念が、「ジェンダー・バイアス」に基づいて、もしくは「マジョリティの視点を中心化しながら」構成されているという点を顕在化させようとする批判的な試みのただ中にこそ、ジャーナリズム文化と女性の問題、そしてマイノリティの問題を考えそれを乗り越えるためのヒントがあるのではないかと考え続けることが重要なのではないだろうか。

参考文献

Allan, Stuart, "(En)gendering the Truth : Politics of News Discourse," in *News, Gender and Power*, edited by Cynthia Carter, Gill Branston and Stuart Allan, Routledge : London, 1998
ピエール・ブルデュー、櫻本陽一訳『メディア批判』藤原書店、二〇〇〇年
J・ディッキー他編、井上輝子・女性雑誌研究会編訳『メディア・セクシズム』垣内出版、一九九五年

Hall, Stuart, et al., *Policing the Crisis : Mugging, the State, and Law and Order*, Macmillan : London, 1978
林香里『マスメディアの周縁、ジャーナリズムの核心』新曜社、二〇〇二年
林利隆「思想としてのジャーナリズム」日本放送協会放送文化研究所編『放送学研究』四八号、一九九八年
小玉美意子『〈新訂版〉ジャーナリズムの女性観』学文社、一九九一年
小玉美意子・岩崎千恵子「メディア産業におけるジェンダー構造とジャーナリズムの新たな地平」『マス・コミュニケーション研究』四五号、三嶺書房、一九九四年
白水繁彦編著『エスニック・メディア』明石書店、一九九六年
G・C・スピヴァク、上村忠男・本橋哲也訳『ポストコロニアル理性批判』月曜社、二〇〇三年
田中和子・諸橋泰樹編著『ジェンダーからみた新聞のうら・おもて』現代書館、一九九六年
谷藤悦史「市民社会、メディア、ジャーナリズムそして公共サービス・メディア——市民社会とメディア、ジャーナリズムの歴史と展望」日本放送協会放送文化研究所編『放送メディア研究』一号、二〇〇三年

COLUMN

新聞・出版社でのインターンシップ教育

一九九五年頃から日本の文系の大学に広がったインターンシップ教育は、欧米では一世紀の歴史をもっている。欧米のジャーナリズム学部では、インターンシップ教育は不可欠なカリキュラムの一部で、大学在学中に、一定期間、新聞・放送・出版などのジャーナリズムの現場で働く制度になっている。

これは就職決定企業で、卒業直前にその企業で働くのではない。在学中に、ジャーナリズム企業に一定期間おもむき、記者や編集者にまざって、実際の取材先でインタビューし、記事にまとめ、見出しや写真をつける仕事だ。

近年ではＤＴＰのコンピューター画面の中で作業することが多い。記事の大きさ、小見出し、リード、写真のキャプションをつけて、印刷寸前までおこなう。勿論、先輩記者の助言、添削の指導をうける。

インターンシップの重要性は、教室の中では得られない臨場感を現場で受けとめることだが、それ以外にも、ジャーナリズムの仕組み、編集者・記者たちの協働、取材先のネットワークを身体で感じとることである。一文字でも誤れば、相手にダメージを与え、また名誉も傷つけるという緊張感、どのデータを採用し、どの情報を捨てるか、という高度な判断から、時間との勝負、記者魂や記者の人間としての倫理などを学ぶことになる。

インターン期間を終えて、再びクラスに戻り、どういう勉学を補ったらよいか、卒業時に、何が出来るのかというキャリアの充実を知ることになる。日本でも、いくつかの大学でジャーナリズムのインターンシップが進んでおり、こんご広がってゆく見通しだ。

（田村紀雄）

参考文献目録

ジャーナリズムを学ぶ人のために

ジャーナリズムに関連する文献は、第二次世界大戦前へと遡れば、実践書であれ、研究書であれ、枚挙に暇がない。ここでは、網羅的な文献一覧を提示することを目的とするのではなく、あくまで現代のジャーナリズムを考えるうえで基本的で示唆に富む文献を中心に掲載することを心がけた。結果として、ジャーナリズム史に関する文献はかなり省くことになったが、本書の各章で展開されたテーマに関連した文献をできる限り取り上げることに努めた。

以下では、まず総論的にジャーナリズムに関する講座・入門書・定期刊行物などを掲げ、次に各論的なテーマを大きく四つのジャンルに分けて、おもに戦後に発行された文献を中心に、ジャーナリズムを学ぶうえで参考になるものを掲載した。読者がこれからさらにジャーナリズムに関する研究を行う際に役立てば幸いである。

なお、本書の各章末に示された参考文献と一部重複する場合もあるが、重要な文献に関してはあえて再掲（＊で指示）しておいた。また、対象とした文献は、二〇〇三年一二月末までに日本国内で出版されたものとし、増補版や改訂版のあるものは、できるだけ最新のものを記載するようにした。

1　講座・入門書・定期刊行物など

現代のジャーナリズムを学ぶ際に、その対象領域や問題設定、理論の概説やジャーナリズムの現状などについての基礎的な理解や専門的な知識の修得などに役立つものを、⑴講座・シリーズもの、⑵入門書・概説書、および、⑶定期刊行物等の順に分けて紹介する。

⑴講座・シリーズもの

①講座

ジャーナリズムを含めて、包括的に（マス・）コミュニケーションの問題を考えるうえで、これまでに多くの講座が発行されてきた。しかし近年はこうした講座の企画は姿を消している。情報メディアが多様化するなかでジャーナリズムの再検討を総合的に行う時期にあるのではないだろうか。これまでのものを年代順に掲げると次のようなものがある。清水幾太郎・城戸又一・南博・日高六郎編『講座 マス・コミュニケーション』(全六巻、河出書房・一九五四〜五年)・『講座 現代マス・コミュニケーション』(全三巻、河出書房新社・一九六〇〜一年)、北川隆吉・高木教典・田口富久治・中野収編『講座 現代日本のマス・コミュニケーション』(全四巻、青木書店・一九七二〜三年)、江藤文夫・鶴見俊輔・山本明編『講座・コミュニケーション』(全六巻、研究社出版・一九七二〜三年)、城戸又一編集代表『講座 現代ジャーナリズム』(全六巻、時事通信社・一九七三〜四年)、内川芳美・岡部慶三・竹内郁郎・辻村明編『講座 現代の社会とコミュニケーション』(全五巻、東京大学出版会・一九七三〜四年)。なお、二〇〇三年秋から『叢書現代のメディアとジャーナリズム』(全八巻、ミネルヴァ書房)の刊行が開始され、すでに二巻(『グローバル社会とメディア』・『広報・広告・プロパガンダ』)が出ている。

②シリーズ・全集

講座に代わって、一九八〇年代以降には、専門的な研究雑誌の増刊号なども含めて、ジャーナリズムに関するシリーズものがさまざまな形で出版されている。また、ジャーナリストや研究者の全集や著作集にも重要な議論が収められている。

〈ジャーナリズムに関連するシリーズ・特集もの〉まず、『別冊新聞研究』として、明治、大正、昭和を生きた新聞人から当時の新聞界の諸事情、人物、事件などを綴った『聴きとりでつづる新聞史』(日本新聞協会・第一〜三四号、一九七五〜九六年)、第二次大戦後については、日本新聞協会研究所編『体験者に聞くテーマ別戦後新聞史』(第一〜四号、一九九七〜九年)がある。また、マスコミ関係の事件について、その具体的な内容と裁判所の判断や考え方を要約したものに、日本新聞協会研究所編『マスコミ関係事件裁判例集』(日本新聞協会・第一〜七集、一九七六〜九七年)、日本新聞教育文化財団編『マスコミ関係事件判例データ集』(日本新聞協会・一九九九年)がある。同様に、法制度的な観点を加味したものとして、『法学セミナー増刊総合特集シリーズ』(日本評論社)のなかで、『言論とマスコミ』(一九七八年)、『マス・メディアの現在』(一九八六年)、『人権と報道を考える』(一九八八年)、『検証・天皇報道』(一九九〇年)、『犯罪報道の現在』(一九九〇年)などが特集されている。『ジュリスト増刊』(有斐閣)の総合特集では『現代のマスコミ』(一九七六年)や『日本の大衆文化』(一九八〇年)、『変革期のメディア』(一九九七年)などが、また『別冊ジュリスト』では『マスコミ判例百選』(第一版・一九七一年、第二版・一九八五年)も参考になる。

時事性をふまえた手近なものとして、『岩波ブックレット』(岩波書店)がジャーナリズムに関連するものを扱っている。たとえば、岩波書店編集部編『新聞記者の仕事とは』(一九八七年)、新井直之『メディアの昭和史』(一九八九年)、後藤文康『誤報と虚報』(一九九〇年)、亀井淳『皇室報道の読み方』(一九九〇年)、五十嵐二葉『犯罪報道』(一九九一年)、桂敬一『明治・大正のジャーナリズム』(一九九二年)、原寿雄ほか『本と新聞』(一九九五年)、黒田清『TBS事件とジャーナリズム』(一九九六年)、＊アジアプレス・インターナショナル編『メディアが変えるアジア』・筑紫哲也・大谷昭宏・原寿雄編『メディアの内と外』(二〇〇一年)などがある。加えて、江藤文夫『オウム報道』(かもがわブックレット・一九九五年)。さらに、一九九八年からマスメディアやジャーナリズムを中心テーマとする『メディア総研ブックレット』(第一～八号、花伝社)が発刊されている。

そのほか、研究集団・コミュニケーション'90編『マスコミの明日を問う』(全四巻、大月書店・一九八五年)が、九〇年代には桂敬一を代表編集委員とする『21世紀のマスコミ』(全五巻、大月書店・一九九七年)が時代を反映した問題を扱っている。また、新聞学・放送学・出版学の実践解説シリーズとして、天野勝文・植田康夫・松岡由綺雄・村上孝止編『現場からみたマスコミ学』(全五巻、学文社・一九九六年)——一部で改訂版や新版あり——も役立つ。さらに、理想出版社の『マスコミシリーズ』(全一四巻)では小糸忠吾『世界の新聞・通信社Ⅰ～Ⅲ』(一九八〇～三年)、日本新聞協会『世界の新聞シリーズ』(新聞文庫)として『新訂 アメリカの新聞』(一九八八年)、『ヨーロッパの新聞(上)・(下)』(一九八三～四年)、『アジア・太平洋の新聞』(一九八五年)が出版されている。また、教育社新書の『産業界シリーズ』のなかには、高木教典・桂敬一『新聞業界』(一九七九年)、山中正剛『広告業界』(一九九一年)、尾上進勇『出版業界』(一九九一年)、岩崎恭裕・尾上進勇『マスコミ業界』(一九九二年)などがある。

〈全集・著作集〉 ジャーナリズム研究に大きな足跡を残した人物に関するものとして、たとえば、『戸坂潤全集』(全五巻・別巻、勁草書房・一九六六～七年・一九七九年)、『長谷川如是閑選集』(全七巻・補巻、栗田出版会・一九六九～七〇年)、『長谷川如是閑集』(全八巻、岩波書店・一九八九～九〇年)、『鶴見俊輔著作集』(全五巻、筑摩書房・一九七五～六年)、『清水幾太郎著作集』(全一九巻、講談社・一九九二～三年)、『本多勝一著作集』(全一〇巻、すずさわ書店・一九七二～七年)、『大宅壮一全集』(全三〇巻・別巻、蒼洋社・一九八〇～二年)、『松浦総三の仕事』(全三巻、大月書店・一九八四～五年)、斎藤茂男『ルポルタージュ日本の情景』(全二二巻、岩波書店・一九九三〜四年)、『久野収集』(佐高信編・全五巻、岩波書店・一九九八年)などがある。

⑵入門書・概説書

ジャーナリズムに関する研究は、戦前から新聞学やイデオロギー論として、また戦後においては、独自の問題領域に制限されるのではなく、おもにマス・コミュニケーションの枠内で、ないしはそれとの関連のなかで展開されてきた。そのため、マス・コミュニケーション関連の入門書・概論書でジャーナリズムをテーマとして取り上げている場合が比較的多い。ジャーナリズムに特化したものも含めて、おもな入門書・概説書を紹介する。

①おもにジャーナリズムを中心に論じたもの

新聞やジャーナリズムの問題を概括的に取り扱っているものとして、金戸嘉七『改訂版 概説新聞学』(関書院新社・一九六三年)、金子喜三『新聞学研究』(芦書房・一九七六年)、高橋正則『改訂 新聞概論』(高文堂出版社・一九七七年)、田村紀雄編著『ジャーナリズムの社会学』(ブレーン出版・一九七七年)、和田洋一編『新聞学を学ぶ人のために』(世界思想社・一九八〇年)、桂敬一『現代の新聞』(岩波新書・一九九〇年)、*稲葉三千男・新井直之・桂敬一編『新聞学 第三版』(日本評論社・一九九五年)、テレビ報道研究会編『テレビニュース研究』(日本放送出版協会・一九八〇年)、*内川芳美・新井直之編『日本のジャーナリズム』(有斐閣・一九八三年)、岡村黎明『テレビの明日』(岩波新書・一九九三年)、*大石裕・岩田温・藤田真文『現代ニュース論』(有斐閣・二〇〇〇年)、門奈直樹『ジャーナリズムの科学』(有斐閣・二〇〇一年)、萩原滋編著『変容するメディアとニュース報道』(丸善・二〇〇一年)などがある。

②マス・コミュニケーションの枠組みから論じたもの

ジャーナリズムの問題をふまえた一般的な入門書として次のようなものがある。*W・シュラム編、学習院大学社会学研究室訳『新版 マス・コミュニケーション』(東京創元社・一九六八年)、日高六郎・佐藤毅・稲葉三千男編『マス・コミュニケーション入門』(有斐閣・一九六七年)、千葉雄次郎編『マス・コミュニケーション要論』(有斐閣・一九六八年)、藤竹暁『現代マス・コミュニケーションの理論』(日本放送出版協会・一九六八年)、塚本三夫『現代のコミュニケーション』(青木書店・一九七六年)、藤竹暁『事件の社会学』(中公新書・一九七五年)、早川善治郎・津金澤聰廣編『マスコミを学ぶ人のために』(世界思想社・一九七八年)、早川善治郎ほか『マス・コミュニケーション入門』(有斐閣新書・一九七九年)、竹内郁郎・児島和人編『現代マス・コミュニケーション論』(有斐閣・一九八二年)、*中野収・早川善治郎編『マスコミが事件をつくる』(有斐閣・一九八一年）、松木修二郎ほか『マスメディアの科学 改訂版』（芦書房・一九八八年）、佐藤智雄編著『マス・コミュニケーション論Ⅰ・Ⅱ』（日本放送出版協会・一九八五年）、佐藤毅編著『現代のマスコミ入門』（青木書店・一九八六年）、香内三郎・山本武利ほか『現代メディア論』（新曜社・一九八七年）および『メディアの現在形』（新曜社・一九九三年）、川嶋保良・天野勝文・前田利郎・阿部汎克『新版 マス・メディアへの視点』（地人書館・一九九三年）、清水英夫・林伸郎・武市英雄・山田健太『マス・コミュニケーション概論 新装版』（学陽書房・一九九七年）、岡満男・山口功二・渡辺武達編『メディア学の現在 新版』（世界思想社・二〇〇一年）――メディア研究のキーワードと文献一覧あり――、有山輝雄・津金澤聰廣編『現代メディアを学ぶ人のために』（世界思想社・一九九五年）、竹内郁郎・児島和人・橋元良明編著『メディア・コミュニケーション論』（北樹出版・一九九八年）、佐藤卓己『現代メディア史』（岩波書店・一九九八年）、津金澤聰廣・田宮武編著『テレビ放送への提言』（ミネルヴァ書房・一九九九年）、後藤将之『マス・メディア論』（有斐閣・一九九九年）、東京大学社会情報研究所編『社会情報学Ⅰ・Ⅱ』（東京大学出版会・一九九九年）など。

また、個人の研究論文や学術的な論文集として次のようなものが参考になる。稲葉三千男『マスコミの総合理論』（創風社・一九八七年）、岡田直之『マスコミ研究の視座と課題』（東京大学出版会・一九九二年）、田野崎昭夫・広瀬英彦・林茂樹編『現代社会とコミュニケーションの理論』（勁草書房・一九八八年）、荒瀬豊・高木教典・春原昭彦編『自由・歴史・メディア』（日本評論社・一九八八年）、＊天野勝文ほか編『岐路に立つ日本のジャーナリズム』（日本評論社・一九九六年）、津金澤聰廣『現代日本メディア史の研究』（ミネルヴァ書房・一九九八年）、鶴木眞『情報政治学』（三嶺書房・二〇〇二年）。

③ジャーナリズムに関連する事典類

ジャーナリズムの銘を打った事典類は寡聞にして知らないが、とくに南博監修『マス・コミュニケーション事典』（学藝書林・一九七一年）や内川芳美・稲葉三千男編『マスコミ用語辞典』（東洋経済新報社・一九八一年）が役立つだろう。法律の側面からは、清水英夫監修『マスコミ判例六法』（現代人文社・一九九九年）がテーマ別に法令や判例などが手際よくまとめられている。また、北川高嗣ほか編『情報学事典』（弘文堂・二〇〇二年）は情報を切り口にした項目が包括的かつ体系的にまとめられている。さらに、周辺的ではあるが、亀井昭宏監修『改訂 新広告用語事典』（電通・二〇〇一年）、鶴見俊輔・粉川哲夫編『コミュニケーション事典』（平凡社・一九八八年）、日本放送出版協会編・発行『新版 ニューメディア用語辞典』（一九八八年）、石川弘義ほか編『大衆文化事典』（弘文堂・一九九一年）、小成隆俊編著『日本欧米比較情報文化年表』（雄山閣出版・一九九八年）、著作権情報センター編『新版 著作権事典』（出版ニュース社・一九九九年）なども参考になろう。

人物に関するものとして、松浦総三編『現代マスコミ人物事典』（二十一世紀書院・一九八六年）――その後、「表現の自由」研究会編著で一九八九年版が出ている――や、事典ではないが評伝として読める内田健三ほか編『言論は日本を動かす』（全一〇巻、講談社・一九八五～六年）がある。また、戦前の人物をまとめた復刻版として『新聞人名辞典』（全三巻、日本図書センター・一九八八年）や伝記叢書として刊行されているなかに『ジャーナリスト』（山本武利ほか解説・全一三巻、大空社・一九九三年）がある。さらに、毎日コミュニケーションズが編集・発行し内川芳美・松島栄一監修の『明治ニュース事典』（全八巻・総索引、一九八三～六年）・『大正ニュース事典』（全七巻・総索引、一九八六～九年）、内川芳美・松尾尊兊監修『昭和ニュース事典』（全八巻・総索引、一九九〇～四年）は、戦前までの事件史や社会史を新聞記事で読み解くことができる。戦後については、新聞ニュースに見る社会史大事典として、国立国会図書館編『ドキュメント戦後の日本』（全五〇巻、大空社・一九九四～八年）が刊行されている。なお、放送史を通覧するには、日本放送協会編『二〇世紀放送史（上）・（下）・（年表）・（資料編）』（日本放送出版協会・二〇〇一～三年）が役立つ。

文献・資料などに関する事典として、羽島知之監修・藤岡伸一郎編著『マスコミ文献大事典』（日本図書センター・二〇〇三年）は、総合ジャーナリズム研究所編『マスコミ文献集大成』（東京社・一九七四年）をベースにして、戦前から二〇〇〇年までのジャーナリズムに関する文献が解題されており、時代を追って文献を探すのに非常に便利である。また、明治期については、山本武利・有山輝雄監修『新聞資料集成』（明治期篇・全一〇巻、ゆまに書房・一九九五年）、一九四八～一九七四年までの雑誌記事・論文については、『図書・雑誌・ジャーナリズムに関する二七年間の雑誌文献目録』（日外アソシエーツ・一九八二年）が役立つ。さらに、日外アソシエーツが編集・発行する図書目録として、『マスコミ・ジャーナリズムの本全情報四五／九五』が一九九七年に、『一九九六～二〇〇一年版』が二〇〇一年に出版されている。

(3)定期刊行物等

日々発行される新聞・雑誌類すべてが、ジャーナリズムを学ぶための素材であり、ジャーナリズムの実践を分析することにつながる。したがって、普段からさまざまな活字メディアの情報に目を通すことが大切であることはいうまでもないが、ここでは、ジャーナリズムに関するおもな研究雑誌や年鑑類を紹介する。

①専門的な雑誌

まず、関連する学術雑誌として、日本マス・コミュニケーション学会編集・発行の『マス・コミュニケーション研究』（年刊）――一九九三年から『新聞学評論』が改題された――と、日本出版学会の『出版研究』（講談社・年刊）がある。新たに一九九四年からメディア史研究会編『メディア史研究』（ゆまに書房）が発行されている。また、専門的な研究雑誌として、『東京大学社会情報研究所調査研究紀要』（東京大学社会情報研究所）や『コミュニケーション研究』（上智大学コミュニケーション学会）など、大学や研究機関の発行する紀要・年報類が研究に役立つ。

ジャーナリズム全般を扱う専門雑誌『総合ジャーナリズム研究』（総合ジャーナリズム研究所編、東京社・季刊）では、さまざまなテーマや問題が論じられ、メディア関連資料も充実している。新聞ジャーナリズムでは、日本新聞協会が発行する『新聞研究』（月刊）・『新聞経営』（季刊）・『新聞技術』（季刊）などがある。さらに、広くマスコミ・ジャーナリズムの問題に関連するものとして、『創』（創出版・月刊）、『マスコミ市民』（日本マスコミ市民会議・月刊）、『マスコミ倫理』（マスコミ倫理懇談会全国協議会・月刊）などがある。放送ジャーナリズムを中心にした雑誌では、ＮＨＫ放送文化調査研究所が編集するものとして『放送学研究』（年刊）――二〇〇三年から『放送メディア研究』へと刷新――・『ＮＨＫ放送文化調査研究年報』（年刊）・『ＮＨＫ放送研究と調査』（月刊）・『放送と文化』（月刊）などがある。また、日本民間放送連盟編『月刊民放』（コーケン出版・月刊）、放送批評懇談会編集・発行『ＧＡＬＡＣ（ぎゃらく）』（月刊）――旧『放送批評』――、メディア総合研究所編集・発行『放送レポート』（隔月刊）、『ＡＵＲＡ（アウラ）』（フジテレビ編成局調査部・隔月刊）、『新・調査情報』（東京放送編成考査局・隔月刊）などの放送関係の専門雑誌もジャーナリズムを考えるうえで有益である。

②年鑑類

新聞については、日本新聞協会編『日本新聞年鑑』（電通）、『日本新聞雑誌便覧』（日本新聞雑誌調査会）などがある。また、『復刻版 新聞総覧』（大空社・全三三巻、一九九一～五年）は、戦前の新聞研究に欠かせない基礎資料であろう。なお、新聞の歴史や経営については、節目に出版される通信社や新聞社の社史が参考になるが、ここに逐一掲載する余裕はないので、関心に応じて個別に当たってもらいたい。ただし、現存しない新聞社の社史として、土方正巳『都新聞史』（日本図書センター・

一九九一年）は、歴史資料としても重要な、他に類のない労作である。

また、日本新聞協会では、一九七九年以降、定期的に「全国新聞信頼度調査」を実施してきている。一九八三年までの五回は毎年調査が行われていたが、その後は隔年で実施されるようになり、一九八九年からは「全国新聞信頼度総合調査」と名称を変更して継続している。その結果は『新聞研究』誌上への発表や報告書の形で公にされている。

その他、ジャーナリズムに関連する年鑑類として、『出版年鑑』・『改訂版 出版データブック』（出版ニュース社）、『電通広告年鑑』・『日本の広告費』（電通）、『広告白書』（日経広告研究所）、『国民生活白書』（内閣府）、『情報通信白書』（総務省）、『国民生活時間調査』（NHK放送文化研究所）――戦前の調査も大空社から全八巻で復刻されている――、『ユネスコ文化統計年鑑』（原書房）などが付随的な情報源になるだろう。

2　テーマ別の参考文献

ジャーナリズムに関連する文献は、必ずしも単一のテーマ・対象に絞って議論を展開するものばかりではない。むしろ、ジャーナリズムの問題は、その理論と実践、活動の実態とそれへの批判、報道の自由と規制など、ジャーナリズムを取り巻くさまざまな要素が相互に複雑に絡み合いながら論じられてこそ、十分な検討や考察が行えるといえよう。したがって、厳密な意味で、テーマにそった文献の色分けは不可能に近いが、以下では、(1)ジャーナリズム論、(2)権力・政治、(3)言論・法制、および、(4)文化・産業の四つに大別して、それぞれに関連する文献を紹介する。この分類は、あくまで便宜的なものであって、それぞれの研究領域は、大なり小なり相互に関係していることをくれぐれも見失わないでもらいたい。また、ジャーナリズム史は重要な領域ではあるが、個別のテーマとして設定していない。関心のある人は一九九九年に出版された『新版 ジャーナリズムを学ぶ人のために』（世界思想社）の文献案内を参照してもらいたい。

(1)ジャーナリズム論

①原論・理論

戦前から戦後のジャーナリズム研究として、小野秀雄『増補 新聞原論』（東京堂・一九六一年）、清水幾太郎『ジャーナリズム』（岩波新書・一九四九年）、千葉雄次郎編『新聞』（有斐閣・一九五五年）、小山栄三『新聞社会学』（有斐閣・一九五一年）・『新聞学原理』（同文舘出版・一九六九年）、杉村楚人冠『最近新聞紙学』（復刻版、中央大学出版部・一九七〇年）、＊W・スティード、浅井泰範訳『理想の新聞』（みすず書房・一九九八年）、などがある。また、ジャーナリズムの思想や原理などについては、中井駿二『マッス・コミュニケイションの世界』（理想社・一九六〇年）、＊鶴見俊輔編『現代日本思想大系12 ジャーナリズムの思想』（筑摩書房・一九六五年）、臼井吉見編『現代の教養11 マスコミの課題』（筑摩書房・一九六七年）、島崎憲一『現代新聞の原理』（弘文堂新社・一九六八年）、小林信司『新聞の行動原理』（毎日新聞社・一九七一年）、NHK総合放送文化研究所放送学研究室編『放送学序説』（日本放送出版協会・一九七〇年）、鈴木均『現代報道論』（時事通信社・一九七四年）、青木貞伸『ブラウン管の思想』（世界思想社・一九七六年）、原寿雄『ジャーナリズムは変わる』（晩聲社・一九九四年）・＊『ジャーナリズムの思想』（岩波新書・一九九七年）、＊鶴木眞編著『客観報道』（成文堂・一九九九年）、＊B・コヴァッチ／T・ローゼンスティール、加藤岳文・斎藤邦泰訳『ジャーナリズムの原則』（日本経済評論社・二〇〇二年）、＊G・タックマン、鶴木眞・櫻内篤子訳『ニュース社会学』（三嶺書房・一九九一年）、＊林香里『マスメディアの周縁、ジャーナリズムの核心』（新曜社・二〇〇二年）が参考になろう。

今日的ないし批判的なジャーナリズム論もかなりの数にのぼるが、たとえば次のようなものにあたるとよいだろう。山本明『現代ジャーナリズム』（雄渾社・一九六七年）、扇谷正造『増補改訂 現代ジャーナリズム入門』（角川文庫・一九八四年）、本多勝一『増補版 ジャーナリズム論』（すずさわ書店・一九八三年）、鈴木均『現代ジャーナリズム論』（三一新書・一九六九年）・『ジャーナリズムとは何か』（サイマル出版会・一九七六年）、稲葉三千男『現代ジャーナリズム批判』（青木書店・一九七七年）・『〈マスコミ〉の同時代史』（平凡社・一九八五年）、新井直之『ジャーナリズム』（東洋経済新報社・一九七九年）、門奈直樹『ジャーナリズムの現在』（日本評論社・一九九三年）、＊津田正夫編『テレビジャーナリズムの現在』（現代書館・一九九一年）、＊新聞報道研究会編著『いま新聞を考える』（日本新聞協会研究所・一九九五年）、日本ジャーナリスト会議編『マスコミの歴史責任と未来責任』（高文研・一九九五年）、川口信行『メディアの試練』（日本図書センター・二〇〇三年）、青木彰『新聞力』（東京新聞出版局・二〇〇三年）。

②実践論

報道現場での活動を生かしたジャーナリズム論も多数出されている。小和田次郎『デスク日記Ⅰ～Ⅴ』（みすず書房・一九六五～九年）、影山三郎『読者の言論 歴史と展望』（現代ジャーナリズム出版会・一九七六年）、本田靖春『体験的新聞紙学』（潮出版社・一九七六年）、＊NHK総合放送文化研究所編『テレビ・ジャーナリズムの世界』（NHKブックス・一九八二年）、藤村拓郎『現代ニュース論ノート』（幻想社・一九八一年）、立花隆『アメリカジャーナリズム報告』（文春文庫・一九八四年)、時事通信社編集局編『激動を追って』(時事通信社・一九九〇年)、共同通信社社会部編『共同通信社会部』(共同通信社・一九九二年)、西山武典『「ザ・リーク」新聞報道のウラオモテ』(講談社・一九九二年)、M・メイヤー、大谷堅志郎・川崎泰資訳『ニュースとは何か』(TBSブリタニカ・一九八九年)、新聞労連編『新聞記者を考える』(晩聲社・一九九四年)、後藤文康『誤報』(岩波新書・一九九六年)、小林弘忠『新聞報道と顔写真』(中公新書・一九九八年)、高橋文利『経済報道』(中公新書・一九九八年)。

また同様に、実践的なジャーナリスト論もかなり目立つ。酒井寅吉『ジャーナリスト』(平凡社・一九五六年)、古谷糸子『ジャーナリスト』(社会思想社・一九六三年)、門田勲『新聞記者』(筑摩書房・一九六三年)、藤田信勝『体験的新聞論』(潮新書・一九六七年)、森恭三『記者遍路』(朝日新聞社・一九七四年)、内藤国夫『新聞記者として』(筑摩書房・一九七四年)・『新聞記者の世界』(日本ジャーナリスト専門学校出版部・一九七七年)、木内宏・加藤和雄『新聞記者』(合同出版・一九七八年)、小和田次郎『ジャーナリストへの条件』(蝸牛社・一九七八年)、城戸又一・岡崎万寿秀編『ジャーナリストの原点』(大月書店・一九八二年)、本多勝一『職業としてのジャーナリスト』(朝日文庫・一九八四年)、黒田清『新聞記者の現場』(講談社現代新書・一九八五年)、広瀬道貞『新聞記者という仕事』(ぺりかん社・一九八七年)、山本博『追及――体験的調査報道』(悠飛社・一九九〇年)、福井逸治『新聞記事作法』(三一書房・一九九四年)、田勢康弘『政治ジャーナリズムの罪と罰』(新潮社・一九九四年)・『ジャーナリストの作法』(日本経済新聞社・一九九八年)、飯室勝彦『メディアと権力について語ろう』(リヨン社・一九九五年)、鳥越俊太郎『ニュースの職人』(PHP新書・二〇〇一年)、筑紫哲也『ニュースキャスター』(集英社新書・二〇〇二年)、柴田鉄治『新聞記者という仕事』(集英社新書・二〇〇三年)など。とくに、原寿雄による『新聞記者』(東洋経済新報社・一九七九年)、『新聞記者の処世術』(晩聲社・一九八七年)、『それでも君はジャーナリストになるか』(晩聲社・一九九〇年)、『新しいジャーナリストたちへ』(晩聲社・一九九二年)は読んでおくとよい。ユニークなところでは、斎藤茂男『新聞記者を取材した』(岩波書店・一九九二年)や季刊誌『窓』創刊五周年記念号として『漂流するジャーナリズム』(窓社・一九九四年)がある。加えて、女性の視点から、春原昭彦ほか編著『女性記者』(世界思想社・一九九四年)、J・エドワーズ、太田昭子訳『戦場の女性特派員』(平凡社・一九九四年)、栗木千恵子『ニュースペーパーウーマン』(中央公論社・一九九五年)、池田恵美子編著『出版女性史』(世界思想社・二〇〇一年)がある。

③ジャーナリズムの表現スタイル

ニュージャーナリズムやルポルタージュに関する議論を含めて、ジャーナリズムの表現方法や調査報道などにも関心を向ける必要がある。たとえば、J・リード、原光雄訳『世界をゆるがした十日間（上）・（下）』（岩波文庫・一九五七年）、T・カポーティ、龍口直太郎訳『冷血』（新潮文庫・一九六七年）、T・ウルフ、中野圭二・加藤弘和訳『ザ・ライト・スタッフ』（中公文庫・一九八三年）、D・ハルバースタム、泉鴻之・林雄一郎訳『ベトナムの泥沼から』（みすず書房・一九八七年）、D・ハルバースタム、浅野輔訳『新版 ベスト&ブライテスト1～3』（サイマル出版会・一九八三年）、C・バーンスタイン／B・ウッドワード、常盤新平訳『大統領の陰謀』・『最後の日々（上）・（下）』（文春文庫・一九八〇年）、B・ウッドワード、石山鈴子・染田屋茂訳『司令官たち』（文藝春秋・一九九一年）、D・ハルバースタム、筑紫哲也訳『戦争ゲーム』（講談社文庫・一九九二年）など。

ニュージャーナリズムについては、T・ウルフ「ニュー・ジャーナリズム論」（常盤新平訳、『海』一九七四年一二月号所収）が必読であるが、玉木明『言語としてのニュー・ジャーナリズム』（學藝書林・一九九二年）・＊『ニュース報道の言語論』（洋泉社・一九九六年）のほか、本多勝一『新編事実とは何かⅠ・Ⅱ』（未来社・一九七七年）、柳田邦男『事実を見る眼』（新潮文庫・一九八五年）、小林弘忠『ニュース記事にみる日本語の近代』（日本エディタースクール出版部・二〇〇二年）、＊稲垣吉彦『入門マスコミ言語論』（大修館書店・一九八七年）、松浦総三ほか『ルポルタージュは世界を動かす』（大月書店・一九九〇年）、F・フレンドリー、岡本幸雄訳『やむをえぬ事情により……』（早川書房・一九六九年）、＊W・クロンカイト、浅野輔訳『クロンカイトの世界』（TBSブリタニカ・一九九九年）、三輪裕範『ニューヨーク・タイムズ物語』（中公新書・一九九九年）、佐野眞一『私の体験的ノンフィクション術』（集英社新書・二〇〇一年）なども一読されたい。

また、ジャーナリズムの表現方法として報道写真も重要である。フォト・ジャーナリズムを考えるものとして、R・キャパ、川添浩史・井上清一訳『ちょっとピンぼけ新版』（ダヴィッド社・一九八〇年）、R・ミラー、木下哲夫訳『マグナム』（白水社・一九九九年）、J・G・モリス、柴田都志子訳『二〇世紀の瞬間』（光文社・一九九九年）、岸哲男『写真ジャーナリズム 増補改訂』（ダヴィッド社・一九七四年）、藤波健彰『ニュースカメラマン』（中公文庫・一九八〇年）、若林邦三『報道カメラマン 増補版』（図書出版社・一九七七年）、日本新聞協会発行『新聞カメラマンの証言』（一九八六年）、長倉洋海『フォト・ジャーナリストの眼』（岩波新書・一九九二年）、小柳次一写真、石川保昌文・構成『従軍カメラマンの戦争』（新潮社・一九九三年）、日本新聞協会編集・発行『現代新聞写真論』（一九九七年）、桑原史成『報道写真家』（岩波新書・一九八九年）、徳山喜雄『フォト・ジャーナリズム』（平凡社新書・二〇〇一年）などがある。

(2)権力・政治とジャーナリズム

①戦争とメディア

日本の戦中の新聞の実態や戦争とジャーナリズムについては、井出孫六『抵抗の新聞人 桐生悠々』（岩波新書・一九八〇年）、池田一之『新聞の犯した戦争責任』（経済往来社・一九八一年）、岡崎万寿秀『戦争と平和のマスコミ学』（新日本出版社・一九八三年）、塚本三夫『実録侵略戦争と新聞』（新日本出版社・一九八六年）、茶本繁正『戦争とジャーナリズム』（三一書房・一九八四年）、前坂俊之『兵は凶器なり』・『言論死して国ついに亡ぶ』（社会思想社・一九八九年・一九九一年）などがある。資料集としては、内川芳美編『現代史資料――マス・メディア統制1・2』（みすず書房・一九七三～五年）、日高六郎編『マスコミ――戦後資料』（日本評論社・一九七〇年）、近代女性文化史研究会『戦争と女性雑誌 一九三一年～一九四五年』（ドメス出版・二〇〇一年）などがある。

また、政府などによる言論弾圧や情報のコントロールなどに関するものとして、松浦総三『占領下の言論弾圧増補決定版』（現代ジャーナリズム出版会・一九七四年）、梶谷善久編『レッドパージ』（図書出版社・一九八〇年）、籔下彰治朗・刀禰館正久『言論』（朝日新聞社・一九八六年）、北海道新聞労働組合『戦争と新聞』（径書房・一九八四年）、茶本繁正『続・戦争とジャーナリズム』（三一書房・一九八九年）、藤岡伸一郎『取材拒否』（創風社・一九九〇年）、谷口明生『新聞が消えた！』（風媒社・一九八九年）、鈴木健二『日米「危機」と報道』（岩波書店・一九九二年）、稲葉三千男編『メディア・権力・市民』（青木書店・一九八一年）、＊清水英夫『権力とマスコミ 改訂版』（学陽書房・一九七五年）、田村紀雄『田中正造をめぐる言論思想』（社会評論社・一九九八年）、佐々木隆『メディアと権力』（中央公論新社・一九九九年）、有山輝雄『戦後史のなかの憲法とジャーナリズム』（柏書房・一九九八年）、朝日新聞社会部編『メディアの湾岸戦争』（朝日新聞社・一九九一年）、原寿雄・桂敬一・田島泰彦『メディア規制とテロ・戦争報道』（明石書店・二〇〇一年）、高木徹『ドキュメント戦争広告代理店』（講談社・二〇〇二年）などがある。

アメリカの報道については、田中豊『政府対新聞』（中公新書・一九七四年）、藤田博司『アメリカのジャーナリズム』（岩波新書・一九九一年）、佐々木伸『ホワイトハウスとメディア』（中公新書・一九九二年）、H・ソールズベリー、小川水路訳『メディアの戦場』（集英社・一九九二年）、P・ナイトリー、芳地昌三訳『戦争報道の内幕』（時事通信社・一九八七年）、下山進『アメリカ・ジャーナリズム』（丸善ライブラリー・一九九五年）、N・チョムスキー、鈴木主税訳『メディア・コントロール』（集英社新書・二〇〇三年）、柴山哲也『戦争報道とアメリカ』（PHP新書・二〇〇三年）などが参考になる。

②世論とメディア

ひろくマスコミと世論の問題を考える際には、G・タルド、稲葉三千男訳『世論と群集』（未来社・一九六四年）、＊W・リップマン、掛川トミ子訳『世論（上）・（下）』（岩波文庫・一九八七年）、高橋徹編『世論』（有斐閣・一九六〇年）、R・ウィリアムズ、立原宏要訳『コミュニケーション』（合同出版・一九六九年）、H・M・エンツェンスベルガー、石黒英男訳『意識産業』（晶文社・一九七〇年）、＊J・ハーバーマス、細谷貞雄・山田正行訳『公共性の構造転換 第二版』（未来社・一九九四年）、＊花田達朗『公共圏という名の社会空間』（木鐸社、一九九六年）・『メディアと公共圏のポリティクス』（東京大学出版会・一九九九年）、＊阿部潔『公共圏とコミュニケーション』（ミネルヴァ書房、一九九八年）、R・K・マートン、柳井道夫訳『大衆説得』（桜楓社・一九七三年）、D・J・ブーアスティン、星野郁美・後藤和彦訳『幻影（イメジ）の時代』（東京創元社・一九六四年）、＊J・カラン／M・グレヴィッチ編、児島和人・相田敏彦監訳『マスメディアと社会』（勁草書房・一九九五年）、D・H・ウィーバーほか、竹下俊郎訳『マスコミが世論を決める』（勁草書房・一九八八年）、M・マコームズほか、大石裕訳『ニュース・メディアと世論』（関西大学出版部・一九九四年）、海後宗男『テレビ報道の機能分析』（風間書房・一九九九年）、川井良介『世論とマス・コミュニケーション』（ブレーン出版・一九八七年）、岡田直之『世論の政治社会学』（東京大学出版会・二〇〇一年）、佐藤卓己編『戦後世論のメディア社会学』（柏書房・二〇〇三年）――文献案内が役立つ――などが理論的な研究として有益である。

政治や選挙との関連でニュース報道やマスメディアの役割が語られることも少なくない。たとえば、P・F・ラザースフェルドほか、有吉広介監訳『ピープルズ・チョイス』（芦書房・一九八七年）、G・E・ラング／K・ラング、荒木功ほか訳『政治とテレビ』（松籟社・一九九七年）、D・A・グレイバー編、佐藤雅彦訳『メディア仕掛けの政治』（現代書館・一九九六年）、飽戸弘『メディア政治時代の選挙』（ちくまライブラリー・一九八九年）、飽戸弘編著『ソーシャル・ネットワークと投票行動』（木鐸社・二〇〇〇年）、池田謙一『転変する政治のリアリティ』（木鐸社・一九九七年）、竹下俊郎『メディアの議題設定機能』（学文社・一九九八年）、＊大石裕『政治コミュニケーション』（勁草書房・一九九八年）、高瀬淳一『情報と政治』（新評論・一九九九年）、＊鶴木眞編『コミュニケーションの政治学』（慶應義塾大学出版会・二〇〇三年）、石澤靖治『大統領とメディア』・『総理大臣とメディア』（文春新書・二〇〇一年・二〇〇二年）、藤竹暁『ワイドショー政治は日本を救えるか』（ベスト新書・二〇〇二年）など。

③国際コミュニケーション

国際報道や国際的な情報の流れ、そこでの通信社や放送局の活動などについては、次のものが参考になる。ユネスコ「マクブライド委員会」報告、永井道雄監訳『多くの声、一つの世界』（日本放送出版協会・一九八〇年）、R・ライター、佐藤紀久夫訳『西側報道支配への挑戦』（時事通信社・一九七九年）、日本新聞協会研究所『「国際情報の報道状況調査」総合報告書』（一九八一年）、為田英一郎『外電とそのウラの読み方』（日本実業出版社・一九八三年）、J・フェンビー、小糸忠吾ほか訳『国際報道の裏表』（新聞通信調査会・一九八八年）、R・W・デズモンド、小糸忠吾訳『国際報道と新聞』（新聞通信調査会・一九八三年）、古森義久・近藤紘一『国際報道の現場から』（中公新書・一九八四年）、倉田保雄『スクープ』（講談社現代新書・一九八五年）、J・リクスタット／M・H・アンダースン編、堀川敏雄監訳『国際報道の危機（上）・（下）』（新聞通信調査会・一九八三～四年）、仲晃編著『フラッシュは世界を走る』（共同通信社・一九八四年）、江口浩『［TOKYO発］報道戦争』（晩聲社・一九九七年）、金子敦郎『国際報道最前線』（リベルタ出版・一九九七年）、渡辺光一『テレビ国際報道』（岩波新書・一九九二年）、潮昭太『日本報道』（東洋経済新報社・一九八九年）、根津清ほか『アジアの新聞は何をどう伝えているか』（ダイヤモンド社・一九九三年）、内川芳美・柳井道夫編『マス・メディアと国際関係』（学文社・一九九四年）、卓南生『日本のアジア報道とアジア論』（日本評論社・二〇〇三年）、＊アジアプレス・インターナショナル編『アジアTV革命』（三田出版会・一九九三年）、＊E・W・サイード、浅井信雄・佐藤成文・岡真理訳『イスラム報道 増補版』（みすず書房・二〇〇三年）、今井幸彦『通信社』（中公新書・一九七三年）、倉田保雄『ニュースの商人ロイター』（新潮社・一九七九年）、J・ローレンソン／L・バーバー、倉田保雄監修、中川一郎・篠山一恕訳『ロイターの奇跡』（朝日新聞社・一九八七年）、D・M・フラノイ／R・K・スチュワート、山根啓史ほか訳『CNN 世界を変えたニュースネットワーク』（NTT出版・二〇〇一年）、＊武市英雄・原寿雄責任編集『グローバル社会とメディア』（ミネルヴァ書房・二〇〇三年）など。

(3)言論と法制

①表現・報道の自由

表現や報道の自由の問題は、マスコミ法制やジャーナリズム活動において基礎的で重要なものである。たとえば総論的なものとして、*J・ミルトン、石田憲次ほか訳『言論の自由』（岩波文庫・一九五三年）、香内三郎『言論の自由の源流』（平凡社・一九七六年）、河原畯一郎『言論及び出版の自由』（有斐閣・一九五四年）、伊藤正己『言論・出版の自由』（岩波書店・一九五九年）、奥平康弘『表現の自由とはなにか』（中公新書・一九七〇年）・『なぜ「表現の自由」か』（東京大学出版会・一九八八年）・*『ジャーナリズムと法』（新世社・一九九七年）・『「表現の自由」を求めて』（岩波書店・一九九九年）、T・I・エマースン、小林直樹・横田耕一訳『表現の自由』（東京大学出版会・一九七二年）、清水英夫『法とマス・コミュニケーション』（社会思想社・一九七〇年）・『言論の自由はガラスの城か』（三省堂・一九九九年）、清水英夫編『法と表現の自由』（学陽書房・一九七二年）、樺俊雄編『マスコミと報道の自由』（有信堂・一九七四年）、市川正人『表現の自由の法理』（日本評論社・二〇〇三年）、内川芳美・森泉章編『法とジャーナリズム』（日本評論社・一九八三年）、松井茂記『マス・メディアと法」入門』（弘文堂・一九八八年）・*『マス・メディア法入門 第三版』（日本評論社・二〇〇三年）、内川芳美『マス・メディア法政策史研究』（有斐閣・一九八九年）、浜田純一『メディアの法理』（日本評論社・一九九〇年）・『情報法』（有斐閣・一九九三年）、*田島泰彦・右崎正博・服部孝章編著『現代メディアと法』（三省堂・一九九八年）、立山紘毅『現代メディア法研究』（日本評論社・一九九六年）、*駒村圭吾『ジャーナリズムの法理』（嵯峨野書院・二〇〇一年）などがある。

報道の自由と関係してくるものに知る権利やアクセス権の問題がある。知る権利については、千葉雄次郎『知る権利』（東京大学出版会・一九七二年）、石村善治・奥平康弘編『知る権利』（有斐閣・一九七四年）、奥平康弘『知る権利』（岩波書店・一九七九年）、清水英夫編『情報公開と知る権利』（三省堂・一九八〇年）、清水英夫・新藤宗幸ほか編著『政治倫理と知る権利』（三省堂・一九九二年）などが、またアクセス権については、*J・A・バロン、清水英夫ほか訳『アクセス権』（日本評論社・一九七八年）、堀部政男『アクセス権』（東京大学出版会・一九七七年）・『アクセス権とは何か』（岩波新書・一九七八年）、石村善治編『開かれたマスコミとは何か』（時事通信社・一九七九年）などが参考になる。

②ジャーナリズムの責任・倫理

また他方で、表現・報道の自由の問題は、マスコミの責任、報道規制、編集権などの具体的なジャーナリズムの活動と関係してくる。たとえば、責任論に関しては、＊F・S・シーバートほか、内川芳美訳『マス・コミの自由に関する四理論』（東京創元社・一九五三年）、日本新聞協会編『新聞の責任』（岩波書店・一九五六年）、W・シュラム、崎山正毅訳『マス・コミュニケーションと社会的責任』（日本放送出版協会・一九五九年）、マスコミ倫理懇談会全国協議会編『マスコミの社会的責任』（日本新聞協会・一九六六年）、J・L・ハルテン、橋本正邦訳『アメリカの新聞倫理』（新聞通信調査会・一九八四年）、金子喜三『新聞法制研究 四版』（芦書房・一九七三年）、川中康弘『新聞の自由と責任』（南窓社・一九七二年）、服部敬雄『報道の自由と責任』（潮出版社・一九八〇年）、前沢猛『マスコミ報道の責任』・『日本ジャーナリズムの検証』（三省堂・一九八五年・一九九三年）、F・マッカロック編、前沢猛訳『米国マスコミのジレンマと決断』（ビジネス社・一九八六年）、清水英夫『言論法研究1・2』（学陽書房・一九七九～八七年）・『マスコミの倫理学』・『マスメディアの自由と責任』（三省堂・一九九〇年・一九九三年）などがある。

また、実際の取材や編集活動との関連において、石村善治・斎藤文男編『問われた報道の自由』（法律文化社・一九七一年）、山川力『新聞の自己規制』（未来社・一九八四年）、第八次新聞法制研究会編著『新聞の編集権』（日本新聞協会・一九八六年）、日本新聞協会研究所編『新・法と新聞』・『新聞と著作権』（日本新聞協会・一九九〇年・一九九三年）、日本新聞協会編集・発行『取材と報道二〇〇二』（二〇〇二年）――改訂三版にあたる――などが参考になる。

③報道と人権

ジャーナリズム活動によって、しばしば人権やプライバシーの侵害が社会的な問題となる。こうした問題に関しては、総論的なものとして、伊藤正己『プライバシーの権利』（岩波書店・一九六三年）、三島宗彦『人格権の保護』（有斐閣・一九六五年）、伊藤正己編『名誉・プライバシー』（日本評論社・一九七二年）、阪本昌成『プライヴァシーの権利』（成文堂・一九八二年）・『プライヴァシー権論』（日本評論社・一九八六年）、榎原猛編『プライバシー権の総合的研究』（法律文化社・一九九一年）、五十嵐清『人格権論』（一粒社・一九八九年）などがある。

また、報道との関連のなかでは、日本弁護士連合会編『人権と報道』（日本評論社・一九七六年）・＊『人権と報道――報道のあるべき姿をもとめて』（明石書店・二〇〇〇年）、「マスコミ市民」編集部編『メディアの犯罪』（日本マスコミ市民会議・一九八五年）、山川洋一郎・山田卓生編『有名人とプライバシー』（有斐閣・一九八七年）、東京弁護士会編『取材される側の権利』（日本評論社・一九九〇年）、清水英夫編『マスコミと人権』

（三省堂・一九八七年）、読売新聞社『書かれる立場書く立場』（読売新聞社・一九八二年）——一九九五年には『新版』が、二〇〇三年には『「人権」報道』と題された改訂版（中央公論新社）が出ている——、飯室勝彦『社会部記者の事件記事考』（三一書房・一九九〇年）・『報道の中の名誉・プライバシー』（現代書館・一九九一年）、竹田稔『プライバシー侵害と民事責任 増補改訂版』（判例時報社・一九九八年）、朝日新聞社会部編『被告席のメディア』（朝日新聞社・一九九四年）、喜田村洋一『報道被害者と報道の自由』（白水社・一九九九年）、青弓社編集部編『プライバシーと出版・報道の自由』（青弓社・二〇〇一年）、田島泰彦『人権か 表現の自由か』（日本評論社・二〇〇一年）、村上孝止『プライバシーvsマスメディア』（学陽書房・一九九六年）・『勝手に撮るな！肖像権がある！』（青弓社・二〇〇二年）など、多数の文献がある。

特殊な領域であるが、天皇・皇室報道については、松浦総三『マスコミのなかの天皇』（大月書店・一九八四年）、天皇報道研究会編著『天皇とマスコミ報道』（三一書房・一九八九年）、研究集団21編『これでいいのか天皇報道』（リベルタ出版・一九八九年）、市川速水『皇室報道』（朝日新聞社・一九九三年）、中奥宏『皇室報道と「敬語」』（三一書房・一九九四年）、皇室担当記者ＯＢ編『皇室報道の舞台裏』（角川書店・二〇〇二年）などや、法学セミナー増刊総合特集シリーズ『検証・天皇報道』（日本評論社・一九八九年）の文献案内が参考になる。

(4)文化・産業

①メディア文化・リテラシー

大衆文化・余暇活動との関連では、高木健夫編『新聞小説史年表』（国書刊行会・一九八七年）、本田康雄『新聞小説の誕生』（平凡社・一九九八年）、田村紀雄解説『号外』（池田書店・一九七四年）、山本明『カストリ雑誌研究』（出版ニュース社・一九七六年）、尾崎秀樹『書物の運命』（出版ニュース社・一九九一年）、箕輪成男『消費としての出版』（弓立社・一九八三年）、南博監修『マス・カルチャー』（紀伊國屋書店・一九六三年）、南博・社会心理研究所『昭和文化 一九二五〜一九四五』・『昭和文化 一九四五〜一九八九』（勁草書房・一九八七年・一九九〇年）、辻村明『戦後日本の大衆心理』（東京大学出版会・一九八一年）、津金澤聰廣『マス・メディアの社会学』（世界思想社・一九八二年）、北村日出夫・中野収編『日本のテレビ文化』（有斐閣・一九八三年）、津金澤聰廣編著『近代日本のメディア・イベント』（同文舘出版・一九九六年）・『戦後日本のメディア・イベント 一九四五〜一九六〇年』（世界思想社・二〇〇二年）、小森陽一・紅野謙介・高橋修編『メディア・表象・イデオロギー』（小沢書店・一九九七年）、青木保ほか編集委員『大衆文化とマスメディア』(岩波書店・一九九九年)、伊藤守編『メディア文化の権力作用』(せりか書房・二〇〇二年)などが参考になろう。

また、市民とメディアとのかかわりやリテラシーに関連するものとして、原寿雄編『市民社会とメディア』(リベルタ出版・二〇〇〇年)、津田正夫・平塚千尋編『パブリック・アクセスを学ぶ人のために』(世界思想社・二〇〇二年)、水越伸『新版 デジタル・メディア社会』(岩波書店・二〇〇二年)、松田士朗『テレビを審査する』(現代人文社・二〇〇三年)、R・ホガート、香内三郎訳『読み書き能力の効用』(晶文社・一九七四年)、J・E・スタッキー、菊池久一訳『読み書き能力のイデオロギーをあばく』(勁草書房・一九九五年)、鈴木みどり編『メディア・リテラシーを学ぶ人のために』・『メディア・リテラシーの現在と未来』(世界思想社・一九九七年・二〇〇一年)、メディアリテラシー研究会『メディアリテラシー』(日本放送労働組合・一九九七年)、＊菅谷明子『メディア・リテラシー』(岩波新書・二〇〇〇年)、A・シルバーブラットほか、安田尚監訳『メディア・リテラシーの方法』(リベルタ出版・二〇〇一年)などがある。

広告は、産業面だけでなく文化的側面を強くもっている。たとえば、朝日新聞社編・発行『新聞広告一〇〇年(上)・(下)』(一九七八年)、内川芳美編『日本広告発達史(上)・(下)』(電通、一九七六年・一九八〇年)、山川浩二編『昭和広告六〇年史』(講談社・一九八七年)、＊山本武利『広告の社会史』(法政大学出版局・一九八四年)、山本明『シンボルとしての広告「価値転轍器」復刻版』(電通・一九八五年)、北村日出夫・山路龍天・田吹日出碩『広告キャッチフレーズ』(有斐閣・一九八一年)、深川英雄『キャッチフレーズの戦後史』(岩波新書・一九九一年)、石川弘義・尾崎秀樹『出版広告の歴史』(出版ニュース社・一九八九年)、北田暁大『広告の誕生』(岩波書店・二〇〇〇年)、難波功士『「広告」への社会学』(世界思想社・二〇〇〇年)、津金澤聰廣・佐藤卓己責任編集『広報・広告・プロパガンダ』(ミネルヴァ書房・二〇〇三年)などがある。

②差別・マイノリティ

ジェンダー論的な視点から女性とジャーナリズムの問題を考えるものとして、＊小玉美意子『新訂版 ジャーナリズムの女性観』(学文社・一九九一年)、井上輝子・女性雑誌研究会『女性雑誌を解読する』(垣内出版・一九八九年)、加藤春恵子・津金澤聰廣編『女性とメディア』(世界思想社・一九九二年)――文献一覧が役立つ――、諸橋泰樹『雑誌文化の中の女性学』(明石書店・一九九三年)・『ジェンダーの語られ方、メディアのつくられ方』(現代書館・二〇〇二年)、行動する女たちの会編『ポルノ・ウォッチング』(学陽書房・一九九〇年)、

Ｒ・Ｒ・ラッシュ／Ｄ・アレン編、村松泰子編訳『新しいコミュニケーションとの出会い』（垣内出版・一九九二年）、Ｃ・Ａ・マッキノン、奥田暁子ほか訳『フェミニズムと表現の自由』（明石書店・一九九三年）、＊Ｊ・ディッキーほか編、井上輝子・女性雑誌研究会編訳『メディア・セクシズム』（垣内出版・一九九五年）、＊田中和子・諸橋泰樹編著『ジェンダーからみた新聞のうら・おもて』（現代書館・一九九六年）、村松泰子／Ｈ・ゴスマン編『メディアがつくるジェンダー』（新曜社・一九九八年）などがある。

　差別問題と報道は、人権侵害とも密接に関係しているが、磯村英一・福岡安則編『マスコミと差別語問題』（明石書店・一九八四年）、部落解放研究所編『人間解放のためのメディア』（解放出版社・一九八七年）、内野正幸『差別的表現』（有斐閣・一九九〇年）・『人権のオモテとウラ』（明石書店・一九九二年）、田宮武『マスコミと差別語の常識』・『マスコミと差別表現論』（明石書店・一九九三年・一九九五年）、湯浅俊彦『「言葉狩り」と出版の自由』・大山正夫『ことばと差別』（明石書店・一九九四年）、日本ペンクラブ編『「差別表現」を考える』（光文社・一九九五年）、西尾秀和『差別表現の検証』（講談社・二〇〇一年）などが参考になる。

③経営・産業・情報化

　新聞や出版を経営・産業面からとらえたものとして、新田宇一郎『新聞経営論』（日本電報通信社・一九四八年）、瓜生忠夫『マス・コミ産業 改訂増補版』（法政大学出版局・一九八〇年）、高木教典ほか編『図説 現代のマス・コミュニケーション』（青木書店・一九七〇年）、山本明・藤竹暁編『図説 日本のマス・コミュニケーション』（ＮＨＫブックス、第一版・一九八〇年、第二版・一九八七年、第三版・一九九四年）——二〇〇〇年に新版として藤竹暁編『図説 日本のマスメディア』に改訂——、反田良雄『日本の新聞経営』（経済往来社・一九七九年）、小林一博『出版業界』（柏書房・一九九二年）、小出鐸男『現代出版産業論』（日本エディタースクール出版部・一九九二年）などがある。また、メディア企業の買収に関連して、ガネット社を扱ったＲ・マッコード、佐々木信雄訳『メディアの侵略者』（朝日新聞社・一九九七年）、ニューズ・コーポレーションを扱った今井澂・山川清弘『世界のメディア王マードックの謎』（東洋経済新報社・一九九八年）、Ｗ・ショークロス、仙名紀訳『マードック——世界のメディアを支配する男』（文藝春秋・一九九八年）、宇田川悟『欧州メディアの興亡』（リベルタ出版・一九九八年）など。

　情報化にともなうマスメディアの産業構造の変化などについては、石坂悦男編『マスメディア産業の転換』（有斐閣・一九八七年）、日本新聞協会研究所編『二〇〇〇年の新聞』（日本新聞協会・一九八九年）、東京大学新聞研究所編『高度情報社会のコミュニケーション』（東京大学出版会・一九九〇年）、野崎茂『メディアの熟成』（東洋経済新報社・一九八九年）、松平恒・中森謹重・須藤春夫・服部孝章『多メディア状況を読む』（大月書店・一九九二年）、石坂悦男・桂敬一・杉山光信編『メディアと情報化の現在』（日本評論社・一九九三年）、桂敬一『日本の情報化とジャーナリズム』（日本評論社・一九九五年）、和田哲郎『マルチメディア新聞』（日本経済新聞社・一九九五年）、田村穣生・鶴木眞編『メディアと情報のマトリックス』（弘文堂・一九九五年）、柴山哲也『日本型メディア・システムの崩壊』（柏書房・一九九七年）、立元幸治『転換期のメディア環境』（福村出版・一九九七年）、近未来の新聞像研究会編『デジタル情報時代 新聞の挑戦』（日本新聞協会・一九九八年）、中馬清福『新聞は生き残れるか』（岩波新書・二〇〇三年）、岡村黎明『テレビの21世紀』（岩波新書・二〇〇三年）などが参考になる。

（吉岡至・作成）

阿部　潔（あべ・きよし）

1964年，愛知県に生まれる。現在，関西学院大学社会学部教授。

『公共圏とコミュニケーション』（ミネルヴァ書房，1998年），『日常のなかのコミュニケーション』（北樹出版，2000年），『彷徨えるナショナリズム』（世界思想社，2001年）など。

伊藤洋子（いとう・ようこ）

1943年，東京都に生まれる。元東海大学文学部広報メディア学科教授。

『21世紀のマスコミ4　出版』（編著，大月書店，1997年），『データとチャートで読む日本の出版産業』（文化通信社，2004年）など。

関沢英彦（せきざわ・ひでひこ）

1946年，東京都に生まれる。現在，東京経済大学コミュニケーション学部教授，博報堂生活総合研究所エグゼクティブ・フェロー。

『図説日本のマス・コミュニケーション』（共著，日本放送出版協会，1994年），『生活という速度』（新宿書房，2003年），『日本の所得格差と社会階層』（共著，日本評論社，2003年）など。

藤岡伸一郎（ふじおか・しんいちろう）

1948年，大阪府に生まれる。現在，関西大学社会学部教授。『総合ジャーナリズム研究』編集長。

『雑誌大研究』（筆名：斎藤精一，日本工業新聞社，1979年），『テレビ・ジャーナリズムの世界』（共著，日本放送出版協会，1982年），『取材拒否――権力のシナリオ，プレスの蹉跌』（創風社出版，1990年），『マスコミ文献大事典』（編著，日本図書センター，2003年）など。

田中東子（たなか・とうこ）

1972年，神奈川県に生まれる。現在，十文字学園女子大学人間生活学部専任講師。

『コスプレする社会――サブカルチャーの身体文化』（共著，せりか書房，2009年），『メディア・コミュニケーション論』（共著，ナカニシヤ出版，2010年），『スポーツ観戦学――熱狂のステージの構造と意味』（共著，世界思想社，2010年）など。

石澤靖治（いしざわ・やすはる）

1957年，山形県に生まれる。現在，学習院女子大学学長。

『大統領とメディア』（文春新書，2001年），『総理大臣とメディア』（文春新書，2002年），『日本はどう報じられているか』（編著，新潮新書，2004年），『戦争とマスメディア』（ミネルヴァ書房，2005年），『テキスト現代ジャーナリズム論』（ミネルヴァ書房，2008年）など。

別府三奈子（べっぷ・みなこ）

1961年，東京都に生まれる。現在，日本大学法学部准教授。

『ジャーナリズムの起源』（世界思想社，2006年），『アジアでどんな戦争があったのか――戦跡をたどる旅』（めこん，2006年），『ジャーナリズムと写真 2006』（編著，別府研究室，2006年）など。

金山　勉（かなやま・つとむ）

1960年，山口県に生まれる。現在，立命館大学産業社会学部教授。

「政治家とジャーナリストの関係を検証するための試み」（『マス・コミュニケーション研究』57号，2000年），『やさしいマスコミ入門』（共著，勁草書房，2005年），『ブッシュはなぜ勝利したか――岐路にたつ米国メディアと政治』（花伝社，2005年），『ネット時代のパブリック・アクセス』（共編著，世界思想社，2011年）など。

鈴木弘貴（すずき・ひろたか）

1961年，愛知県に生まれる。現在，十文字学園女子大学人間生活学部教授。

『現代思想とはなにか――近・現代350年を検証する』（共著，龍星出版，1996年），『テレビニュースの解剖学――映像時代のメディア・リテラシー』（共著，新曜社，2008年）など。

野中章弘（のなか・あきひろ）

1953年，兵庫県に生まれる。現在，アジアプレス・インターナショナル代表。

『沈黙と微笑』（創樹社，1981年），『粋と絆』（Kanda ルネッサンス出版部，1989年），『ビデオジャーナリズム入門』（共編，はる書房，1996年）など。

大石　裕（おおいし・ゆたか）

1956年，東京都に生まれる。現在，慶應義塾大学法学部教授。

『地域情報化』（世界思想社，1992年），『政治コミュニケーション』（勁草書房，1998年），『ジャーナリズムとメディア言説』（勁草書房，2005年），『メディア・ナショナリズムのゆくえ――「日中摩擦」を検証する』（共編著，朝日新聞社，2006年），『ジャーナリズムと権力』（編著，世界思想社，2006年）など。

執筆者紹介（執筆順）

田村紀雄（たむら・のりを）
後掲（奥付）の「編者紹介」を参照。

林　利隆（はやし・としたか）
後掲（奥付）の「編者紹介」を参照。

大井眞二（おおい・しんじ）
後掲（奥付）の「編者紹介」を参照。

佐藤正晴（さとう・まさはる）
1967年，宮城県に生まれる。現在，明治学院大学社会学部教授。
『新版 ジャーナリズムを学ぶ人のために』（共著，世界思想社，1999年），『メディア用語を学ぶ人のために』（項目執筆，世界思想社，1999年）など。

大石泰彦（おおいし・やすひこ）
1961年，愛知県に生まれる。現在，青山学院大学法学部教授。
『フランスのマス・メディア法』（現代人文社，1999年），『メディアの法と倫理』（嵯峨野書院，2004年）など。

藤田真文（ふじた・まふみ）
1959年，青森県に生まれる。現在，法政大学社会学部教授。
『現代ニュース論』（共著，有斐閣，2000年），『ギフト，再配達――テレビ・テクスト分析入門』（せりか書房，2006年），『プロセスが見えるメディア分析入門――コンテンツから日常を問い直す』（共編著，世界思想社，2009年）など。

吉岡　至（よしおか・いたる）
1958年，鳥取県に生まれる。現在，関西大学社会学部教授。
「ニュースのアクチュアリティとその現実構成機能」（『新聞学評論』37号，1988年），『情報化と地域社会』（共著，福村出版，1996年），『テレビはどう見られてきたのか』（共著，せりか書房，2003年）など。

編者紹介

田村紀雄（たむら・のりを）

1934年，群馬県に生まれる。現在，東京経済大学名誉教授。日本インターンシップ学会顧問。

『コミュニケーション――理論・教育・社会計画』（柏書房，1999年），『地域メディアを学ぶ人のために』（編著，世界思想社，2003年），『エスニック・ジャーナリズム』（柏書房，2003年）など。

林　利隆（はやし・としたか）

1939年，長野県に生まれる。元早稲田大学教育学部教授。2005年没。

『メディアの現在形』（共著，新曜社，1993年），『岐路に立つ日本のジャーナリズム』（共編著，日本評論社，1996年），『デジタル時代の広報戦略』（共編著，早稲田大学出版部，2002年）など。

大井眞二（おおい・しんじ）

1948年，東京都に生まれる。現在，日本大学法学部新聞学科教授。

『新聞学』（第３版，共著，日本評論社，1995年），『知的作文の技法』（共著，翰林書房，1995年），『客観報道――もう一つのジャーナリズム論』（共著，成文堂，1999年），『コミュニケーションの政治学』（共著，慶應義塾大学出版会，2003年）など。

現代ジャーナリズムを学ぶ人のために

2004年５月10日　第１刷発行
2011年６月30日　第３刷発行

定価はカバーに
表示しています

編　者　田《た》村《むら》紀《のり》雄《を》
林《はやし》　利《とし》隆《たか》
大《おお》井《い》眞《しん》二《じ》

発行者　髙島照子

世界思想社

京都市左京区岩倉南桑原町56　〒606-0031
電話　075(721)6506
振替　01000-6-2908
http://sekaishisosha.co.jp/

© 2004　N. TAMURA, T. HAYASHI, S. OI　Printed in Japan

落丁・乱丁本はお取替えいたします　（共同印刷工業・藤沢製本）

本書の無断複製は著作権法上の例外を除き禁じられています。本書を代行業者等の第三者に依頼してスキャンやデジタル化することは，たとえ個人や家庭内の利用でも著作権法違反です。

ISBN 978-4-7907-1056-1